文溯閣四庫全書提要

五

集部

金毓黻等 編

中華書局

本册目録

欽定四庫全書提要卷一百一

集部二十三

別集類二十二

明太祖文集

臣等謹案明太祖文集二十卷明巡按直隸督學御史姚士觀南京戶部督儲主事沈鈇全校刊分十八類曰詔曰制曰誥曰勑曰勑命曰策問曰論曰樂章曰樂歌曰文曰碑曰記曰序曰說曰雜著曰祭文曰詩案太祖集初刻於洪武七年劉基及宋濂文集所載序文俱云五卷稱翰林學士樂韶鳳所編錄然黃虞稷千頃堂書目已不著錄所著錄者有太祖文集三十卷注曰甲集二卷乙集三卷丙集文十四卷詩一卷丁集十卷又太祖文集類編十二卷又太祖詩集五卷又太祖御製書稿三卷均與此本不符焦竑國史經籍志列太祖文集二十卷又三十卷此本卷數與竑所列前一本合當即竑所著錄歟其刻

在萬歷十四年編次不知出誰手目録之末有姚士觀等跋語乃據舊本刻於

中都亦未能詳考所自來也考朱彝尊明詩綜載有太祖神鳳操一首而集内

無之則亦未爲賅備然所謂三十卷者今未見傳本其存佚均未可知近時諸

家所藏弆大抵皆即士觀等所刻今亦據以著録存有明一代開國之著作焉

乾隆四十七年五月恭校上

文憲集

臣等謹案文憲集三十二卷明宋濂撰濂有篇海類編已著録元末文章以吳

萊柳貫黄溍爲一朝之後勁濂初從萊學既又學於貫與溍其授受具有源流

又早從聞人夢吉講貫五經其學問亦具有根柢明史濂本傳稱其自少至老

未嘗一日去書卷於學無所不通爲文醇深演迤與古作者並一時郊社宗廟

山川百神之典朝會燕饗律歷衣冠之制四裔貢賦賞勞之儀旁及元勳鉅卿

碑記刻石之詞咸以委濂爲開國文臣之首士大夫造門乞文者後先相踵外

國貢使亦知其名高麗安南日本至出兼金購其文集劉基傳中又稱所爲文章氣昌而奇與濂並爲一代之宗今觀二家之集濂文雍容渾穆如天閑良驥魚魚雅雅自中節度基文神鋒四出如千金駿足飛騰飄瞥驀澗注坡雖皆極天下之選而以德以力略有間矣方孝孺受業於濂努力繼之然較其品格亦終如蘇之與歐蓋基講經世之略所學不及濂之醇孝孺自命太高意氣太盛所養不及濂粹之矣乾隆四十七年八月恭校上

宋景濂未刻集

臣等謹案宋景濂未刻集明宋濂撰濂集重刻于嘉靖中行世已久此本乃國朝順治乙未濂裔孫實穎得文徵明家所藏原刻舊本以示金壇蔣超超擇其中今本所未載者得三十八篇編爲此集以補其遺今以嘉靖中韓叔陽所刻重勘其中跋何道夫所著宣撫鄭公墓銘等十一篇皆今本所已載超蓋檢之未審其餘二十七篇則實屬佚文推究當日之意蓋或以元代功臣諸頌及

誌銘諸篇大抵作于前朝至明不免有所諱或以尊崇二氏不免過當嫌于耽溺異學而隱之觀楊士奇東里集倪謙文僖集凡文章爲二氏而作者並別爲卷帙附綴末簡不散入各體之中則正德嘉靖以前士大夫之持論可大略觀矣然古來操觚之士如韓愈之於高閑文暢持論始終謹嚴固其正也至顏眞卿書多寶塔碑撰麻姑壇記於平生大節要亦無虧歷代文集此類頗有固未可以一端論也觀是集者知其持論之失但以文章取之可矣乾隆四十七年十月恭校上

誠意伯文集

臣等謹案誠意伯文集二十卷明劉基撰基有國初禮賢錄已著錄其詩文雜著凡郁離子四卷覆瓿集十卷寫情集二卷春秋明經二卷犂眉集二卷本各自爲書成化中巡按浙江御史戴繄等始合爲一帙而冠以基孫廌等所撰翊運錄蓋以中載詔旨制勑故列之卷首然其書究屬廌編用以編入卷數使此

集標基之名而開卷乃他人之書殊乖體例今移綴是錄于末簡以正其訛餘十九卷則悉仍戴本之原次以存其舊基遭逢興運參預帷幄祕計深謀多所裨贊世遂謬謂爲前知凡讖緯術數之說一切附會于基神怪謬妄無所不至方技家遞相熒惑百無一眞惟此一集尙眞出基手其詩沈鬱頓挫自成一家足與高啟相抗其文閎深肅括亦宋濂王禕之亞楊守陳序謂子房之策不見詞章玄齡之文僅辦符檄未見樹開國之勳業而兼傳世之文章可謂千古人豪斯言允矣大抵其學問智略如耶律楚材劉秉忠而文章則非二人所及也

乾隆四十七年十月恭校上

鳳池吟稿

臣等謹案鳳池吟稿十卷明汪廣洋撰廣洋字朝宗高郵人流寓太平太祖渡江召爲元帥府令史歷官中書右丞封忠勤伯尋進右丞相以與胡惟庸同位不能發其姦狀坐貶廣東於中途賜死事蹟具明史本傳廣洋少師余闕淹通

經史善篆隸詩格清剛典重一洗元人纖媚之習朱彝尊嘗摘其五言中之平沙誰戲馬落日自登臺湖水當門落松雲傍枕浮懷人當永夜看月上疎桐對客開春酒當門掃落花天垂芳草地漁唱夕陽村等句凡數十聯以爲可入唐人主客圖静居北郭猶當遜之毋論孟載其推重之如此而明代論詩家流派者多未之及蓋當時爲宋濂諸人盛名所掩故世不甚稱然觀其遺作究不愧一代開國之音也乾隆四十七年四月恭校上

陶學士集

臣等謹案陶學士集二十卷明陶安撰安字主敬當塗人元至正八年中浙江鄉試後佐明太祖官至江西行省參知政事事蹟具明史本傳是集詩與文各十卷安以儒生受知明太祖參預機密典司著作郊社宗廟皆有奏議若明初分祭南北郊及四代各一廟之制皆定於安又刑律亦安所裁而其議論均不詳著於集末審其故殆當時祕不欲宣也其詩一曰辭達集一曰知新近稿一

曰黄崗寓稿一曰鶴沙小記一曰江行雜詠今此本分體編之與所作賦詞共爲十卷文亦十卷而送人之序引居其半豈以安當時宿望求贈言者多耶世言祝壽之序自歸有光始入集然此集内已有二篇則不自有光始矣安文章雖不及宋濂之俊偉而其詞類皆平正典實有先正之遺風一代開國之初其氣象固不侔耳乾隆四十七年九月恭校上

西隱文稾

臣等謹案西隱文稾十卷明宋訥撰訥字仲敏滑縣人元至正中舉進士任鹽山尹棄官歸明初徵爲國子助教陞文淵閣大學士遷國子監祭酒卒官正德中追謚文恪事蹟具明史本傳劉三吾撰訥墓誌稱所著西隱集十七卷而明史藝文志黄虞稷千頃堂書目俱作十卷此本有東萊劉師魯序稱其集初爲上海張𧼯所手錄滑人王崇之令上海從其後求得而刻之歲久漫漶師魯因鳩工重刻蓋即十卷之本豈張𧼯繕錄時又有所删併故與墓誌不合歟集前

四卷爲賦詩後六卷爲雜文附以明太祖手勑四道及白雲茅屋賦二篇記一篇白雲茅屋者訥所築別墅之名也訥領成均冑子之任師道嚴正爲一時典型文章亦渾厚典雅其奉勑製太學碑極爲明祖所賞今具載集中又有壬子歲考試秋闈和北平行省照磨葉叔則詩及秋闈即事諸詩壬子乃洪武六年蓋訥嘗爲北平考官而本傳墓誌均之未載其過元故宮詩十九首纏綿悱惻有黍離麥秀之思讀其詞尤足悲其志矣乾隆四十七年五月恭校上

王忠文集

臣等謹案王忠文集二十四卷明王褘撰褘字子充義烏人官至翰林待制使雲南被留而死事迹具明史本傳是集前十二卷題鄱陽劉傑編輯廬陵劉同校正十二卷以下則編輯者改題同校正者改題傑意二人各刊其半歟傑即正統六年爲義烏丞時表褘之忠於朝得贈官賜謚者也褘有華川前集十卷後集十卷此本舊有胡翰胡行簡二序皆爲前集作其士奇一序則爲此本作

也禕師黃溍友宋濂學有淵源故其文醇朴宏肆有宋人軌範濂序稱其文凡三變初年所作幅程廣而運化宏壯年出游之後氣象益以沈雄暨四十以後乃渾然天成條理不爽可謂知禕之深矣集中多代擬古人之作蓋學文之時設身處地以殫揣摩之功者非游戲筆也乾隆四十七年九月恭校上

翠屏集

臣等謹案翠屏集四卷明張以寧撰是集爲宣德三年所刊陳璉爲之序稱以寧文集爲其子孟晦所編宋濂序之詩集爲其門人石光霽所編劉三吾陳南賓序之其孫南雄教官隆復以安南稿續板行世今三序皆冠集首而詩文集總題光霽編次嗣孫德慶州訓導淮續編與序不同未喻其故其文神鋒雋利稍乏渾涵深厚之氣其詩五言古體意境清逸七言古體亦遒警惟倦繡篇洸衣曲等數章稍未脫元季綺縟之習近體皆清新間有涉於纖仄如次李宗烈韻之浮生萬古有萬古濁酒一杯復一杯者然偶一見之不爲全編之累也以

寧於元泰定丁卯以春秋登第所著有春王正月考引據詳賅一正夏時冠周月之誤別見經部春秋類中云乾隆四十七年九月恭校上

說學齋稿

臣等謹案說學齋稿四卷明危素撰素有草廬年譜已著錄據千頃堂書目其文集本五十卷明代已散佚不存此本乃嘉靖三十八年歸有光從吳氏得素手稿傳鈔其文不分卷帙但于紙尾記所作年歲皆在元時所作有光跋稱共一百三十六篇此本乃止一百三十三篇又王懋竑白田雜著有是集跋稱賦三贊二銘二頌有記五十有一序七十有六共一百三十八首以有光跋爲傳寫之誤然據懋竑所列實止一百三十七首數亦不符殆舊無刊板好事者遞相傳錄故篇數參差不能畫一實則一本也素晚節不終爲世僇笑其人本不足稱而文章則歐虞黃柳之後屹爲大宗懋竑跋稱其文演迤澄泓視之若平易而實不可幾及非熟甯莫知其深其珍重鈔傳蓋非漫然矣乾隆四十七年

十月恭校上

雲林集

臣等謹案雲林集二卷明危素撰皆在元代所作之詩納新案納新原本作迺賢今改正爲編次成集者也素家居臨川相近有雲林山嘗讀書其上方方壺爲作雲林圖陳旅等俱賦詩以紀其事故集即以是爲名朱彝尊曝書亭集有是書跋稱鋟雕于後至元三年則彝尊所見乃元時舊板此本卷帙相符蓋猶從原刻鈔傳者特彝尊跋稱前有虞集序而此本所載乃集贈行序一篇絕與詩集無涉似爲後人所附入觀其靜志居詩話亦稱前有虞集送行序則已自知其誤而改之矣素于元末負盛名入明以後其人不爲世所重其文亦遂不復收拾故說學齋集僅存在元之文而此集亦僅存在元之詩不足盡素之著作然氣格雄偉風骨遒上足以陵轢一時就詩論詩要不能不推爲元季之作者矣原集共詩七十六首浙江鮑氏知不足齋本復從他書蒐採增入補遺十四首較爲完

備今並仍而錄之爲乾隆四十七年八月恭校上

白雲集

臣等謹案白雲集七卷明唐桂芳撰桂芳一名仲字仲實號白雲又號三峯歙縣人教授元之第五子少從洪焱祖學弱冠爲明道書院司訓元至正中用薦授建寧路崇安縣教諭再任南雄路學正以憂歸明太祖定徽州召對稱旨命之仕以瞽廢辭尋攝紫陽書院山長卒年七十有三此集在程敏政所編唐氏三先生集中廬陵鍾晦撰桂芳行狀稱其文一以氣爲主今觀集中有與陳浩書稱嘗慕蘇老泉閉戶探賾古今上下融液胸臆故下筆源源而無艱險窘迫態輒謂文不可學而能氣可以養而致此蘇氏家傳法也蓋其平生宗旨如此故所作容與透迤絕無聱牙晦澀之習詩亦淸諧婉麗頗合雅音集中重修興安府孔子廟記稱龍鳳元年大丞相統軍下太平克應天六年冬僉事黃公行郡興安重建府學又贈汪德元序稱大丞相吳國公又黃憲僉唱酬詩序稱大

承相位冢宰之明年案龍鳳乃韓林兒年號大丞相即明太祖蓋明興時實假僞宋號令故用其紀年徽州改興安府在丁酉年見明史地理志其爲冢宰事則明史不載蓋必林兒所加官而其後諱之此亦可以證史也乾隆四十七年十月恭校上

登州集

臣等謹案登州集二十三卷明林弼撰弼字元凱龍溪人元至正戊子進士爲漳州路知事明初以儒士修禮樂書授吏部主事官至登州府知府弼嘗與王廉同使安南以卻贐金爲太祖所器生平著作有梅雪齋稿使安南集是集總名登州蓄彙爲一編總題以所終之官也凡詩七卷文十六卷其使安南集宋濂曾爲之序稱其文辭爾雅王禕亦嘗贈以詩與之唱酬其墓誌即王廉所作稱其詩文皆雄偉跌宕清峻之語㑹出塵表蓋明初閩南以明經學古擅名文苑者弼實爲之冠也弼又名唐臣以時禁國號名氏遂仍舊名是弼其初名唐

臣乃其改名朱彝尊明詩綜則云弼初名唐臣當由宋濂序謂唐臣更名爲弼致誤然宋序未嘗言初名唐臣也至弼改名既久而此本之首尚署林唐臣撰殊乖其實今仍署弼名著之録焉乾隆四十七年十月恭校上

槎翁詩集

臣等謹案槎翁詩集八卷明劉嵩撰嵩字子高初名楚泰和人元末舉於鄉洪武三年以人材薦授職方郎中遷北平按察司副使坐事輸作京師十三年手勅召爲禮部侍郎署禮部尚書致仕十四年復召爲國子司業未旬日卒嵩七歲能賦詩及長日課一篇讀書天寒皸裂不少輟其在官舍孤燈諷誦夜分不休蓋其一生耽嗜吟詠刻苦甚至故年愈老而詩亦愈工清江劉永之金華宋濂輩皆嘗極稱之當明之初雄才角立吳中詩派昉於高啟越中詩派昉於劉基閩中詩派昉於林鴻嶺南詩派昉於孫蕡而江右詩派則昉於嵩以清和婉約之音提導後進迨楊士奇等嗣起豫章人士復變爲臺閣博大之體而骨力

不堅久之途寖成冗漫北地信陽乃乘其弊而力排之途分正嘉之門戶然嵩之平正典雅實不失爲正聲固不能以末流放失併咎瓶始之人矣乾隆四十七年五月恭校上

東皋錄

臣等謹案東皋錄三卷明釋妙聲撰妙聲字九皋吳縣人元末居景德寺後居常熟慧日寺又主平江北禪寺洪武三年與釋萬金同被召莅天下釋教所作詩文繕寫藏之山房洪武十七年其徒德瓛始刊行之明史藝文志明僧宏秀集皆作七卷此本有汲古閣印蓋毛晉家鈔本前有晉題識亦稱德瓛所刻凡詩三卷雜文四卷而其書雜文及詩僅共爲三卷蓋傳錄時所合併也妙聲入明時年已六十餘詩文多至正中所作故顧嗣立元詩選亦錄是集然方外者流不嬰爵祿不能以受官與否爲兩朝之斷限既已謁帝金門即屬歸誠新主不能復以遺老稱矣今繫之明從其實也妙聲與袁桷張翥危素等俱相友善

故所作頗有士風當元季擾攘之時感事抒懷往往激昂可誦雜文體裁清整四六儷語亦具有南宋遺風在緇流之內雖未能語帶煙霞猶非氣含蔬筍者也乾隆四十七年九月恭校上

覆瓿集

臣等謹案覆瓿集七卷附録一卷明朱同撰同字大同休寧人翰林學士升之子承其家學自號紫陽山樵明史附見升傳中所紀官履甚略范檟跋稱洪武中以人材舉爲東宮官尋進禮部侍郎而同時范準作雲溪歸隱圖跋則云由吏部員外郎陞禮部侍郎準字平仲嘗受業於升與同交至契所記宜得其實又明史載同坐事死不詳其由蔣一葵堯山堂外紀乃云同以詞翰受知宮人多乞書便面一日御溝有浮尸帝疑之遂賜死其説頗荒唐未可信也集凡詩三卷多元末之作爽朗有格文四卷議論純粹不愧儒者之言惟以七言古體之八句者列爲律詩則編者之誤耳乾隆四十七年十月恭校上

栢軒集

臣等謹案栢軒集五卷明淩雲翰撰雲翰字彥翀錢塘人元至正十九年登浙江鄉試榜除紹興路蘭亭書院山長不赴洪武辛酉以薦舉召授四川成都教授卒於官所作詩文雜著稿藏於家至永樂中其孫始彙集編綴輯爲五卷朱彝尊明詩綜詩話稱雲翰學於陳衆仲故其詩華而不靡馳騁而不離乎軌今案集有宣德中王羽序云莆田陳衆仲提舉浙路儒政以文鳴於東南程以文聲譽與之伯仲栢軒汎掃程門獲承指授其里人夏節作雲翰行述亦云早遊黟南程以文之門是雲翰所師事者乃程以文而非陳旅諸家所紀甚明彝尊之言未免失於核實惟其謂五言如陪祭作七言如鬼獵圖才情奔放不可羈靮直可搴郁離之旗摩青丘之壘則於雲翰之詩評品頗當識者不以爲溢量焉乾隆四十七年九月恭校上

白雲稿

臣等謹案白雲稿五卷明朱右撰右字伯賢臨海人自號鄒陽子元至正二十一年嘗詣闕獻河清頌無所遇而歸危素宋濂皆與之友善洪武三年召修元史六年修日曆除翰林院編修七年修洪武正韻尋遷晉府長史所著白雲稿本十卷今世所傳僅存五卷檢勘諸本並同無可校補朱彝尊謂後五卷嘗得內閣本一過眼恨未鈔成足本則彝尊家藏亦非完帙也右所廣琴操十二章詞旨溫厚深得古人遺意郭公葵爲之跋稱其有關世教識者以爲知言至其平日博覽多識尤以理學文章自命嘗選韓柳歐陽曾王三蘇文爲八先生文集八家之目實權輿於此其所作古文類多修潔自好不爲支蔓之語雖變化尚少未免意言並盡而格律嚴謹猶爲不失矩矱者焉乾隆四十七年五月恭

校上

密庵集

臣等謹案密庵集八卷明謝肅撰肅字原功上虞人元至正末張士誠據吳肅

慨然欲見宰相獻偃兵息民之策卒無所遇歸隱於越洪武初舉明經授福建按察僉事以事被逮下獄死明史藝文志焦竑國史經籍志黄虞稷千頃堂書目俱載肅密庵集十卷而傳本久稀藏書家罕著於錄惟永樂大典中所收肅詩文頗夥其時肅殁未久而姚廣孝等已錄其遺集與古人同列知當日即重其文矣朱彝尊靜志居詩話稱肅初謁貢師泰於吳山仰高亭時貢方奉詔漕閩廣粟當泛舟大海因與同載至海昌留居州北執經問難凡一詩之出一文之就折衷論議必當於理乃已是肅之學問淵源實出師泰觀集中題天風海濤亭詩序云用先師尚書貢公玩齋所詠詩一句爲起以仰止於公又師泰遺集亦肅所刊行均惓惓不忘其本故所作古文詞格律具有法程其在濰州寄人一詩載所與同徵修禮書者有張紳楊翮等十人之名爲明史禮志所未及又送行人蔡天英頒琉球國王印寶一詩考之明史外國傳但有賜中山山南山北三王鍍金銀印一事而不言曾遣行人凡此之類於考史尤有所裨益謹

採掇編次釐爲八卷又戴良原序二首別見九靈集中今並取弁簡端以略還其舊焉乾隆四十六年四月恭校上

清江詩文集

臣等謹案清江詩集十卷文集三十卷明貝瓊撰瓊字廷琚一名闕字廷臣崇德人元末嘗領鄉薦洪武初徵修元史官中都國子學助教其集見於兩浙名賢錄者二十卷而世所傳萬歷中刋本實止四卷學者多不見全集康熙己亥桐鄉金檀始購得鈔本凡四十卷因重爲訂刻以行瓊少受業於楊維楨而能不染其習爲文一以涵蓄平衍爲宗雖博大不及宋濂而波瀾意度皆不失先民矩矱實可稱和平中正之音詩尤矯健有格朱彝尊詩話歷數明初作者相較而以瓊所作爲兼擅其勝足以領袖一時傾倒可謂極至論者亦不以其言爲過觀集中大韶賦釋奠解學校論諸篇皆根柢經術粹然一出於正蓋有本之言固不同於聲悅爲工者矣乾隆四十七年五月恭校上

蘇平仲文集

臣等謹案蘇平仲文集十六卷明蘇伯衡撰伯衡字平仲金華人宋蘇轍之裔轍嫡子遲守婺州因家焉遂世爲婺人伯衡以元末貢於鄉入明太祖徵入禮賢館後爲國子學正以薦擢翰林編修終處州教授此集卷首有洪武四年劉基序而集中厚德菴記云菴成於洪武壬戌十二月則是記乃洪武十五年以後之作基序尚在集未成之前也又集末有洪武八年胡翰跋語謂伯衡選爲太學官居太學六年考明史稱伯衡以丙午歲爲國子學錄伯衡所著國子學同官記稱以丁未陞學正又考伯衡詩又有庚戌七月十日奉命編摩國史口號則伯衡由學正擢編修實在洪武三年上距丙午僅五年耳而胡翰云居六年未知孰是此本爲正統壬戌處州推官黎諒所重刊基序稱其明於理而昌於氣宋濂序亦稱其不求似古人而未嘗不似蓋明初之錚錚者也乾隆四十七年四月恭校上

胡仲子集

臣等謹案胡仲子集十卷明胡翰撰翰字仲申金華人元末即有文名入明爲衢州府學教授學者稱長山先生翰少從吳師道及吳萊學爲古文復登同邑許謙之門故其文章多見經濟大略嘗以薦與修元史五行志序論乃翰分撰今其文亦載集中又如犧尊辨宗法論諸篇考核精詳尤爲貫通經術同時黄溍柳貫以古文名天下見翰所作輒推服之蓋其根柢深厚猶有婺州前輩遺風雖不及王禕抑亦蘇伯衡之流亞矣集凡文九卷韻語一卷乃洪武十四年其門人劉剛及浦陽王懋溫所編次付梓歲久板佚僅存鈔本傳寫多有脱譌謹詳加參校釐訂如左乾隆四十七年二月恭校上

始豐稿

臣等謹案始豐稿十四卷明徐一夔撰一夔字大章天台人僑居嘉興洪武初徵至都纂修禮書後王禕薦修元史不赴署杭州教授召修日歷授翰林院官

此集自一卷至三卷爲前稿自四卷至十四卷爲後稿皆雜文無詩觀其與危素書知曾任建寧教授而明史本傳不載明陳繼儒嘗稱其宋行宮考吳越國考研核精確又王士禎謂其錢塘鐵箭辨精於考核其歐史十國年譜備證一篇謂歐陽氏於吳越改元止據寶石山制稱寶正六年爲證一變復得錢鏐將許俊墓碑有寶正三年字以證歐史之不誣又謂元瓘襲位後不復改元立說皆有根據觀一變此文始知明嘉靖間錢德洪所撰吳越世家疑辨謂改元之事別無證據者特爲其先世諱耳此本爲明代舊刻乃一夔全集別一本僅六卷佚篇甚多不及此本之完善也乾隆四十七年五月恭校上

王常宗集

臣等謹案王常宗集四卷補遺一卷續補遺一卷明王彝撰彝字常宗其先蜀人本姓陳氏父仕元爲崑山教授遂遷嘉定洪武初以布衣召修元史成賜金幣遣還尋薦入翰林以母老乞歸養自號嬀蜼子後以魏觀上梁文事與高啟

併誅彝師事天台孟夢恂傳金履祥之學故其文章醇雅同時楊維楨文雄一世彝特作文妖篇詆之蓋猶兢兢不失古法者詩亦尚有唐人遺韻其集本名三近齋稾弘治中都穆編爲文三卷詩一卷劉廷瓚浦杲又輯補遺一卷今世所傳鈔本又有續補遺一卷不知何人所輯考其體格與全集相類似非贗作也乾隆四十七年四月恭校上

白石山房逸稾

臣等謹案白石山房逸稾二卷明張孟兼撰孟兼名丁以字行浦江人洪武初徵爲國子監學錄與修元史以太常丞出爲山西按察司僉事遷山東按察司副使以執法不阿爲吳印所誣訐棄市明史文苑傳附載趙壎傳中藝文志載孟兼文集六卷焦竑國史經籍志亦同其本久已散佚近時有孟兼十一世孫思煌者始掇拾他書所載重編定爲五卷而集內收他人唱和題贈之作幾十之七八孟兼著作仍寥寥無多此本不知何人所輯視思煌本較多數首疑尚

出明人裒集故思煌未之見也孟兼與宋濂同里其被召也濂實薦之太祖與劉基論一時文人基稱宋濂第一而已居其次又其次即孟兼今雖不睹其全集而即二卷以觀其詩文溫雅清曠具有體裁而龍驤虎步之氣亦隱然不可遏抑接迹二人良足驂駕基雖一時之論即以爲定評可矣乾隆四十七年九月恭校上

滄螺集

臣等謹案滄螺集六卷明孫作撰作字大雅以字行一字次知江陰人元至正末避兵于吳張士誠致廩祿謝去居松江洪武初以牛諒稱之于宋濂尋授編修蓋濂所薦濂爲作傳隱其詞謙不自居也尋乞外除太平教授擢國子司業以事廢爲民後復官長樂教諭學者稱清尙先生作嘗撰東家子二十篇深以辨博自負此乃所著全集凡詩一卷雜文五卷其詩力追黃庭堅見于與陳檢校一詩而材與學皆不逮濂爲作傳無一字及其詩蓋不以爲工也文則磊落

奇偉足以自傳濂所許爲不誣云乾隆四十七年九月恭校上

臨安集

臣等謹案臨安集六卷明錢宰撰宰字子予一字伯均會稽人元至正中中甲科親老不赴公車教授于鄉明初徵修禮樂書尋以病去洪武六年授國子助教以賦早朝詩忤旨遣歸二十七年又召修書傳會選書成優賚加博士致仕事迹附見明史趙俶傳考集中金陵形勝論末署洪武二十七年六月國子博士致仕錢宰進是致仕即在奉召之年蓋留京師者不及一歲也宰學有原本在元末已稱宿儒韓宜可唐之淳皆其弟子其詩吐辭清拔寓意高遠刻意古調不屑爲豔冶之體徐泰詩談譬以霜曉鯨音自然洪亮古文雖非所擅長而謹守法度亦無卑冗之習其集明史藝文志焦竑國史經籍志俱未著錄則在明代行世已稀今從永樂大典中採掇編排參以諸選本所錄釐爲六卷以備明初之一家宰本浙東人集以臨安名者蓋自以爲吴越武肅王十四世孫從

其舊貫也乾隆四十六年四月恭校上

尙絅齋集

臣等謹案尙絅齋集五卷明童冀撰冀字中州金華人生於元末洪武中徵入書館後爲湖州府教授調北平坐罪卒此集不知何人所編分詩文爲二集體例雜糅殆不可讀就其編目考之原目當爲金華集南行集霅川集北游集四種前三集兼載詩文惟北游集有詩無文後人不知古法以詩歸詩以文歸文分爲二集而詩文之中又不各歸其類前後複疊職此之由幸其雖經割裂尙未竄亂猶有端緒可尋今詳考標題仍分爲四集中間時有闕文又霅川集末跋唐五王醉歸圖一篇書柳子厚伊尹五就桀贊後一篇書王簡死事傳後一篇書金節婦傳後一篇書集芳詩文卷後一篇卜釋一篇悉有錄無書蓋蠹蝕殘缺今亦仍其舊冀在明初與宋濂張羽姚廣孝相倡和詞意淸剛不染元季綺靡之習雖名不甚著而在一時作者之中固亦肩隨無愧也乾隆四十七年

五月恭校上

趙考古文集

臣等謹案趙考古文集二卷明趙撝謙撰撝謙又名古則餘姚人洪武初徵修正韻出爲中都國子監典簿能歸尋以薦召爲瓊山教諭卒于官嘗作考古臺以居故以考古爲號撝謙所著六書本義聲音文字通等書尚有傳本其詩集名考古餘事篇什亦甚多今此本所録詩僅十餘篇古文亦祇五十餘篇前有順治十四年黄世春序稱其孫式微已甚而能録其遺集出沒於藏書之家殆天將藉是而彰考古蓋其原集已散佚此則後人掇拾存之者也集後附遺言十六條又載其裔孫諸生護上瓊州姜參政請復姓書及與浙中族姓札數通蓋撝謙殁後其幼子流寓海南依母族冒吴姓故護請於姜而復之又撝謙所作造化經綸圖亦附於後撝謙學問純粹在瓊時以道術啟迪後進人多感化蓋庶幾有道德而能文章者惜淪失已多所存者皆非其平生注意之作然干

百中之什一其波瀾法度亦未嘗不可考見梗槩焉乾隆四十七年十月恭校

上

劉彥昺集

臣等謹案劉彥昺集九卷明劉炳撰炳字彥昺以字行鄱陽人洪武初獻書言事授中書典籤出爲大都督府掌記除東阿知縣閱兩考引疾歸明史文苑傳附載王冕傳中所著詩文本名春雨軒集乃其門人劉子昇所編楊維楨嘗爲評定其評亦附載集中維楨及危素宋濂徐矩皆爲作序王禕俞貞木周象初皆爲作跋此本題曰劉彥昺集不知何人所改也炳當元季兵亂時與弟煜結里閈相保寇爲卻走依余闕於安慶以其孤軍不振辭歸蓋亦才識之士故詩格伉爽挺拔類其爲人惟末附雜文一卷氣象苶弱殊遜其詩知所長不在此特以餘事及之矣案炳事蹟略具明史文苑傳中而江西通志引豫章人物志所紀炳歷官本末與史多有不合如史云炳至正中從軍於浙而志乃云爲參

政于光使金陵不知所據史云炳以言事爲典籤而志乃云先參贊沐總制守
鎮江尋授廣東衛知事考其弔余闕墓文結銜稱大都督府掌記在洪武十二
年而哀曹國公詩有三年參記府句沐西平輓詩有十年參幕府句李文忠以
洪武三年領大都督事沐英以洪武四年同知大都督府以年數計之不應未
授典籤先參贊沐英軍事前後亦相舛迕蓋稗官野史傳聞異詞往往如此今
一以史文爲據而並存其同異以備考核又舊本書元國號皆作原字蓋以明
初刊板之時猶未奉二名不偏諱之詔故以原代元而傳寫者仍之歟事隔前
朝理無避忌今悉改正從本文焉乾隆四十七年五月恭校上

藍山集

臣等謹案藍山集六卷明藍仁撰仁字靜之崇安人明史文苑傳附載陶宗儀
傳末稱元末杜本隱居武夷山仁與弟智往師之授以四明任松卿詩法遂謝
科舉一意爲詩後辟武夷書院山長遷邵武尉不赴又稱其明初內附隨例徙

臨濠則必當嘗仕張士誠又集中有甲寅仲冬攝官詩甲寅爲洪武七年則放歸又嘗仕宦特其始末不可考耳仁詩規摹唐調而時時流入中晚蔣易作是集序稱其和平雅澹詞意融怡語不彫鎪氣無脂粉出乎性情之正而有太平之風惜其不列承明著作浮湛里閭傲睨林泉有達士之襟懷無騷人之哀怨即屢更患難而心恆裕如要其所作皆治世之音也雖推之稍過實亦近之閩中詩派明一代皆祖十子而不知仁兄弟爲之開先遂沒其創始之功非公論也明史藝文志載仁集六卷朱彝尊作詩綜時猶及見之今外間絕少傳本榕城詩話言吳焯家有之然吳氏藏書今進入書局者未見此本其存佚又不可知恐遂湮沒謹從永樂大典中採掇裒輯得詩五百餘篇仍釐爲六卷以符原目著之於錄焉乾隆四十五年九月恭校上

藍澗集

臣等謹案藍澗集六卷明藍智撰其字諸書皆作明之而永樂大典獨題性之

當時去明初未遠必有所據疑作明之者誤也明史文苑傳附載陶宗儀傳末稱洪武十年以薦授廣西按察司僉事著廉聲志乘均失載其事迹集中有書懷詩十首乃在粵時所作以寄其子雲松樵者張槩爲之跋稱其持身廉正處事平允三載始終無失則史言著廉聲者當必有據劉昺集有輓藍氏昆季詩云桂林持節還高風振林谷則晚年又嘗謝事歸里矣智詩清新婉約足以肩隨其兄五言結體高雅翛然塵外雖雄快不足而雋逸有餘七言頓挫瀏亮亦無失唐人矩矱與藍山一集卓然可稱二難靜志居詩話謂藍山藍澗集中詩選家互有參錯殆亦因其格調相近故不能猝辨歟智集原目已不可考觀焦竑經籍志所載惟有藍靜之集而藍澗集獨未之及是明之中葉已有散佚近亦未見傳本故杭世駿榕城詩話曰二藍集閩人無知者何氏閩書藍仁有藍山集藍智有藍澗集竹垞嘗輯入詩綜中以爲十子之先詩派實其昆友倡之集本合刻吳明經焯嘗於吳門買得藍山集是洪武時刊有蔣易張槩二序與

傳圪言脗合而藍澗集究不可購徐惟和輯晉安風雅時二藍闕焉則此集之亡久矣云云惟永樂大典各韻中所收尚夥蒐輯裒綴共得古今體三百餘首雖篇什不及藍山集之富而大略已見謹以類編次釐爲六卷俾其兄弟著作均不致泯没於後世云乾隆四十五年九月恭校上

大全集

臣等謹案大全集十八卷明高啟撰啟字季迪長洲人元末避張士誠之亂隱居松江之青邱自號青邱子洪武初召修元史授翰林院國史編修官至戶部侍郎後坐撰魏觀上梁文被誅年僅三十九所著有吹臺集江館集鳳臺集婁江吟稿姑蘇雜詠凡二千餘首自選定爲缶鳴集十二卷凡九百餘首啟没無子其姪立於永樂元年鏤板行之至景泰初徐庸掇拾遺佚合爲一編題曰大全集劉昌爲之序即此本也啟天才高逸實據明一代詩人之上其於詩擬漢魏似漢魏擬六朝似六朝擬唐似唐擬宋似宋凡古人之所長無不兼之振元

末纖穠縟麗之習而返之於古啟實爲有力然行世太早殞折太速未能鎔鑄

變化自爲一家故備有古人之格而反不能名啟爲何格此則天實限之非啟

過也特其摹仿古調之中自有精神意象存乎其間譬之褚臨禊帖究非硬黃

雙鉤者比故終不與北地信陽太倉歷下同爲後人詬病焉乾隆四十七年五

月恭校上

鳬藻集

臣等謹案鳬藻集五卷明高啟撰啟有詩集已著錄唐時爲古文者主於矯俗

體故成家者蔚爲鉅製不成家者則流於僻澀宋時爲古文者主於宗先正故

歐蘇王曾而後沿及於元成家者不能盡闢門戶不成家者亦具有典型啟在

明初其詩才藻富健工於摹古爲一代巨擘而古文則不甚著名然生於元末

距宋未遠猶有前輩軌度非洪宣以後漸流爲膚廓冗沓號臺閣體者所及是

集不知誰所編以其詩集例之殆亦啟所自定末有魏夫人宋氏墓誌銘魏夫

人者蘇州知府魏觀母也按明史本傳啟坐爲觀作上梁文見法則爲其末年之作蓋平生古文盡於此集初無刻本周忱爲蘇州巡撫時始得鈔本於郡人周立立之姑即啟婦也正統九年監察御史錢塘鄭士昂又得本於忱因命教授張素校刊之而忱爲之序此本爲雍正戊申桐鄉金檀所刻即因鄭本而正其譌多所校正檀即註啟詩集者故併刻是集成一家完書云乾隆四十七年九月恭校上

眉菴集

臣等謹案眉菴集十二卷明楊基撰基字孟載其先蜀之嘉州人祖官吳中因家焉殆爲張士誠記室洪武初起爲滎陽令歷官山西按察使尋以事奪官輸作卒於工所基少以鐵笛歌爲楊維楨所稱與高啓張羽徐賁號明初四傑其詩頗沿元人餘派未脫穠纖之習王世貞卮言謂其情至之語風雅掃地朱彝尊摘其詩語之類詞者至數十聯而獨推重其五言古然近體之佳者亦自清

俊流逸雖不能方駕高啓要非餘子所易及也集初爲鄭鋼板行成化中吳人張習重刊嘉州江朝宗爲之序習爲後志云乾隆四十七年五月恭校上

静菴集

臣等謹案静菴集四卷明張羽撰羽字來儀後以字行本潯陽人僑居吳興領鄉薦爲安定書院山長再徙於吳洪武初徵授太常寺丞尋坐事竄嶺南未半道召還羽自知不免投龍江死事蹟具明史文苑傳羽與高啓徐賁等友善爲明初四傑之一其文章精潔有法極爲明祖所重嘗自述滁陽王事命羽撰廟碑顧其詩名尤著故編集者亦僅錄其詩而文則未之及也程嘉燧稱羽五言古詩學杜學章各有神理律詩清圓渾脫不事雕繢全是唐音其推之甚至朱彝尊則謂五古微嫌鬱轖近體亦非所長頗不免於微詞今觀其集律詩意取俊逸誠多失之平熟五古低昂宛轉殊有瀏亮之作亦不盡如彝尊所云至於歌行筆力雄放音節諧暢足爲一時之豪以之抗迹青邱洵無愧色固非楊徐

二子之所得而比擬矣乾隆四十七年九月恭校上

北郭集

臣等謹案北郭集六卷明徐賁撰賁字幼文其先蜀人徙常州再徙平江張士誠開閫辟爲屬官賁與張羽俱避居湖州之蜀山洪武七年被薦至京嘗奉使晉冀有所廉訪及還檢其橐惟紀行詩數首太祖悅授給事中歷官河南左布政使會征洮岷兵過其境坐犒勞不時下獄死明史文苑傳附載高啟傳中賁善畫亦工於書李日華六研齋筆記稱其楷筆秀整端慎不爲沓拖自恣詹景鳳小辨亦稱其書法鍾虡然皆拘拘法內蓋其天性端謹不踰規矩故其詩才氣不及高啟楊基張羽而法律謹嚴字句熨貼長篇短什並首尾溫麗於三家別爲一格其客吳時嘗居城北之齊門故名集曰北郭舊本爲吳人張習編次今是集前後無序跋題曰陳邦瞻校蓋萬歷間重刻之本又非習所編之舊矣乾隆四十七年十月恭校上

鳴盛集

臣等謹案鳴盛集四卷明林鴻撰鴻字子羽福清人洪武初以人才薦歷膳部員外郎年未四十自免歸時閩中善詩者號十才子鴻爲之冠論詩專主唐音所作以格韻勝明代閩中詩派皆鴻倡之也此本爲成化初鴻郡人溫州知府邵銅所編末有銅跋稱覽其舊稿慨然興思因詳加校勘補其缺略然如張紅橋唱和詩詞事之有無不可知即才人放佚容或有之決無存諸本集之理此必銅撫小說妄增之夢遊仙記一首疑亦寓言紅橋之事觀其名目乃襲元微之夢遊春詩可以意會銅亦附之簡末無識甚矣兹從删削以存雅正云乾隆四十七年四月恭校上

白雲樵唱集

臣等謹案白雲樵唱集四卷明王恭撰恭字安中閩縣人自稱皆山樵者閩中十子之一也成祖初以儒士薦修永樂大典授翰林院典籍明史文苑傳附載

林鴻傳中其詩凡三集一曰鳳臺清嘯乃官翰林以後作此集及草澤狂歌則皆未仕以前所作恭沒之後湮晦不傳成化癸卯南京戶部尚書黃鎬蒐恭遺稿始得此集於吏部郎中長樂黃汝明家因屬汝明編次分爲前後二集卷首有永樂三年林環舊序兼爲三集而作者序中所列次第以此集爲首知其詩在草澤狂歌以前卷末又有永樂中林蕙諸人所作皆山樵者傳贊辭說則刻成之後續爲增入者也恭與同邑高棅齊名同以布衣徵入翰林然棅出山以後詩應酬潦倒無復清思恭則歷官未久投牒遽歸迹其性情本耽山野此集又作於田居之日故吐言清拔不染俗塵得大歷十子之遺意其格韻遠在棅上當時次序甲乙以棅居第三恭居第四殆亦所謂恥居王後者矣乾隆四十七年十一月恭校上

草澤狂歌

臣等謹案草澤狂歌五卷明王恭撰恭字安中閩縣人自稱皆山樵者成祖時

以儒士薦待詔翰林與修永樂大典授典籍投牒歸與林鴻高棅輩稱閩中十子其詩深婉悽惋長於託喻如渭水寒流秦塞晚灞陵殘雨漢原秋鳥外明河秋一葉天涯涼月夜三更雲歸獨樹天邊小雪罷孤峯鳥外青樱櫚葉上驚新雨砧杵聲中憶故園幾處移家驚落葉十年歸夢在孤舟至今膾炙人口朱彝尊靜志居詩話云安中詩整練不及子羽而風華跌宕多縹緲之音固似勝之集有白雲樵唱鳳臺清嘯草澤狂歌三種今白雲樵唱已著錄鳳臺集竟無傳矣乾隆四十七年九月恭校上

半軒集

臣等謹案半軒集十四卷明王行撰行字止仲長洲人少授徒於城北齊門洪武初有司延爲學校師後館涼國公藍玉家玉薦之太祖得召見玉誅行亦坐死同時以黨禍誅者惟行與孫蕢最有文名然蕢特爲玉偶題一畫無所攀附於其間其詩今在蕢集中亦別無假借溢分之語而行則性喜談兵當元末兩

浙兵起時嘗默坐籌其勝負與所親言之恆百不失一二益以自負及藍玉延之課其子遂數以兵法說玉頗與密議又與道衍深相投契嘗告以盍有所待不當以其法老蓋負其桀黠之才有不肯槁死牖下者故其所作往往踔厲風發縱橫排奡極其意之所馳騁而不能悉歸之醇正頗肖其爲人詩格亦淸剛蕭爽在北郭十子之中與高啟稱爲勁敵就文論文不能不推一代奇才也乾隆四十七年二月恭校上

西菴集

臣等謹案西菴集九卷明孫蕡撰蕡字仲衍廣東順德人洪武三年舉于鄉旋登進士授工部織染局使遷虹縣主簿召入爲翰林院典籍出爲平原主薄坐累逮繫旋釋之起爲蘇州經歷復坐累戍遼東既而以嘗爲藍玉題畫坐玉黨論死事迹具明史文苑傳是編前有黃佐葉春及所撰小傳稱蕡著述甚富自茲集外尚有通鑑前編綱目孝經集善理學訓蒙和陶集古律詩其孝經集善

則宋濂爲之序賁歿諸書散逸其詩文今行世者爲門人黎貞所編然佐稱西菴集八卷而是編詩八卷文一卷卷端題姑蘇葉初春選或初春别加釐訂抑佐但舉其詩集歟賁當元季綺靡之餘其詩獨卓然有古格雖神骨儁異不及高啟而要非林鴻諸人所及小説載書生見蘇軾侍姬朝雲之魂者得集句七言律詩十首七言絶句十五首今乃在此集第八卷末蓋賁游戲之筆即黄佐傳中所稱集古律詩一卷是也黎貞乃綴于集後又併載其序遂似賁眞有遇鬼事者殆與林鴻集末附載張紅橋詩同一無識姜南蓉塘詩話又從而盛稱之更無當矣乾隆四十七年五月恭校上

南邨詩集

臣等謹案南邨詩集四卷明陶宗儀撰宗儀有輟耕錄别著錄是編毛晉嘗刻入十元人集劉體仁七頌堂集有與張實水尺牘稱元史不載陶南邨竊謂此君靖節一流人今考倪瓚顧阿瑛皆親見明興而瓚遁迹江湖阿瑛隨子謫徙

未沾明祿自可附朱子綱目陶潛書晉之例宗儀則身已仕明孫作滄螺集中有陶九成小傳可證晉仍列之元人殊非事實集中洪武三十一年皇太孫即位詩曰老臣忭舞南郁底笑對兒孫兩鬢霜則宗儀臣明原不自諱又何必曲相假借强使與栗里同稱乎是集不知何人所編考其題中年月及詩中詞意入明所作十之九惟鐃歌鼓吹曲及三月朔日至都門二日早朝三日率諸生赴禮部考試十日給賞十一日謝恩諸詩灼然爲元時作耳其編次年月殊爲無緒又顧阿瑛玉山草堂雅集所載澂懷樓七律一首送殊上人七律一首皆不見收知非宗儀自編也毛晉品其詩如疎林早秋殊不甚似然筆力遒健實虞楊范揭之後勁非元末靡靡之音所能比似其在明初固屹然一巨手矣乾隆四十七年四月恭校上

望雲集

臣等謹案望雲集五卷明郭奎撰奎字子章巢縣人朱文正開大都督府于南

昌嘗參其軍事奎早從元余闕學慷慨有志節干戈擾攘之際仗劍從軍備嘗險阻蒼涼激楚一發于詩五言古體源本漢魏頗得遺意七言古體時近李白五言律體純為唐調七言律體稍雜宋音絶句則出入于唐宋之間在時流中可謂挺出趙汸宋濂皆為之序推崇甚至良不誣矣五卷之末附入奎短札三篇案嘉靖辛卯吳廷翰重刋是集時但稱五言古詩三十七詞歌曲十三五七言律百有九排律雜詩四十四不言有文豈後人得其手稿重為附入耶集中送陳克明歸茶陵詩瑚璉字押入平韻蓋本古人三聲之法古詩上山采蘼蕪以素餘故同押劉琨贈盧諶詩以璆叟同押乃即其例今故從原文錄之焉乾隆四十七年五月恭校上

蚓竅集

臣等謹案蚓竅集十卷明管訥撰訥字時敏華亭人九歲能詩長師事劉儼楊維楨而友袁凱洪武九年徵拜楚王府紀善從王之國後進左長史事楚昭王

禎二十五年乞致仕歸里禎請命於朝留居武昌祿之終身築室黃屯山命曰全庵而名其集曰蚓竅蓋取韓愈石鼎聯句語也集爲禎所刊行中有丁鶴年評語鶴年家於武昌與訥皆爲禎所禮重故幷其評語刻之其詩春和雅淡風格多近唐音不染元末雕繪之習張汝弼序董紀集歷數松江詩人而獨謂訥之清麗優柔足與袁凱方駕蓋不誣也訥又有秋香百詠還鄉紀行諸編在集外別行見周子治所作全庵記中今俱未見又訥晚而生子楚王名之曰延枝從丁鶴年學亦有集行世今並不可覩矣乾隆四十七年九月恭校上

西郊笑端集

臣等謹案西郊笑端集二卷明董紀撰紀字良史以字行更字述夫上海人洪武壬戌舉賢良方正廷試對策稱旨授江西按察使僉事未幾告歸築西郊草堂以居因取以名其集然未及鋟板稾藏其門人周鼎家成化中鼎孫光祿寺少卿庠始爲刊印此本有宣德辛亥鼎後跋又有成化癸巳張汝弼序蓋又從

庠本傳寫者也紀詩平易樸實視袁凱諸人稍爲不逮故張汝弼作是集序謂其漫爾而歸詩文亦漫爾而著弗冀有傳頗致微詞而朱彝尊靜志居詩話則舉其題海屋詩過橋雲磬天台寺泊岸風帆日本船句謂亦不爲率漫然紀集明世未經再刻流播頗稀明史藝文志亦闕而不載彝尊明詩綜所錄但採之賴良大雅集中未及見其全帙故所摘佳句僅此今觀此集過質傷俚之弊誠所不免然其合作往往得元白張王遺意汝弼以一格繩人不足以盡詩體彝尊執一二語以爭之亦未盡紀所長也乾隆四十七年三月恭校上

草閣集

臣等謹案草閣集六卷拾遺一卷附筠谷詩一卷明李曄撰曄字宗表號草閣錢塘人官至國子監助教曄於元季避地永康東陽間館於胡氏故集中與胡伯宏兄弟贈答之什最多此集乃曄沒後伯宏及其友徐孟璣陳公明所輯拾遺一卷則其門人唐光祖所輯拾遺後附雜文四篇題曰文集不知何人所輯

疑亦出光祖之手朱彝尊稱曄長篇高聳奔軼堪與劉伯溫高季迪鼎足今觀所作近體格調堅朗亦足名家固不獨長篇爲優也末附筠谷詩一帙未詳姓氏疑即曄之子名韡者所作詩內有冬至前日侍父讌胡伯奇濟生堂七律一章是其明證又集有宋濂序稱韡字公載爲詩能繼其家而彝尊跋草閣集後竟未之及殆當時所見本有異同歟乾隆四十七年四月恭校上

樗菴類稿

臣等謹案樗菴類稿二卷明鄭潛撰潛字彥昭歙縣人元末由內臺掾廣東帥府從事上計京師遂爲監修國史掾後擢正字歷官監察御史福建行省員外郎海北道廉訪副使泉州路總管入明起爲寶應縣主簿遷潞州同知至洪武十年乃致仕程敏政新安文獻志載其始末甚詳黃虞稷千頃堂書目列之元人誤也虞稷載樗菴類稿二卷今從永樂大典裒輯得古體詩五十首近體詩一百四十六首併原序三篇仍可編爲二卷計所遺亦無幾矣是集皆其在元

所作程以文序稱行役小稿二卷豫章鄧文著所編凡一百五十餘篇其時方爲監察御史貢師泰序稱集其歌詩爲二卷題曰行役稿攬轡稿其時爲福建廉訪副使揭汯序始稱爲樗菴類稿不言卷數據其所言仍成于元末官福建時蓋初爲行役稿二卷後删併爲一卷而益攬轡稿一卷仍爲二卷終乃合爲一編改題曰樗菴類稿蓋數經增損而後勒爲定本則其成集亦不苟矣潛雖起家掾吏而大貧絕異其詩詞意軒爽有玉山朗朗之致視元末纖穠之格特爲俊逸入明以後名位不昌距纂修永樂大典之時年代又近而書局諸人顧特編錄其遺稿追配古人知當時必有以取之非徒然也乾隆四十五年九月恭校上

春草齋集

臣等謹案春草齋集十卷明烏斯道撰斯道字繼善慈谿人洪武初官石龍縣知縣調永新作事謫戍定遠尋放還明史文苑傳附見趙壎傳中所著有秋吟

稿及此集千頃堂書目載秋吟稿之名而闕其卷數蓋明代已佚此集凡文五卷詩五卷與千頃堂書目卷數相合蓋猶舊本也斯道詩寄託深遠吐屬清華能刬滌元人繁縟之弊文亦雅令不爲劍拔弩張之狀夷猶淡宕頗近自然宋濂爲作集序所謂俊潔如明月珠者蓋狀其圓潤所謂洶湧如春江濤者則與其文之紆餘爲妍頗不相肖推濂之意特狀其詞源之不竭非謂其騁才恃氣以驚風駭浪爲奇也史稱斯道工古文兼精書法不及其詩殆在當時文尤見重于世歟乾隆四十七年十月恭校上

耕學齋集

臣等謹案耕學齋集十二卷明袁華撰華字子英崑山人生於元季洪武初爲府學訓導後坐累逮繫死於京師華與同邑呂誠齊名時稱袁呂楊維楨嘗爲作可傳集序云華自二十歲後三十年所積無慮千餘首吾選之得若干首此本凡古體七卷近體五卷題曰耕學齋集不知何人所編明史藝文志不著錄

疑即楊維楨所謂千餘篇者後人裒輯以傳也明之初年作者林立華爲諸家盛名所掩故人與詩皆不甚著實則銜華佩實具有典型非後來僞體所能及固未可以流傳未廣輕之華贈閔中孚初度詩有同生延祐丙辰年句以干支推之下至明太祖洪武元年已五十三歲故集中詩句元代所作爲多如甲午丙申己亥庚子乙巳丙午丁未諸紀年皆在順帝至正中惟癸丑正月風雨中偶成一首作於洪武六年頗露悲涼感慨之語蓋欲自附於元之遺民然已食明祿不必作是語矣乾隆四十七年三月恭校上

可傳集

臣等謹案可傳集一卷明袁華撰華有耕學齋詩集已著錄此本爲至正癸卯楊維楨所删定華維楨弟子也前有維楨序稱吾鐵門稱能詩者南北凡百餘人求如張憲袁華者不能十人其集名亦維楨所題蓋推獎之甚至而維楨與李五峯論詩又稱梅一于酸鹽一于鹹食鹽梅而味常得鹹酸之外若華之作

僅一于鹹酸而已其說自相刺謬今觀其詩大都典雅有法一掃元季穠纖之習而開明初春容之派維楨所論蓋標舉司空圖說以味外之味務爲高論耳其實一于酸鹹不猶愈于洪熙宣德以後所謂臺閣體者併無酸鹹之可味乎未可遽以是薄華也華耕學齋稿卷帙較富世多行之此集明史藝文志亦不著錄千頃堂書目雖著錄而不載卷數蓋黃虞稷亦未見之今以其爲楊維楨所手定去取頗嚴故一取其備一取其精與全集並著于錄焉乾隆四十七年九月恭校上

强齋集

臣等謹案强齋集十卷明殷奎撰奎字孝章號强齋崑山人洪武初以薦例授州縣職以母老請近地除咸陽教諭卒後門人私謚曰文懿奎受業於楊維楨之門學行純正爲當時所重是集乃其門人余熂所編詩文雜著凡九卷又益以其交游贈答詩文暨行實墓誌爲十卷附刻於後元明之間承先儒篤實之

餘風乘開國渾朴之初運宋末江湖積習門戶流波湔除已盡故發爲文章雖不以華美爲工而訓詞安雅亦頗有經籍之光如奎等者在當時不以文章名而行矩言規學有根柢要不失爲儒者之言視後來雕績之詞乃有逕庭之別矣是集刊於洪武十五年崑山儒學訓導錢塘陳振祖爲之序其文亦朴雅可想見一時風氣云乾隆四十七年五月恭校上

海桑集

臣等謹案海桑集十卷明陳謨撰謨字一德泰和人生於元成宗時洪武初召赴闕以疾辭歸其家傳稱卒年九十六考集中年月止於洪武十七年晏璧於永樂七年作海桑集序稱謨卒後二十年則卒於洪武二十一年戊辰也謨書劉氏西齋倡和卷後稱生大德間爲前朝太平幸民六十餘年由洪武戊辰上推大德元年丁酉僅九十二年安得壽九十六是其家傳誤也其集詩文各二卷爲其甥楊士奇所編　國朝康熙庚申其裔孫邦祥重刊然排律之名始於

高棅士奇未必即用其例又靈山寺以五言長律入古體悼劉生詩以七言拗律入古體而崆峒雲居詩又以古體入律體士奇亦不如是之陋殆邦祥又有所竄亂也集中通塞論一篇引微子箕子反復申明謂革代之時不必死節極爲害理故其客韶州時爲太祖吳元年元尚未亡已爲衞官作賀表而集中頌明功德不一而足無一語故君舊國之思其不仕也雖稱以老病辭然其孫仲亨䟦其墨迹稱太祖龍興弓旌首至先生雖老猶輿曳就道一時老師俗儒曲學附會先生之論動輒矛盾是以所如不合遂命駕還山拂衣去國然則與柴桑東籬之志固有殊矣然其文體簡雅詩格春容東里淵源實出於是原序稱宋濂目以夏鼎商彝太羹元酒雖未免稍溢要在明初固渢渢乎雅音也乾隆四十七年十月恭校上

畦樂詩集

臣等謹案畦樂詩集一卷明梁蘭撰蘭字庭秀又字不移泰和人右贊善梁潛

之父也隱居不仕故以畦樂自號于楊士奇爲姻家士奇嘗從之學詩此集即士奇所編前有洪武三十一年士奇序考士奇所作蘭墓誌稱卒于永樂八年則編此集時蘭猶及見之也舊本列泊菴集後蓋用山谷集後附刻伐檀集之例今以各自爲集仍分著於錄原目列古今體詩二百二十四首而五言古詩中註闕七首實二百一十七首題中有缺字二處詩中有缺字二處均無別本可補今亦仍之士奇序稱其志平而氣和識遠而思巧渢渢焉穆穆焉簡寂者不失爲舒徐竦宕者必歸于雅則優柔而確譏切而婉雖自重其師推許不無少溢而于元季繁音曼調之中獨翛然存陶韋之致固亦不愧于作者矣乾隆四十七年十月恭校上

竹齋集

臣等謹案竹齋集三卷續集一卷附錄一卷明王冕撰冕字仲章續高士傳作字元肅諸暨人本農家子家貧依沙門以居夜潛坐佛膝上映火讀書後受業

於安陽韓性遂傳其學然行多詭激頗近於狂著作郎李孝光祕書卿台哈布哈（案台哈布哈原作泰不華今改正）皆嘗薦於朝知元室將亂辭不就明太祖下婺州聞其名物色得之授諮議參軍未幾卒宋濂爲作傳載潛溪集中序其始末甚備續高士傳以爲太祖欲授以參軍一夕卒浙江通志據以列入隱逸傳舊本亦題爲元人非其實矣詩集三卷其子周所輯劉基序之續集詩及雜文一卷又附錄呂升所爲王周行狀則冕女孫之子駱居敬所輯冕天才縱逸其詩多排奡遒往之氣不可拘以常格然高視闊步落落獨行無楊維楨等詭俊纖仄之習在元明之間要爲作者集中無絕句惟畫梅乃以絕句題之續集所收皆自題畫梅詩也乾隆四十七年九月恭校上

獨醉亭集

臣等謹案獨醉亭集三卷明史謹撰謹字公謹崑山人洪武初以事謫居雲南後用薦爲應天府推官降補湘陰縣丞尋能歸僑居金陵以終是集前有陳璉

序稱洪武壬午九月案洪武無壬午壬午爲建文五年蓋革除之後傳録者所追改又有獨醉齋記一篇不著作者名氏稱謹爲滇陽史先生則竄謫之時即以編管之地著録也據璉所序是集蓋謹所自編但以體分不題卷數自武當八景以下九十三首别題曰遺稿疑謹没以後其後人掇拾晚年所作附于集末然中有經人鮓甕詩謁黔寧王廟詩則皆在謫雲南時又有雪酒爲金粟公賦詩金粟道人乃顧阿瑛别號則元末明初之作亦在其中殆雜採佚篇不復甄别觀所載題畫之詩特多必丹青手迹一一録入矣今以原本所有亦併存之與謹所自定諸詩共釐爲三卷其詩不涉元季縟靡之習亦不涉宋季酸腐之調平正通達而神采自然高秀在明初可自爲一家偶桓選乾坤清氣集號爲精鑒其論詩多否少可而此集有送桓詩及題桓家攬勝樓詩二人契分頗深則謹之詩格可見矣乾隆四十七年十月恭校上

臣等謹案海叟集四卷明袁凱撰凱字景文松江人洪武中徵授御史以病免歸其集初有手定本刻於張氏據董宜陽序至嘉靖中尚存又別有選本曰在野集稱朱張二公所定不知爲何許人據劉誂跋稱嘉靖中誂父嘗爲重刻誂後得全集又摭在野集所遺合爲一編名曰補刊在野集今亦皆未見傳本此集爲正德元年陸深得其全集同李夢陽所删定而何景明授其門人孫繼芳刊於松江集首夢陽景明各爲之序然刊板亦佚所存者傳鈔之本而萬歷己丑王俞跋有偶續前刻輒附數言之語似乎俞又有所續入題下多註選入詩綜字又似在朱彝尊以後之本蓋非深之舊編矣凱以白燕詩得名有袁白燕之名夢陽序則謂白燕詩最下最傳諸高者顧不傳今觀其集夢陽之論良是景明序謂明初詩人以凱爲冠雖未可據爲定論然與高啟馳驟上下亦未必盡居其次也董宜陽跋謂在野集多以意更竄如煙樹微茫獨倚闌改爲煙樹微茫夢裏山故國飄零事已非改爲老去悲秋不自知云云今案白燕詩首

句喻其改之之意冶山亭詩末句當以通首用删山韻而闌字在寒桓韻中嫌於奸韻不知洪武正韻已合二部爲一凱在明初因用當時官韻不爲奸也改是集者竟未悉明初之功令抑亦異矣乾隆四十七年十月恭校上

榮進集

臣等謹案榮進集四卷明吳伯宗撰伯宗原名佑以字行金谿人洪武辛未進士第一官至武英殿大學士後降檢討以終其平生守正不阿雖忤時貶謫不少悔胡惟庸擅權之日勢焰張甚伯宗毅然上疏劾之風節棱棱殊不可及所著有南宮集使交集成均集共二十卷又玉堂集四卷今皆未見此本中有奉使安南國學釋奠玉堂燕坐諸作疑原集散佚後人掇拾殘賸合爲此編也一卷爲鄉試會試御試諸文二卷三卷皆詩而附以賦及詩補遺四卷爲雜文原目首列序文而卷首無之蓋傳寫佚脫詩文皆雍容典雅有開國之規模明一代臺閣之體胚胎于此其鄉試會試諸篇可以考見當時取士之制與文字之

式惟第三卷有上問安南事五言詩與諸選本所載日本使臣嗜哩嘛哈答明太祖詔問日本風俗詩僅字句小異未詳孰是然其詩皆誇大日本之詞不應出自伯宗之手或伯宗後人因其曾使安南誤剽入之歟今姑仍舊本錄之而記其所疑以備參考焉乾隆四十七年九月恭校上

梁園寓稿

臣等謹案梁園寓稿九卷明王翰撰翰字時舉禹州人元季隱居中條山中明初出爲周王橚長史王素驕有異志正諫弗納斷指佯狂去王敗竟無所坐事載明史周王傳後起爲翰林編修謫廉州教授夷獠亂城陷死難明史藝文志載所著有敝帚集五卷梁園寓稿九卷敝帚集今未見此書卷數與明史合焦竑經籍志止稱寓稿二卷誤也焦志别載翰山林樵唱一卷今亦未見殆併佚歟翰始抗驕王終殉國事其立身具有本末而當時不以文章名故古體往往有質直語然自抒性情無元人穠纖之習七言近體聲調亦頗高朗國朝朱

彝尊輯明詩綜未錄翰詩當由未觀斯集今以其人而存之見　聖代表章忠烈闡揚幽隱之義焉乾隆四十七年九月恭校上

自怡集

臣等謹案自怡集一卷明劉璉撰璉字孟藻青田人誠意伯基長子洪武十年爲考功監丞兼試監察御史出爲江西布政司右參政卒年三十二是集爲其子鳶所編末附洪武十三年國史院編修官吳從善所作哀辭備述基從太祖起兵璉在南田山日制馭諸草竊請設淡洋巡檢以靖逃盜之源及沮沈立本媚附權臣事惟以材略氣節稱之不及其文章卷首載秦府紀善黃伯生序稱嘗見其遇事剛果坐折姦佞不撓不阿宜其少年銳氣盛滿于中今讀其詩顧乃溫柔沖淡坦然有愛君憂國之至情而自視欿然如有不足以爲庶幾於聞道今觀此集惟七言律詩頗涉流利圓美不出元末之格然僅三首蓋非所喜作至於五言古體居集中之大半皆詞旨高雅而運思深摯殆于駕兩宋而上

之以繼犁眉公諸集可謂不愧其父而明人罕稱道之者殆轉以勳閥掩歟乾隆四十七年二月恭校上

斗南老人集

臣等謹案斗南老人集六卷明胡奎撰奎字虛白海寧人生元至順間嘗遊貢師泰之門明初以儒學徵官寧王府教授是集前有寧王權序稱其晚年泊舟鄱陽望湖亭見石刻東坡黑雲堆墨未遮山詩次韻和之俄見一叟來誦其詩曰子非斗南老人耶因以自號其事頗怪疑好事者附會之莫由詰其眞妄也朱彝尊靜志居詩話稱吾鄉雲東逸史曾錄其稾舊藏項氏天籟閣繼歸高氏稽古堂後爲華山馬思贊所藏案今世所傳奎集皆出天籟閣鈔本止有四卷前有項元汴題識而無寧王原序此本爲明初寧王府文英館所刊見於寧藩書目崑山徐氏傳是樓又從原刻影鈔實分六卷凡詩一千九百餘首與項氏所藏互校乃知彼多所脫佚不爲足本奎詩不事雕飾往往有自然之致彝尊

謂其功力既深格調未免太熟誦之若古人集中所有者其言誠不爲過然舂容和雅其長處亦不可掩視後來之掇拾摹擬者固有間矣乾隆四十七年十月恭校上

希澹園詩

臣等謹案希澹園詩三卷明虞堪撰堪字克用一字勝伯長洲人至正中隱居不仕故其題趙孟頫畫絶句有曰王孫今代玉堂仙自畫苕溪似輞川如此青山紅樹裏可無十畝種瓜田深諷其出事二姓然堪至洪武中竟起爲雲南府學教授卒于官蓋與仇遠入元事同一例原本題曰元虞堪非其實也堪隸籍長洲而集中巖居高士圖歌有我亦本是青城人句畫山曲有家山萬里隔蜀道正難行句朱仲叔山水引有西蜀書生句而西蜀二絶句三峽謡旅懷詩憶錦官詩送張自皋歸閩中詩次韻陸高士見寄詩每于蜀有故鄉之思而成都使君王季野席上詩則併作于蜀考宋史虞允文本蜀人而虞集亦每自署西

蜀堪于允文爲七世孫于集爲從孫意其流寓長洲而于蜀仍往來未絶歟此集後有自跋稱丁未歲冬至前一日案丁未爲元至正二十七年則皆元時所作而入明以後篇什遂不復見相傳堪没後所遺翰墨尚數篋其子孫不讀書漫置屋中久而亡之則其散佚者固亦多矣乾隆四十七年十月恭校上

鷰湖集

臣等謹案鷰湖集六卷明龔斆撰斆鉛山人明史無傳惟太祖本紀載洪武十三年八月丙午置四輔官以儒士王本杜佑龔斆趙民望吳源爲春夏官而亦不詳其本末考鉛山縣志稱斆先以明經分敎廣信輯朱子說補六經圖御史葉孟芳薦其學行徵入爲四輔官以老乞歸又召爲國子祭酒卒於官著有經野類鈔二十八卷蓋亦窮經篤學之士也其集見於焦竑經籍志者六卷流傳甚尠程敏政明文衡黃宗羲明文海蒐採極博而均不及其名姓則亡佚久矣今惟永樂大典尚頗載其詩文詩雖多沿元季餘波而淸婉諧暢亦自琅琅可

誦文則原本經術結構謹嚴實能不愧于作者其送周倬張溥使高麗序稱洪武十八年命倬等往封國王而明史高麗傳失載其事又贈劉叔勉奉使西洋回序稱洪武二年春詔叔勉往使三年夏纔至西洋而明史浡泥傳乃稱三年八月命御史劉敬之往使閱半年始抵其國年月參錯不合自當以數所記爲得其實是亦足以資考證也謹掇拾薈稡仍依原目定爲六卷著於録乾隆四十五年七月恭校上

滎陽外史集

臣等謹案滎陽外史集七十卷明鄭眞撰眞字千之鄞縣人成化四明郡志稱其研窮六籍尤長於春秋吳澄嘗策以治道十二事皆經史之雋永眞答之無凝滯洪武四年鄉試弟一授臨淮縣教諭陞廣信府教授眞與兄駒弟鳳並以文學擅名眞尤以古文著初與金華宋濂聲價相埒嘗與濂共作裴中著存堂記眞文先成濂爲之閣筆後濂致位通顯黼黻廟廊眞偃蹇卑棲以學官沒世

故聲華闃寂傳述者稀今觀所錄不能與濂並駕詞壇而義有根柢詞有軌度與濂實可肩隨不以名位之升沈定文章之優劣也原集百卷明代已佚其三十卷今所存者亦多殘缺失次譌不勝乙或至於不可句讀殆世不甚傳故莫爲是正其不全佚者幸耳今推驗文句各加校定其必不可通者則仍原本錄之庶不失闕疑之義焉乾隆四十七年八月恭校上

全室外集

臣等謹案全室外集九卷續集一卷明僧宗泐撰宗泐字季潭臨海人洪武初舉高行沙門居首命住天界寺尋往西域求遺經還授左善世太祖極賞之欲授以官固辭太祖爲撰免官說時宋濂好佛帝目爲宋和尚宗泐好儒帝呼爲泐秀才其後胡惟庸謀逆詞連宗泐特原之徐大章稱其詩若霜晨老鶴聲聞九皋清廟朱絃曲終三歎雖與之少過然置於明代作者之間亦可以肩隨士大夫也是編題曰外集蓋釋氏以佛經爲內學故以詩文爲外首載應制詩二

卷爲樂府有供佛讚佛諸曲三卷以下爲古近體詩九卷爲疏及題跋續集詩三十六首題跋十五篇然詩文之間原闕四頁似尚有佚脱也千頃堂書目作十卷蓋合續集言之又載宗泐别有西游集一卷今未見云乾隆四十七年九月恭校上

欽定四庫全書提要卷一百二

集部二十四

別集類二十三

峴泉集

臣等謹案峴泉集四卷明張宇初撰宇初字子璿貴溪人張道陵四十三世孫洪武十年襲掌道教永樂八年卒明史方技傳附見其父正常傳中稱其建文時嘗坐不法奪印誥成祖即位復之又稱其嘗受道法于長春眞人劉淵然後與淵然不協互相詆訐其人品頗不純粹然其文章乃斐然可觀其中若太極釋先天圖論河圖原辨荀子辨陰符經諸篇皆有合于儒者之言問神一篇悉本程朱之理未嘗以雲師風伯荒怪之說張大其教以視誦周孔之書而闡揚佛老之說者實轉為勝之韓愈送浮屠文暢序稱人有儒名而墨行者問其名則是校其行則非然則若宇初者其言既合于理寧可以異端之故併斥其文

乎朱彝尊明詩綜稱其集二十卷詩居其半王紳爲之序此本皆所作雜文惟末附歌行數十首卷首雖載紳序而二十卷之舊已不復存蓋又掇拾重編之本矣乾隆四十七年十月恭校上

唐愚士詩

臣等謹案唐愚士詩四卷明唐之淳撰之淳字愚士亦以字行山陰人肅之子也建文初詔詞臣修鑑戒錄方孝孺薦之授翰林院侍讀與孝孺同領書局卒於官張芹遺忠錄稱洪武中有薦之者謝不就曹國公李景隆俾其子師焉征行四方皆與俱歷燕薊秦周覽前代遺蹟援筆而賦淩轢一時考明史李文忠傳景隆以洪武十九年襲封曹國公不載其北征事惟馮勝傳載洪武二十年與傅友德藍玉趙庸等北征常茂李景隆鄧鎮皆從是年歲在丁卯與集中寓軒記所載洪武丁卯相合當即其時也是集不分卷數僅其丁卯戊辰二年所作似非完本又詩文相間成編而總題曰詩亦非體例疑當日雜錄手稿存

此一帙後人因鈔傳之故編次叢雜如此其詩雖未經簡汰金礫並存而氣格質實無元季纖穠之習其塞外諸作山川物産尤有足資考核者焉乾隆四十七年九月恭校上

繼志齋集

臣等謹案繼志齋集原目作十二卷明王紳撰紳字仲縉義烏人待制禕之仲子明史附見禕傳稱禕死時紳年十三事母兄敦孝友長博學受業於宋濂濂器之曰吾友不亡矣蜀獻王聘紳待以客禮紳啟王往雲南求父遺骸不獲述滇南痛哭記以歸建文帝時用薦召爲國子博士預修太祖實錄獻大明鐃歌鼓吹曲十二章卒於官王泌東朝記以爲成祖召入翰林編摩太祖實錄者誤也其集殘缺失次僅存九卷而第一卷所載鐃歌即已全佚其他斷簡缺文不一而足特以其爲名父之子又師承有自其文演迤豐蔚不失家法詩亦有陶韋風致無元季纖穠之習在洪武建文之間尚可卓然成家雖一鱗片甲要非

凡格不以其缺佚棄之也乾隆四十七年五月恭校上

中丞集

臣等謹案中丞集二卷明練子寧撰子寧名安以字行號松月居士新淦人洪武乙丑進士建文時官左副都御史燕兵入南都殉節死事蹟具明史本傳乾隆四十一年　賜謚忠肅方孝孺嘗稱子寧多學善文今觀集中對策諸篇及謁余闕祠詩已定終身大節非臨時激烈者比也當日詩文之禁甚於元豐逮弘治中王佐始輯其遺文名曰金川玉屑此本乃泰和郭子章重編附以遺事一卷其裔孫綺復輯之黄溥簡籍遺聞嘗紀集中可疑者三事一曰送花狀元歸娶詩謂洪武辛亥至建文庚辰狀元但有吳伯宗丁顯任亨泰許觀張信陳郊胡靖七人無所謂狀元花綸綸乃洪武十七年浙江鄉試第二人不應有奉詔歸娶事一曰故耆老理庭黄公墓誌謂子寧及第在洪武十八年此誌後題洪武丙辰三月之吉乃洪武九年不應結銜稱賜進士及第授翰林院修撰一

曰集後雜考引葉盛水東日記載長樂鄭氏有手卷練子寧賦張顯宗跋稱顯宗狀元及第洪武時亦無此狀元其言頗核蓋子寧一代偉人人爭依託因而影撰者有之然終不以僞廢其眞也乾隆四十七年八月恭校上

遜志齋集

臣等謹案遜志齋集二十四卷明方孝孺撰孝孺字希直寧海人官至文學博士建文壬午燕王篡立抗節不屈死乾隆四十一年　賜謚忠文孝孺殉節後文禁甚嚴其門人王稌藏其遺稿宣德後始稍傳播故其中闕文脱簡頗多孝孺學術醇正而文章乃縱横豪放頗出入於東坡龍川之間蓋孝孺之志在於駕軼漢唐鋭復三代故其毅然自命之氣發皇淩厲時露於筆墨之間然聖人之道與時偕行周去唐虞僅千年周禮一書已不全用唐虞之法明去周幾三千年勢移事變不知凡幾而乃與惠帝講求六官改制定禮即使燕兵不起其所設施亦未見能致太平正不必執儒生門戸之見曲爲之諱惟是燕王篡立

之初齊黄諸人爲所切齒即委蛇求活亦勢不能生若孝孺則深欲藉其聲名俾草詔以欺天下使稍稍遷就未必不接迹三楊而致命成仁遂湛十族而不悔語其氣節可謂貫金石動天地矣文以人重則斯集固懸諸日月不可磨滅之書也乾隆四十七年五月恭校上

貞白遺稿

臣等謹案貞白遺稿十卷明程通撰通字彦亨貞白其齋名也績溪人洪武乙丑貢入太學庚午舉應天鄉試時方遣諸王將兵因以封建策貢士于廷通所對稱旨擢第一授遼府紀善進左長史靖難兵起通上書數千言成祖即位紀綱發其事詔械通詣京師與二子俱論死事蹟具明史本傳乾隆四十一年賜諡節愍通著述凡百餘卷悉毁于官後十年其弟赴荆州遼王以所圖通像及遺稿授之嘉靖間革除之禁漸弛其從孫長等乃搜訪遺稿裒爲六卷附以遼王並同時諸人贈言及行狀小傳等篇別爲四卷天啟間裔孫樞樞子應階

又集前後建祠請謚之文爲顯忠錄二卷附于末初通以祖平久成陳請乞賜還鄉人稱其孝及建文中遭國難慷慨上防禦封事而卒以是死人稱其忠今陳情之表具在而封事獨有題無文蓋嘉靖間刻集時猶有所諱而不敢存也封建二策乃其受知明太祖者持議頗正其他詩文亦俱醇樸可誦雖所存無多而大節凛然有不可得而泯滅者固宜與金川玉屑集並傳于世云乾隆四十七年五月恭校上

靜學文集

臣等謹案靜學文集一卷明王叔英撰叔英名原采以字行黃巖人洪武中與楊大中葉見泰方孝孺林佑並徵至叔英固辭還鄉後以薦官仙居訓導改德安教授遷漢陽知縣建文時召爲翰林修撰燕兵至淮奉詔募兵行至廣德會齊泰來奔知事不可爲乃書絕命詞自經於元妙觀邏捕其家妻金氏及二女幷殉焉事迹具明史本傳乾隆四十一年　賜謚忠愍史稱叔英在建文朝嘗

上賚治八策又稱方孝孺欲行井田叔英貽之書曰事有行於古而不可行於今者井田封建之類是也可行者行則人之從之也易而民受其利難行者行則人之從之也難而民受其患云云今是集三十篇僅存序記二體而所上八策及貽孝孺書並無之案徐敬孚跋稱楊士奇嘗欲纂集叔英之文求無完本深悼惜之成化年有謝世修者欲募刻以廣其傳蓋搜葺重編非其舊本卷首林佑序作於洪武中者乃後人所錄入非即爲此本作也前有黃綰所爲傳稱其文章有原本知時達勢爲用世之儒蓋不誣云乾隆四十七年九月恭校上

芻蕘集

臣等謹案芻蕘集六卷明周是修撰是修初名德以字行泰和人洪武中舉明經授霍邱訓導遷周王府紀善王多不法是修動繩以禮今集中修己十箴與保國直言二篇皆是時作也王敗之後官屬皆緣坐是修以能諫得免改調衡王府紀善既而入直翰林預纂修建文四年燕王反兵薄京城是修與楊榮楊

士奇胡靖金幼孜約同死國難諸人並陽諾之燕兵既入士奇等爭先推戴是修乃獨詣尊經閣自經乾隆丙申賜謚忠節事迹具明史本傳後解縉爲作誌銘但稱歸京師爲紀善預翰林纂修以死竟沒其殉節事楊士奇爲作傳乃言其自經應天府學蓋縉作誌在永樂元年士奇爲傳則在宣德四年也傳又稱是修數論國家大計至指斥用事者誤國用事者怒衆共挫折之云云蓋欲明是修非齊黄之黨以避時忌然革除之際取義成仁但問臨難死不死不問持議同不同縱使有之亦不害其爲忠臣不能以是抑是修也是集爲其孫應鰲所刊凡詩三卷賦及雜文三卷非惟風節凛凛溢於楮墨即以文章論之亦復無愧於作者末附縉所作誌銘士奇所作傳可謂白茅之藉矣姑並存之益以彰是修也乾隆四十七年四月恭校上

巽隱集

臣等謹案巽隱集四卷明程本立撰本立字原道巽隱其號也桐鄉人洪武九

年以明經擢秦王府引禮舍人以母憂去復補周府禮官坐累謫雲南馬龍他郎甸長官司吏目有平定百夷功徵入翰林歷官至右僉都御史調江西按察副使未行值燕王篡位遂自盡以殉事迹具明史本傳是集詩二卷文二卷爲其曾孫山所編弘治乙丑桐鄉知縣莆田李廷梧序之嘉靖初南溪吳氏爲刊板西虞范氏又重刊之歲久皆散佚此本乃萬歷乙丑桐鄉知縣濮陽棐得遺稿于其裔孫程九澤而屬訓導李詩校刊者也本立文章典雅詩亦深穩樸健頗近唐音不但節義爲足重即以詞采而論位置于明初作者之間亦無愧色矣乾隆四十七年十一月恭校上

易齋集

臣等謹案易齋集二卷明劉璟撰璟字仲璟青田人誠意伯基之次子洪武二十三年太祖命襲父爵以讓其兄子廌乃特設閤門使授之尋爲谷王府左長史燕王稱兵隨谷王歸京師令參李景隆軍事兵敗上書不見省遂歸里成祖

即位召之稱疾不至逮入京下獄自經死乾隆四十一年　賜謚忠節事蹟具明史劉基傳中其遺文久佚不傳明末楊文驄令青田從諸生蔣芳華兄弟得鈔本始以授梓考黃虞稷千頃堂書目載璟集十卷疑此尚非完帙又別有無隱稿一卷今佚不見其與此本同異亦莫可考也璟少通諸經慷慨喜談兵明祖嘗以爲眞伯溫之子而詩文傷于悁率頗遜其父天台盧廷綱稱其詩云酒酣落筆詞愈工命意不與常人同清如冰甌玉盌貯沆露和如大廷清廟鳴絲桐疾如黃河怒風捲濤浪麗如錦江秋水涌芙蓉朱彝尊謂譽之未免過實誠爲定論然其氣勢蒼勁兀傲不羣猶有犂眉公集之一體且其値革除之際終守臣節蹈義捐軀未嘗少屈其志洵能不墜家聲尤宜以其人而重之矣乾隆四十七年五月恭校上

野古集

臣等謹案野古集三卷明龔詡撰詡字大章崑山人父詧洪武中官給事中以

言事遣戍五開衛詡遂隸軍籍後調守金川門燕王篡位詡變姓名遁歸賣藥授徒以自給正統己未巡撫周忱薦爲松江學官不就又薦爲太倉學官亦不就嘗語都御史吳訥曰詡仕無害于義但恐負當日城門一慟耳成化己丑始卒年八十八明史附載牛景先傳是集乃崇禎乙亥其八世從孫挺所刻前有李繼貞序稱删其十之二三蓋詡詩格調在長慶集擊壤集間其傷于鄙俚淺率者繼貞稍汰之也要其性情深摯直抒胸臆律以選聲配色彫章琢句誠不能與文士爭工律以綱常名教之旨則不合于風人者尠矣末附上周忱書及王執禮張大復等所作家傳墓誌諡議像贊等篇又有年譜稱詡族姪紘所編于建文四年稱傳言乘輿遜去于正統七年稱舊君還京先生作落葉吟見意案紘之作譜在成化十三年楊應能事應久已論定不應有舊君還京之語且落葉一詩本無明指安知非别有託諷而顧據此斷爲惠帝出奔還京之作亦未見其然此譜于康熙乙巳挺得本于其族弟維則故崇禎乙亥原刻總目不

與墓銘家傳等並列觀是一條其眞僞紱作與否猶在兩可間也疑以傳疑姑並存之而已乾隆四十七年十月恭校上

文毅集

臣等謹案文毅集十六卷明解縉撰縉字大紳吉水人洪武戊辰進士永樂初官翰林學士出爲廣西參議改交阯爲漢王高煦所譖下獄死事蹟具明史本傳縉所著有白雲稿東山集太平奏疏等書歿後多散佚天順初金城黃諫始輯其遺文三十卷以傳後亦漸湮嘉靖中同邑羅洪先復與縉從孫相輯成十卷此本十六卷則康熙戊戌其十四孫悅所增輯也縉才氣放逸下筆不能自休當時有才子之目迄今流俗所傳少年夙慧者率以縉爲口實李東陽謂其詩無全稿眞僞相半蓋出於後人竄亂者爲多然其中佳句閒存亦復不減作者至其奏議如大庖西封事白李善長冤諸篇明白剴切實皆經世不朽之言所謂能切於實用者尤未可以句櫛字比槪繩之矣又案大庖西封事中有云

願集一二儒英隨事類別勒成一經云云其後成祖修永樂大典縉實爲總裁官果用分韻編類之法一如其素志是亦論典故者所宜參考也乾隆四十七年四月恭校上

虚舟集

臣等謹案虚舟集五卷明王偁撰偁字孟揚永福人元潮州總管翰之子翰於明初抗節死偁生甫九歲其母教之讀書以弱冠領鄉薦乞歸養母成祖即位徵至京師授國史院檢討充永樂大典副總裁坐解縉黨下獄死集諸體詩五卷前有王汝玉序又有解縉序二首一題虚舟集一題其文集而弘治六年桑悦序則爲袁州守王世英翻刋虚舟集而作不言其别有文集蓋當時已失傳矣集末附讀書評及自述誄各一首偁與解縉友善其才氣學問約略相似故縉亦極推許之卒同被讒譖以死然縉詩頗傷剽直若偁之恬和安雅殆爲勝之自述稱服羣聖獵百家窮幽明每遇登高弔古慨然發其悲壯愉樂一寓於

文若詩其命意亦殊不苟故集中若感寓諸作規模拾遺詠史數篇步趨記室將進酒行路難等亦頗出入於太白歌行雖未必盡合古人而一鱗半爪隱現雲端固不止於衣冠優孟也乾隆四十七年五月恭校上

王舍人詩集

臣等謹案王舍人詩集五卷明王紱撰紱字孟端無錫人别號友石生又曰九龍山人洪武中就徵尋坐累戍朔州永樂初用薦以善書供事文淵閣久之除中書舍人卒于官事蹟具明史文苑傳集爲其子默所編又名友石山房稿前有曾棨王進序後附章昞如胡廣等所作狀表昞如稱永樂初詔求天下文章之士洎善書者各二十八人登文淵閣公首被薦蓋與曾棨等諸吉士同入直者此則史所未及也紱博學工書寫山水竹石風韻瀟灑妙絶一時說者謂可繼其鄉倪瓚之後其詩雖結體稍弱而清雅有餘蓋其人品槩既高故雖長篇短什隨意濡染不盡計其工拙而擺落塵氛自然合度繆永謀稱其詩格疎爽

有松石間意庶幾得其實矣乾隆四十七年八月恭校上

泊菴集

臣等謹案泊菴集十六卷明梁潛撰潛字用之泰和人洪武丙子舉人授蒼溪訓導歴知四會陽江陽春三縣永樂初召修太祖實錄累遷左春坊右贊善會修永樂大典代禮部尚書鄭賜爲總裁陞侍讀永樂十五年北征仁宗監國以釋陳千戸事牽連坐死事迹附見明史鄒濟傳是集前有王直胡儼二序儼序稱爲潛子媻所編考蕭鎡尚約居士集有陳循墓誌稱梁公潛以職務違錯被逮且籍之梁平日所作詩文悉估書冊賣錢入官循遣人訪求倍價贖還今録梓以傳者循所贖也云云則其稿爲潛所自編因循而傳於世儼序不載其事而但稱其文章遭際蓋諱言其賜死耳潛文格淸雋而兼有縱横浩瀚之氣在明初可自成一隊故鄭瑗井觀瑣言稱其豐贍委曲亦當代一作家楊士奇作潛墓誌稱其爲文章馳騁司馬子長韓退之蘇子瞻亦間出莊列爲奇務去陳

言出新意古詩高處逼晉此本有文無詩康熙辛酉潛裔孫天濤續刻家集時所作小引云泊菴公詩集已瘞文冢不復存人間則舊本久佚矣乾隆四十七年四月恭校上

毅齋集

臣等謹案毅齋集八卷明王洪撰洪字希範錢塘人年十八舉進士授行人尋擢吏科給事中以薦入翰林由檢討歷官修撰侍講爲永樂大典副總裁官預修國史會大臣欲載其家瑞異入日歷中洪持不可至聞於成祖前坐謫禮部主事以卒胡儼爲作墓誌諱其事惟劉公潛輓詩序及莫琚跋中詳言之曾棨輓洪詩所謂玉堂分職見孤忠者亦指是也此集即琚所編雜文皆樸雅駢體亦工詩尤具有唐格而不爲林羽高棅之餉摹其序文及序書二篇立論具見根柢其序胡儼詩集謂至元天歷之間趙虞范揭各鳴一時之盛及其衰也學者以纖豪爲壯以尖新爲奇語言纖薄音律怗懘論元末之弊至爲切中則洪

之所見高出當日遠矣雖名位不昌要爲有明初年屹然一作者也乾隆四十七年十月恭校上

頤菴文選

臣等謹案頤菴文選二卷明胡儼撰儼字若思南昌人洪武末以舉人授華亭教諭永樂初擢翰林院檢討與解縉等同直内閣遷國子祭酒洪熙元年加太子賓客致仕家居二十年而卒事蹟具明史本傳史稱儼少嗜學於象緯占候律算醫卜之術無不通曉又稱是時海内混一垂五十年公卿大夫彬彬多文學之士儼館閣宿儒朝廷大著作多出其手纂修太祖實錄永樂大典皆爲總裁官而以議論戇直爲同僚所不容故久於國學未能大用其詩頗近江西一派詞旨高邁寄託深遠與三楊之和平安雅者氣象稍殊文章則得法於熊釗釗學於虞集授受淵源相承有自故其氣格高老律度謹嚴可以追蹤作者卓然爲明初之一家明史藝文志載頤菴集本三十卷此集詩文各止一卷乃後

人選本非其全帙然嘗鼎一臠亦足以知其概矣乾隆四十七年十月恭校上

青城山人集

臣等謹案青城山人集八卷明王璲撰璲字汝玉長洲人洪武中舉浙江鄉試以薦攝府學教授改應天訓導擢翰林五經博士官至春坊贊善洪熙初贈太子賓客謚文靖所著詩稿在當日已多散佚正統十二年其孫鏜始裒次爲編其婣家華靖删定爲八卷即此本也朱彝尊靜志居詩話稱其詩不費冥索斤斤唐人之調吳人徐用理集永樂後詩家三百三十人以璲壓卷今觀其詩音節色澤皆力摹古格頗近於高棅林鴻一派誠有擬議而不能變化之嫌然當元之季詩格靡麗往往體近塡詞璲能毅然以六代三唐爲模楷亦卓然特立之士又不得以後來王李之流弊預繩明初人矣乾隆四十七年三月恭校上

東里集

臣等謹案東里集九十三卷明楊士奇撰士奇名寓以字行泰和人建文初以

薦入翰林充編纂官成祖即位授編修尋簡入內閣典機務歷官少師華蓋殿大學士卒贈太師謚文貞事蹟具明史本傳明初三楊並稱而士奇文筆特優制誥碑版多出其手仁宗雅好歐陽修之文士奇文亦平正紆餘得其彷彿可稱春容典雅之音當時館閣著作遂沿爲流派李夢陽詩所云宣德文體多渾淪偉哉東里廊廟珍者蓋亦推本於士奇而言其後效尤既久或病其漸入於膚庸然亦不善學者索貌遺神之過若就其所作論之實能不失古格者其轉移一代之風氣非偶然也集分正續二篇正集所載較少續集幾至倍之其别集四種曰代言録乃制勑之類曰聖諭録曰奏對録曰附録則士奇之傳誌諸文咸在焉李東陽懷麓堂詩話曰楊文貞東里集手自選擇刻之廣東爲人竄入數首後其子孫又刻爲續集非公意也然則續集乃士奇所自芟棄非盡得意之作以其搜羅較富故仍其舊併録之焉乾隆四十七年五月恭校上

臣等謹案文敏集二十六卷明楊榮撰榮初名子榮字勉仁建安人建文二年進士成祖即位簡入文淵閣爲更名榮官至少師謹身殿大學士正統五年卒贈太師謚文敏事蹟具明史本傳榮歷事四朝謀而能斷時人以姚崇比之被遇亦始終無間故其參贊帷幄委蛇廟廊非惟應制詩文具有賡颺之體其他亦皆雍容平易肖其爲人雖無深湛幽渺之思與縱横馳驟之氣足以新人耳目者而醇雅無疵意盡言止洵一代臺閣作手也後弘正間沿其體者流爲膚廓論者未免歸咎于濫觴在榮固不得而辭然溯厥本源要不可不謂之正派固無容以風會變遷之故而槩加訾斥矣乾隆四十七年九月恭校上

省愆集

臣等謹案省愆集二卷明黄淮撰淮字宗豫永嘉人洪武丁丑進士除中書舍人成祖即位召對稱旨命入直文淵閣陞翰林院編修累進右春坊大學士輔皇太子監國爲高煦所譖坐繫詔獄十年洪熙初復官授武英殿大學士累加

少保卒謚文簡事蹟具明史本傳淮通達治體多所獻替其輔導仁宗從容調護尤爲有功雖以是被謗獲罪而賜環以後復躋禁近迨至引年歸里受三朝寵遇者又數十年其遭際之隆幾與三楊相埒是集乃其繫獄時所作故以省愆爲名大抵溫厚和平不失風人之旨雖氣骨未甚堅拔而意度安閒首尾停穩與三楊實有異曲同工者焉淮尚有介菴集十二卷分退直入覲歸田三編流傳既久中多闕佚今故別存其目而獨錄此集以著梗概云乾隆四十七年八月校恭上

文靖集

臣等謹案文靖集十卷明金幼孜撰幼孜有北征錄已著錄幼孜在洪武建文之時無所表見至永樂以訖宣德皆掌文翰機密與楊士奇諸人相亞其文章邊幅稍狹不及士奇諸人之博大而雍容雅步頗亦肩隨蓋其時明運方興故廊廟賡颺具有氣象操觚者亦不知也千頃堂書目載幼孜集十卷又外集一

卷又北征集一卷今外集未見朱彝尊靜志居詩話稱其北征集大漠窮沙靡不身歷時露悲壯之音則彝尊猶及見之今亦未見是編爲其子昭伯所輯詩文多應制之作蓋即黄虞稷所謂十卷之本別冠以三朝恩榮錄一卷則其勑諭誥命祭文像贊神道碑之屬幼孜事蹟已詳明史核以本傳此錄多其子孫誇侈之詞無關考證今刪去不載惟以本集著錄焉乾隆四十七年五月恭校上

忠靖集

臣等謹案忠靖集六卷明夏原吉撰原吉字維喆湘陰人以鄉薦遊太學選授戶部主事燕王篡位原吉降附後官至戶部尚書謚忠靖事蹟具明史本傳原吉詩文集六卷載于明史藝文志與此集卷數相合蓋即舊本後附遺事一卷爲其孫廷章所輯刊板久佚此本乃國朝康熙乙酉潘宗洛提督湖廣學政時得其裔孫所藏重爲校刊前有楊溥序稱其詩文平實雅淡不事華靡考原

吉以政事著不以文章著洪永之際作者如林以原吉位置其間尚未能並驚
中原齊驅方駕然致用之言疏通暢達猶有淳實之遺風以肩隨楊士奇黄淮
諸人固亦無愧也乾隆四十七年十月恭校上

抑菴文集

臣等謹案抑菴文集十三卷後集三十七卷明王直撰直字行儉泰和人永樂
甲申進士改庶吉士授修撰歷事仁宗宣宗至少詹事正統間拜吏部尚書天
順初以老疾乞休卒謚文端事蹟具明史本傳直器識厚重有大臣之度在銓
曹十六年奉職公允爲一時之最當英宗被留漠北景帝憚於奉迎直首請遣
使力持正議大節尤不可奪其詩文典雅純正有宋元之遺風自永樂時即承
命入閣典司制誥凡朝廷著作多出其手當時與王英齊名有西王東王之目
而直尤爲老壽巋然負一代重望蕭鎡稱其文汗漫演迤若大河長川沿洄曲
折輸寫萬狀蓋由蓄之深故流之也遠其揚詡未免稍過然明自中葉以後北

地信陽之說興古文日趨於僞直當宣德正統之間去明初不遠淳朴之習未漓所作貌似平易而温厚和平實非後來所及雖不能追古作者亦可謂尚有典型者矣乾隆四十七年三月恭校上

運甓漫稿

臣等謹案運甓漫稿七卷明李昌祺撰昌祺名禎以字行廬陵人永樂甲申進士選庶吉士授禮部郎中歷廣西河南左布政使是編古近體詩並詩餘次爲七卷乃天順三年吉安教授鄭鋼所編昌祺學問優長凡僻書疑事人多就質爲詩清新華贍音節自然陳循稱其本之以理充之以氣故雅淡清麗宏偉新奇無不該備不必遠較於古就今而論千百之中不過數輩其崇奬之者甚至朱彝尊靜志居詩話亦謂昌祺詩務諧朝華力啟夕秀取材結體頗與段柯古相似蓋其一變綺靡纖巧之習而以流逸出之雖如騶虞歌汴城閱武諸篇間或少傷率易而詞旨清切耳目一新在當時固一作手也乾隆四十七年五月

恭校上

古廉文集

臣等謹案古廉文集十一卷附錄一卷明李時勉撰時勉本名懋以字行安福人永樂甲申進士官至國子監祭酒卒謚文毅成化中改謚忠文事蹟具明史本傳時勉學術剛正初以三殿災條上時務忤成祖繼以奏上六事忤仁宗終以不附王振爲所搆陷前後瀕死者三而勁直之節始終如一其在國學以道義砥礪諸生人才蔚起與南京祭酒陳敬宗號爲南陳北李而時勉尤爲人望所歸明以來司成均者莫能先也至其爲文則平易通達不露圭角多藹然仁義之言豈非以躬行實踐所養者醇故與講學之家驕心盛氣以大言劫伏者異歟其所著作以當代重其爲人脫稿多爲人持去故所存者無多此集乃成化中其門人戴難所編其孫長樂知縣顒所刊併以墓誌傳贊之類附錄於末焉乾隆四十七年十月恭校上

梧岡集

臣等謹案梧岡集十卷明唐文鳳撰文鳳字子儀號夢鶴歙縣人與祖元父桂芳俱以文學擅名永樂中薦授興國縣知縣改趙府紀善卒年八十有六文鳳宰興國著有政績泰和劉鴻嘗爲作賢令祠記見程敏政所編唐氏三先生集附錄中其詩文亦豐縟深厚刊落浮華能不失其家法其五世孫澤撰墓表云先生著述在鄉校者曰朝陽類稿在興國者曰政餘類稿又曰章貢文稿在藩府者曰進忠類稿在洛陽者曰洛陽文稿歸田後曰老學文稿今此編所存者止詩四卷蓋不逮十之三四然亦足見其大凡矣乾隆四十七年十月恭校上

曹月川集

臣等謹案曹月川集一卷明曹端撰端有太極圖說述解諸書已別著錄明初理學以端與薛瑄爲最醇瑄詩文集及讀書錄等皆傳於世而端之遺書散佚幾盡其集亦不復存此本爲國朝儀封張伯行裒輯而成首以夜行燭次家

規輯略次語錄次錄粹次序七篇次詩十五首夜行燭家規二序不冠本書而別移於後詩之中間以太極圖贊一篇皆非體例蓋編次者誤也末附諸儒評語及張信民所纂年譜端詩皆擊壤集派殊不入格文亦質直朴素不以章句爲工然人品既已醇正學問又復篤實直抒所見皆根理要固未可繩以音律求以藻采況殘編斷帙掇拾於放失之餘固儒者所宜寶貴矣乾隆四十七年九月恭校上

敬軒文集

臣等謹案敬軒文集二十四卷明薛瑄撰其門人關西張鼎所編初瑄集未有刊本瑄孫刑部員外郎堪以稾付常州同知謝庭桂雕板未竟而罷弘治己酉監察御史楊亨得其稿於毘陵朱氏鼎又從亨得之字句舛訛多非其舊因重爲校正凡三易稿而成書共得詩文一千七百篇釐爲二十四卷鼎自爲序引朱子贊程子布帛之文菽粟之味二語爲比殆無愧詞考自北宋以來號爲大

儒者朱子之外率不留意於文章如邵子擊壤集之類道學家謂之正宗詩家究謂之別派相沿至莊㫤之流遂以太極圈兒大先生帽子高送我兩包陳福建還他一疋好南京等句命爲風雅嫡派雖羽翼之者大言劫制究不足以厭服人心明代醇儒瑄爲第一而其文章雅正具有典型絶不以語錄方言縱情破格其詩如翫一齋之類亦閒涉理路而大致沖澹高秀吐言天拔往往有陶韋之風蓋有德有言瑄足當之然後知徒以明理載道爲詞常談俚語無不可以入文者猶客氣矣乾隆四十七年三月恭校上

兩溪文集

臣等謹案兩溪文集二十四卷明劉球撰球字求樂更字廷振安福人永樂辛丑進士授禮部主事以楊士奇薦入侍經筵改侍講後忤王振下詔獄爲振黨馬順所殺景泰初贈翰林學士謚忠愍事迹具明史本傳是編皆所作雜文球沒後二十八年其子廣東布政司參政鉞所編彭時劉定之皆爲之序當王振

盛時侯伯公卿惴惴然趨風恐後而球以一文弱詞臣仗大義以與之抗至支
解慘死屹不少撓世傳球見害之後猶能時見影響爲厲于馬順家是其剛毅
之氣亙生死而不可磨滅今觀其文乃多和平溫雅殊不類其爲人其殆義理
之勇非氣質用事者歟然味其詞旨大都光明磊落無依阿澳涊之態所謂君
子之文也雖殘章斷簡猶當寶貴況全集裒然具存固宜亟爲採錄以風厲名
教者矣乾隆四十七年九月恭校上

忠肅集

臣等謹案忠肅集十六卷明于謙撰謙字廷益錢塘人永樂辛丑進士授御史
歷官兵部尚書英宗復辟爲徐有貞石亨等誣陷棄市成化初追復原官弘治
初贈特進光祿大夫柱國太傅謚肅愍萬歷中改謚忠肅事蹟具明史本傳倪
岳撰謙神道碑稱謙平生著述甚多僅存節庵詩文稿奏議各若干卷禍變之
餘蓋千百之什一云云是其沒後遺稿已多散失世所刊行者乃出後人掇拾

而成故其本往往互有同異明史藝文志載謙奏議十卷李賓編又文集十二卷又有嘉靖中刊本詩文共八卷而無疏議此本前爲奏議十卷分北伐南征雜行三類當即李賓所編後次以詩一卷雜文一卷附錄一卷與藝文志所載多寡不合然核其篇什亦已罕所遺脱蓋編次者分析之不同也謙遭時艱屯憂國忘家計安宗社其忠心義烈固已昭著史冊而所上奏疏明白洞達切中事機尤足覘其經世之略至其平日不以韻語見長而所作詩篇類多風格遒上興象深遠轉出一時文士之右亦足見其才之無施不可矣又案王世貞名卿績記及李之藻序謙集皆謂謙嘗再疏請復儲今集中並無此疏明史亦不著其事惟倪岳神道碑稱景帝不豫謙同廷臣上章乞復皇儲是當時所上乃廷臣公疏非謙一人故集中不載其稿世貞等乃專屬之謙殆亦考之未審歟

乾隆四十七年五月恭校上

蘭庭集

臣等謹案蘭庭集二卷明謝晉撰晉字孔昭吳縣人工山水嘗自戲稱爲謝疊山其名明詩綜作晉而集末贈盛啟東一首乃自題葵邱謝縉又附見沈大本詩一首題作寄謝一縉殆一人而兩名者耶集中有承天門謝恩值雨詩則明初嘗以布衣應徵者卷首有汝南周傳浚儀張肯二序張肯稱晉詩二百餘篇而此集所存乃不下四五百篇考張序作於永樂甲申而集末有永樂丁酉十月既望之作丁酉上距甲申凡十四載積詩之多宜其過于張序所云矣周傳謂姑蘇之詩莫盛于楊孟載高季迪而孔昭得二君之旨趣張肯謂其得性情之正而深于學問雖稱許不無稍過然其雅秀俊逸要亦足自成一家固不徒以繪事傳也乾隆四十七年八月恭校上

古穰集

臣等謹案古穰集三十卷明李賢撰賢字原德鄧州人宣德癸丑進士官至少保華蓋殿大學士謚文達事蹟具明史本傳賢爲英宗所倚任知無不言言無

不從自三楊以來得君未有其比雖抑葉盛擠岳正不救羅倫諸事頗爲世所譏議要其振飭綱紀奬厲人材屬朝野多故之時能以一身搘拄其間其事業實多可稱道至文章本非所注意然其時去明初未遠流風餘韻尙有典型故詩文亦皆質實嫺雅無矯揉造作之習此集爲其壻程敏政所編凡奏疏二卷書一卷記二卷序三卷說題跋一卷神道碑四卷墓碑碣一卷墓表二卷墓誌二卷行狀傳一卷祭文銘箴贊賦哀辭一卷古今體詩二卷和陶詩二卷天順日錄三卷雜錄奏疏雜文三卷多有關係當時政事人物可以備史乘參核者其天順日錄世有別本單行已具論於史部中茲以姑仍原本併錄之焉乾隆四十七年四月恭校上

武功集

臣等謹案武功集五卷明徐有貞撰有貞初名珵字元玉吳縣人宣德癸丑進士官至兵部尙書兼華蓋殿大學士武功伯尋下獄戍金齒放歸久之乃卒事

蹟具明史本傳有貞平生自負經濟才於天官地理兵法水利及方術之書無不諳究每欲以智數立功名與石亨等倡議奪門以爲不世之績專權攬柄卒至搴小搆陷幾亡厥身其傾險躁進甚爲世所詬病而祝允明爲有貞外孫所作蘇談往往回護有貞識者謂其未爲公論然有貞幹略則實有過人者集中如文武論制縱論及題武侯像出師表諸篇多雜縱横之説才氣迴不可及而學術之不醇亦不能自掩擬諸古人蓋夏竦文莊集之流遺編具存固未可盡以人廢也至其詩則多在史館酬應之作非所擅長惟羽林子二首朱彝尊謂源出右丞者爲猶有唐人遺響焉乾隆四十七年三月恭校上

倪文僖集

臣等謹案倪文僖集三十二卷明倪謙撰謙有朝鮮紀事已著錄據李東陽序謙所著有玉堂稿一百卷上谷稿八卷歸田稿四十二卷南宫稿二十卷又有奉使朝鮮之作爲遼海編别行于世今皆未見此本凡賦辭琴操古今體詩詩

餘十一卷頌贊表牋箴銘一卷文二十卷蓋謙所自編于生平著作汰存六之一者也三楊臺閣之體至弘正之間而極弊冗闒膚廓幾于萬喙一音謙當有明盛時去前輩典型未遠故其文步驟謹嚴朴而不俚簡而不陋體近三楊而無其末流之失雖不及李東陽之籠罩一時然有質有文亦彬彬然自成一家矣固未可以聲價之重輕爲文章之優劣也乾隆四十七年九月恭校上

襄毅文集

臣等謹案襄毅文集十五卷明韓雍撰雍字永熙吳縣人正統壬戌進士官至右僉都御史總督兩廣正德間謚襄毅事蹟具明史本傳明自正統以後正德以前金華青田流風漸遠而茶陵震澤猶未奮興數十年間惟相沿臺閣之體漸就庸膚雍當其時雖威行兩廣以武略雄一世不屑屑以雕章繪句爲工而英多磊落之氣時時發見于文章故雖未變體裁而特饒風骨其雜文亦高視闊步氣象迥殊韓愈所謂獨得雄直氣者殆于近之朱彝尊明詩綜但稱雍有

集而不著集名所錄雍詩一篇又非佳作其賜遊西苑記日下舊聞亦不載靜志居詩話絕無一字及雍殆偶未見斯集歟乾隆四十七年四月恭校上

陳白沙集

臣等謹案陳白沙集九卷明陳獻章撰獻章字公甫新會人正統丁卯舉人以薦授翰林院檢討追謚文恭從祀孔廟事蹟具明史儒林傳其集爲門人湛若水校定萬歷間何熊祥重刊之凡文四卷詩五卷行狀誌表附於後獻章爲學以靜爲主其教學者但令端坐澄心於室中養成端倪弟子相傳爲白沙學派與諸家互有同異所爲文章論者頗以質直少之詩亦自擊壤集中來另爲一格至今毀譽各半然平情而論譽者過情毀者亦多失實大抵皆門戶相軋之見惟王世貞謂其詩不入法文不入體而其妙處有超出法與體之外者可謂兼盡其短長矣近人又有輯獻章論學之語爲白沙語錄行世者核其所載乃即於此集中摘出排比而成並非別有一書也乾隆四十七年五月恭校上

類博稿

臣等謹案類博稿十卷附錄一卷明岳正撰正有類博雜言已著錄天順復辟以後奪門諸臣挾功驕恣帝心畏之而不敢遽圖正以書生支撑其間欲設計以離曹吉祥石亨之交事不能成反爲所中至於竄謫瀕死其策雖踈其志要爲忠藎及羣姦繼敗又阨於李賢之娼嫉淪落以終薑桂之性始終不改嘉靖初追贈太常寺卿制詞有云嫉邪已甚受謗寖深左謫南荒再編西戍既而逆臣伏鑕正士賜環擬陟卿曹僉言之允協出分符守竟直道之難容紀其實也其文章亦天眞爛漫落落自將史稱所草承天門災諭廷臣詔剴切感人舉朝傳誦足以見其一斑矣是集爲其門人李東陽蒐輯遺稿而成凡詩二卷雜文八卷又附錄一卷前載諸人誌銘傳贊等作後則東陽以葉盛所作誌銘多所隱諱爲正補傳也傳稱正晚好皇極書故所作雜言二篇皆闡邵子之學而詩亦純爲邵子擊壤集體東陽懷麓堂詩話稱蒙翁才甚高俯視一世獨不屑

爲詩云既要平仄又要對偶安得許多工夫云云蓋得其實而傳乃稱以雅健脫俗未免阿其所好至稱其文高簡峻拔追古作者則不失爲公評正統成化以後臺閣之體漸成嘽緩之音惟正文風格峭勁如其爲人東陽受學於正又娶正女其懷麓堂集亦稱一代詞宗然雍容有餘氣骨終不逮正也所謂言者心之聲歟乾隆四十七年九月恭校上

平橋稾

臣等謹案平橋稾十八卷明鄭文康撰文康字時乂號介菴崑山人其先世徙自開封故集中亦自署曰開封平橋者其所居地也登正統戊辰進士釋褐後絕意仕進閉門講學手定所作詩文爲十八卷天順辛巳葉盛爲序而傳之舊板久佚康熙癸酉其裔孫起泓又爲重刻凡詩五卷文十三卷文康篤志經史下筆頃刻千百言丹鉛矻矻雖病不少休其詩意主勸懲詞旨質直頗近擊壤集體而溫柔敦厚藹然可挹要不失爲風人之遺文章亦不屑以修詞爲工而

質樸之中自中繩墨較其詩爲尤勝朱彝尊以比之石介尹洙雖其所造之境地淺深不同而意度波瀾亦庶幾近之者矣乾隆四十七年四月恭校上

竹巖集

臣等謹案竹巖集一卷文集一卷補遺一卷明柯潛撰潛字孟時號竹巖莆田人景泰辛未進士第一官至詹事府少詹事事蹟具明史本傳潛在當時負詞林宿望流風餘韻蔭映玉堂嘗就後圃結清風亭一區手植雙柏數百年傳爲古蹟即所謂柯亭與學士柏者也柏已不存而柯亭之號得入御製臨幸翰林院詩其名益著惟文集及傳本甚稀據集首董士宏序則原集在嘉靖中曾經刊板然今福建所採進者僅屬鈔本又據康太和序知當時已多闕逸今則并康序中所稱記盆魚序愚樂等作亦俱未見殆更爲後人妄有刊削彌致散亡鈔錄亦多舛誤彌失其眞今就是集所存詩文各一卷重爲訂正并從鄭岳莆陽文獻鄭王臣莆風清籟集中錄詩十首文二首爲補遺一卷附綴於末以

存梗概其詩沖澹清婉不落蹊徑文亦峻整有法度蓋其時何李未出文格未變故循循軌度猶不失明初先正之風焉乾隆四十七年九月恭校上

彭惠安集

臣等謹案彭惠安集十卷明彭韶撰韶字鳳儀莆田人天順丁丑進士官至刑部尚書謚惠安事蹟具明史本傳韶立朝頗著風節其文醇深雅正不涉詞人畦逕所著有從吾滯稿即是集也共計十卷嘉靖年間所刻所收詩尤少纔十餘首如明詩綜載其臨江詞一篇指斥東里慷慨激烈足起頑懦而集内未見又莆風清籟集並載其詩十五首亦半從他處録入而是集板字漫漶亦惟詩爲甚其不佚者亦僅也觀其巡視浙江兼理鹽法時嘗以亭戶之苦繪八圖上進各系以詩尤有元結春陵行鄭俠流民圖之意其可傳又不僅文章矣乾隆四十七年四月恭校上

清風亭稿

臣等謹案淸風亭稿八卷明童軒撰軒字子昂鄱陽人家南昌景泰辛未進士官至吏部尙書此集第一卷爲騷賦第二卷至八卷皆詩其門人李澄所編而劉珝張弼評之又經魏驥楊守陳沈周諸人題詞其詩雅淡絕俗而在明代不以詩名殆正德以後北地信陽之說盛行寥寥淸音不諧俗尙故歟朱彝尊明詩綜僅錄其憶金陵五言律詩一首未盡所長又引周吉父之言稱其九日詩黃菊酒香人病後白蘋風冷雁來初草堂詩草堂夜雨生科斗花逕春風喚栗留兩聯亦非其至或彝尊偶未見其全集亦未可知也軒又別有枕肱集今未之見其存佚蓋莫之詳矣乾隆四十七年九月恭校上

方洲集

臣等謹案方洲集二十六卷附讀史錄六卷明張寧撰寧有方洲雜言已著錄寧官給事中謇諤自持六科章奏多出其手每有大議必問張給事云何石亭曹吉祥惡之會有邊釁奏使宣撫竟論定而還其才略爲一時所稱後以建言

忤李賢與岳正同謫外其氣節尤爲天下所重雖一麾出守蹶不復振而屹然宿望不在廊廟鉅公下今觀其奏疏諸篇偉言正論通達國體不愧其名他文亦磊落有氣詩則頗雜浮聲然亦無齷齪萎弱之態觀其使朝鮮日與館伴朴元亨登太平館樓頃刻成七言長律六十韻殆由才調縱横不耐沈思之故歟

乾隆四十七年五月恭校上

重編瓊臺稿

臣等謹案重編瓊臺稿二十四卷明邱濬撰濬有家禮儀節已著錄其文集世不一本初其門人蔣冕等刻其詩曰吟稿續又裒其記序表奏曰類稿嘉靖中鄭廷鵠合二稿所載益以所得寫本釐爲十二卷名曰會稿天啟初其裔孫爾穀遴類稿十之二增會稿十之三併吟稿合刻曰重編會稿即此本也雖不及類稿會稿之完備而簡汰頗嚴菁華具在足以括濬之著作矣濬相業無可稱其立朝與葉盛不相能具載明史盛傳中又與莊㫤相惡具載明史㫤傳中其

嗾御醫劉文泰誣陷王恕一事雖其妻亦知其非具載明史恕傳中講學家以其力崇朱子曲相回護迄不能與公論爭也其兩廣平賊之策言之鑿鑿然韓雍力駁其說竟奏蕩平具載明史雍傳中則其好論天下事亦不過恃其博辨非有實濟然記誦淹洽冠絕一時故其文章爾雅終勝遊談無根者流在有明一代亦不得不置諸作者之列焉乾隆四十七年九月恭校上

謙齋文錄

臣等謹案謙齋文錄四卷明徐溥撰溥字時用宜興人景泰甲戌進士官至華蓋殿大學士謚文靖事蹟具明史本傳溥於孝宗時參預密勿在內閣十二年從容鎮靜務守成法與劉健謝遷等協心輔治一時稱爲賢臣其於事有不可者侃侃力爭多所匡正如諫止李華復官執奏不撰三清樂章因視朝漸晏上疏極論並著讜直之節明治以孝宗爲極盛說者謂溥等襄贊之力居多今集中奏議尚存其指事陳言猶可見其忠悃至其他多應酬之作結體亦近平衍

未能悉歸警策然當時臺閣一派皆以舂容和雅相高溥所作雖骨幹未堅而軌轍可尋固不失爲東里嗣響也乾隆四十七年四月恭校上

椒邱文集

臣等謹案椒邱文集三十五卷明何喬新撰喬新有周禮集註已著錄明史喬新本傳載其歷仕中外多著政績又以氣節剛方爲萬安劉吉所排故迄不得大用又載江西巡撫林俊爲喬新請謚時中旨詰喬新致仕之由給事中吳世忠爲訟冤以鄒魯之劾喬新比于蔣之奇劾歐陽修胡紘劾朱子是誠太過然核其立朝始末嶽嶽懷方在成化弘治之間不能不謂之名臣也是集前三卷爲策略蓋科舉之學次五卷爲史論次十二卷爲雜文次五卷爲古今詩次六卷爲碑誄次三卷爲奏議外集一卷則往來贈答之文爲婺源余瑩所編輯喬新不以文章名而所作詳明剴切直抒胸臆學問經濟實具見於斯史稱其博綜羣籍聞異書輒借鈔積三萬餘帙皆手自校讐著述甚富則有本之言固宜

與楞𦘺高談者異矣乾隆四十七年八月恭校上

石田詩選

臣等謹案石田詩選十卷明沈周撰周字啓南號石田長洲人景泰中郡守以賢良舉辭不赴事迹具明史隱逸傳此集不標體製不譜年月但分天文時令等三十一類蓋仿宋人分類杜詩之例據慈谿張鈇跋蓋其友光祿寺署丞華汝德所編也周以畫名一代詩非其所甚留意又晚年畫境彌高頹然天放方圓自造惟意所如詩亦揮灑淋漓自寫天趣蓋不以字句取工然棲心邱壑名利兩忘風月往還煙雲供養其胸次本無塵累故所作亦不琱不琢自然拔俗可於町畦之外以意會之而不可加之以繩削其於詩也亦可謂敎外別傳矣集前有吳寬序稱其詩餘發爲圖繪妙逼古人核實而論周固畫之餘溢而爲詩非詩之餘溢而爲畫寬序其詩故主詩而賓畫耳又有李東陽後序東陽與周不識時已爲大學士與周勢分懸隔以吳寬嘗以寫本示之重其爲人故越

三十年後又補爲作之然二序皆爲全集而作華汝德刋此選本時仍而錄之非序此本者也乾隆四十七年八月恭校上

東園文集

臣等謹案東園文集十三卷明鄭紀撰紀字廷綱别號東園仙遊人天順庚辰進士官至南京戶部尚書所著有東園吟稿歸田錄義聚家範增修鄉約等書是集則皆雜文也紀入翰林後歸臥屏山讀書二十餘年生平爲文無搆思無易稿爲人假去亦不復問門人吳儼稱其文甚類老泉其氣昌其思深其辭正而不阿其辨博而不雜今觀集内所載諸奏疏皆剴摯詳明切中時政諸體文亦多屬有關世教之言續編内有歸田咨目十條亦皆兢兢以禮法自持蓋人品端謹殊有足重者集原刋久燬此爲其九世孫英梁等所重鐫云乾隆四十七年八月恭校上

臣等謹案懷麓堂集一百卷明李東陽撰東陽有東祀錄已著錄東陽依阿劉瑾人品事業均無足深論其文章則究爲明代一大宗自李夢陽何景明崛起弘正之間倡復古學於是文必秦漢詩必盛唐其才學足以籠罩一世天下亦響然從之茶陵之光焰幾燼逮北地信陽之派轉相摹擬流弊漸深論者乃稍稍復李東陽之傳以相撐拄蓋明洪永以後文以平正典雅爲宗其究漸流於庸膚庸膚之極不得不變而求新正嘉以後文以沈博偉麗爲宗其究漸流於虛憍虛憍之極不得不變而務實二百餘年兩派互相勝負蓋皆理勢之必然平心而論何李如齊桓晉文功烈震天下而霸氣終存東陽如衰周弱魯力不足禦強横而典章文物尚有先王之遺風殫後來雄偉奇杰之才終不能擠而廢之亦有由矣其集舊板已燬此本爲
國朝康熙壬戌茶陵州學正廖方達所校刻凡詩稿二十卷文稿三十卷詩後稿十卷文後稿三十卷又雜稿十卷曰南行稿曰北上錄曰經筵講讀曰東祀錄曰集句錄曰哭子錄曰求子錄凡

七種其詩後稿本十卷張鴻烈跋作二十卷筆誤也前有正德丙子楊一淸序及東陽自序然自序爲擬古樂府作不爲全集作後人移弁全集耳乾隆四十七年九月恭校上

靑谿漫稿

臣等謹案靑谿漫稿二十四卷明倪岳撰岳字舜咨由錢塘徙上元中天順甲申進士歷官吏部尙書贈少保諡文毅事蹟具明史本傳岳父謙官至南京禮部尙書明代父子入翰林俱有文集傳世者自謙岳始岳敏而好學居官不徇名譽銓政平允與王恕彭韶等俱爲孝宗時名臣史稱其爲禮部長貳時禮文制度率待岳而決論事未嘗苟同前後陳請百餘事軍國弊政剔抉無遺疏出人多傳錄之今集中疏議共五十九篇與所請百餘事者不合疑刋集時已有所删擇然如正祀典陳災異及論西北用兵諸奏皆建白之最大者已具在其中所言簡切明達得告君之體頗有北宋諸賢奏議遺風他文亦浩瀚流轉而

不屑爲追章琢句之習蓋當時正人在位爲明治極盛之時故岳雖不以文名而乘時發抒類皆經世有本之言如布帛菽粟之能切于日用亦可知文章之關乎氣運矣乾隆四十七年五月恭校上

康齋集

臣等謹案康齋集十二卷明吳與弼撰與弼字子傅臨川人天順元年以忠國公石亨薦徵至京師授左春坊左諭德辭不就職詔行人護送歸其集初刻於撫州凡四卷歲久漫漶此本乃崇禎壬申江南提學副使陳維新所刻分爲詩七卷奏書雜著一卷序一卷記一卷日錄一卷跋贊銘啟墓誌墓表祭文一卷其詩自永樂庚寅至正統辛酉皆編年以下則有洪都稿遊金陵稿適上饒稿金臺往復稿西遊稿適閩稿東遊稿東遊饒州稿諸名而所註某稿止此之後又有附贅之詩蓋亦編年續入者也其講學之功備見於日錄第一條即稱乙巳夢見孔子文王第二條又稱夢見朱子後又稱丙子二月初一日夢訪朱子

五月二十五日夜夢孔子之孫奉孔子之命來訪辛巳食後倦寢夢朱子父子來枉顧此猶可云向慕之極因心生象於理或亦有之至稱新居栽竹夜歸其妻亦夢一老人攜二從者云孔夫子到此相訪則無乃其妻戲侮弄之而與弼不覺歟觀其稱隨處惟歎聖人難學又稱一味學聖人克其不似聖人者其志趣之獨高在此其刻畫之過甚亦即在於此矣然與弼之學實能兼採朱陸之長而刻苦自立其及門弟子陳獻章得其靜觀涵養遂開白沙之宗胡居仁得其篤志力行遂啟餘干之學有明一代兩派遞傳皆自與弼倡之其功未可以盡沒其詩文亦皆淳實近理無後來滉漾恣肆之談又不得以其急於行道速於求名遂併其書而詆之也乾隆四十七年四月恭校上

樓居雜著

臣等謹案樓居雜著一卷野航詩稿一卷文稿一卷附錄一卷明朱存理撰存理所作鐵網珊瑚珊瑚木難俱別著錄其他經子鉤玄吳郡獻徵錄野航漫錄

名物寓言鶴岑隨筆諸書凡數百卷今多散佚文徵明撰存理墓誌稱所作有野航集存理自作募刻詩疏稱選得一百首之外沈周題其詩稿亦有雖止百篇諸體備不拘一律大方諸之句今並不存考朱彝尊靜志居詩話已惜其稿罕傳則亡失久矣此本爲其族孫觀潛所補輯中惟樓居雜著一卷爲傳寫舊本其餘詩文則從諸家選本蒐集不及十之一二又摭諸家贈答題詠附録於末僅成卷帙然其樓居雜著中陳子貞詩俞氏家集雲林子詩虞氏書册席上腐談夷白齋稿夷白齋拾遺楊鐵崖遺文吾氏類集笠澤金氏書册宋人三帖石刻鳴鶴餘音諸跋皆源委分明足資考證詩格雖頗清淺而亦翛然無俗韻均不愧爲雅人之筆未可以殘缺少之其王鏊爲造野航跋一篇宜入附録而誤竄於存理募刻詩疏之前蓋編次之失富釐正之俾從其類焉乾隆四十七年十月恭校上

欽定四庫全書提要卷一百二

欽定四庫全書提要卷一百三

集部二十五

別集類二十四

一峯文集

臣等謹案一峯文集十四卷明羅倫撰倫字彝正別字一峯永豐人成化丙戌進士第一官翰林院修撰事迹具明史本傳倫與陳獻章稱石交然獻章以超悟爲宗而倫篤守宋儒之途轍所學自殊明儒學案云倫剛介絶俗生平不作和同之語不爲軟巽之行凍餒幾於死亡而無足以動其中庶可謂之無欲今覽其文剛毅之氣形於楮墨詩亦磊磊不凡雖執義之堅時或失於迂闊要皆心得之言非外彊中乾者比也乾隆四十七年三月恭校上

篁墩文集

臣等謹案篁墩文集九十三卷明程敏政撰敏政字克勤休寧人年十餘歲以

神童召對試瑞雪詩及經義各一篇詔讀書翰林院官給廩餼成化丙戌以一
甲二名進士授翰林院編修官至禮部右侍郎弘治十二年主會試爲給事中
華昶劾罷卒贈禮部尚書事蹟具明史文苑傳所輯明文衡新安文獻志諸書
已別著録敏政學問淹通著作具有根柢非游談無根者可比特其才高負氣
俯視一切故議論或不免偏駁如奏考正祀典欲黜鄭康成祀於其鄉論五行
欲以竈易行之類於義皆爲未允又新安黄墩爲晉新安太守黄積所居子孫
世宅於此故以黄爲名自羅願新安志朱子文集所載皆同敏政乃稱黄本篁
字因黄巢而改遂復稱篁墩爲之作記且以自號其説杜撰無稽亦蹈大言欺
世之習其他徵引故事往往恃其賅貫不加詳核因而舛誤者尚多集中詩至
數千篇亦率易居多頗乏警策然明之中葉士大夫侈談性命其病日流於空
疎敏政獨以博學雄才高視闊步其考證精當者亦多有可取要爲一時之冠
冕未可盡以繁蕪廢也敏政別有篁墩文粹二十五卷爲其族子曾所編類已

多所删削此則其自訂之全集云乾隆四十七年四月恭校上

楓山集

臣等謹案楓山集四卷明張懋撰懋字德懋蘭溪人楓山其號也成化丙戌舉進士第一人入翰林與莊昶黄仲昭諫内廷張燈杖闕下謫知臨武縣改南京大理評事陞福建按察司僉事致仕家居二十餘年召爲南京國子監祭酒復引去屢召不起嘉靖初即家進南京禮部尚書卒謚文懿事蹟具明史本傳懋初在詞垣以直諫著名今集中第一篇即其原疏雖矯激未免太過而其意要不失于持正至其耿介絶俗清節實爲過人退休家居時惟以讀書講學爲事大抵恪守前賢義訓弗踰尺寸不肯爲浮夸表暴之談本傳稱或諷之爲文章則對曰此小技耳予弗暇有勸以著述者曰先儒之言至矣芟其繁可也蓋其旨惟在身體力行而于語言文字之間非所留意故生平所作亦止于此然所存皆辭意醇正有和平溫厚之風良以本篤實之操發爲詞章固非蠟貎巵言

者所可比爾乾隆四十七年九月恭校上

定山集

臣等謹案定山集十卷明莊㫤撰㫤字孔暘江浦人成化丙戌進士官至南京禮部郎中事蹟具明史本傳㫤官檢討時以不奉詔作鼇山詩與章懋黃仲昭同謫淪落者垂三十年世頗推其氣節惟癖於講學故其文多闡太極之義其詩亦全作擊壤集之體又頗爲世所嗤點然如病眼詩殘書漢楚燈前壘草閣江山霧裏詩句楊愼亦嘗稱之其他如山隨病起青逾峻菊到秋深瘦亦香土屋背牆烘野日午溪隨步領和風碧樹可驚游子夢黃花偏愛老人頭酒琖漫傾剛月上釣絲纔颺恰風和諸句亦未嘗不咀含興象蓋其學以主靜爲宗故息慮澄觀天機偶到往往妙合自然不可以文章格律論要亦文章之一種譬諸釣叟田翁不可繩以禮貌而野逸之態乃有時可入畫圖錄之以備別格亦論唐詩存寒山子集之意也乾隆四十七年十月恭校上

未軒集

臣等謹案未軒集十二卷明黄仲昭撰仲昭名潛以字行莆田人成化丙戌進士官至江西提學僉事是集爲其門人劉節所編凡文六卷詩五卷詞一卷而以碑文墓誌銘附之仲昭官編修時與章懋莊㫤並以疏爭元宵煙火詩廷杖謫官當時有翰林三君子之目後懋與㫤並以聚徒講學爲事而仲昭獨刻意紀述八閩通志延平府志邵武府志南平縣志興化府志皆所編錄故楓山定山之名滿於天下仲昭幾爲所掩然三人氣節相同居官清介相同文章質實亦略相同未可以仲昭篤志厲行不作語錄遂分優劣於其間也林瀚作仲昭墓誌稱其作爲文章渾厚典重無艱深聱磽之語鄭岳莆陽文獻傳亦稱其有未軒集若干卷文詞典雅今觀其集雖尙沿當日平實之格而人品既高自無鄙語頡頏於作者之間正不以坦易爲嫌矣乾隆四十七年四月恭校上

醫閭集

臣等謹案醫閭集九卷明賀欽撰欽字克恭其先浙之定海人以戎籍隸遼東義州衛欽登成化丙戌進士授戸科給事中謝病歸弘治初起陜西參議檄未至而母歿乃上疏懇辭服闋遂不復出事蹟具明史儒林傳此其子士諮所輯遺稿並生平言行都爲一集前三卷言行錄四卷至七卷爲存稿皆雜文第八卷爲奏稿第九卷爲詩稿欽官給事時聞陳獻章名遂師事之及謝病歸里杜門不出惟以進修爲事其學不務博涉專讀經書小學期於返身實踐嘗言爲學不在求之高遠在主敬以收放心而已故集中所錄言行皆切近眞實非高談性命者可比而所上諸奏疏亦無不通達治理確然可見諸施行獻章之學當時或病其近禪欽雖學於獻章而性情篤實循循下學平日論工夫次第亦往往指獻章議論爲過高其氣象殊不相似在講學諸人中粹然獨爲純正文章雖多信筆揮灑而仁義之言藹然可見固不必以工拙論之也欽少讀書醫無閭山自號醫閭山人並以名其集云乾隆四十七年十月恭校上

翠渠摘稿

臣等謹案翠渠摘稿七卷補遺一卷明周瑛撰瑛有書纂已著録所著詩文集曰翠渠類稿此本乃其門人林近龍所選録故曰摘稿鄭岳撰瑛傳稱其文章渾成雅健詩格調高古瑛亦嘗作絶句云老去歸平澹時人或未知則其自命不在以繁音縟節務諧俗目矣朱彝尊明詩綜鄭王臣莆風清籟集並載瑛履霜操樂府其言怨而不怒足正昌黎之失此集中乃未收之或近龍去取失當誤佚之歟末附說三篇序一篇詩十八首共爲一卷乃康熙戊子其七世孫維鑣於家乘中鈔出以補摘稿所遺者然冠以鄭岳所撰傳其八世孫成又於雍正壬子求得瑛自撰誌銘補録於後亦列於題跋之中均乖編次之體張詡陳獻章行狀稱瑛爲獻章門人而成跋力辨其非以二人之集考之蓋始合而終暌者詡與成之說皆各執其一偏明史儒林傳亦稱瑛與獻章友獻章之學主於靜瑛不然之謂學當以居敬爲主云乾隆四十七年十月恭校上

家藏集

臣等謹案家藏集七十七卷明吳寬撰寬字原博號匏菴長洲人成化壬辰會試殿試皆第一人官至掌詹事府事禮部尚書謚文定事蹟具明史本傳集爲寬手自訂輯李東陽王鏊二序皆稱詩三十卷雜文四十卷總爲七十卷今此本詩目相同而文集實多七卷又附以補遺文六篇後序亦稱寬子中書舍人奭蒐閱笥稿得詩三十卷文四十七卷與前序頗不合疑七十卷以上乃寬原編而其後七卷則出奭等所附益也寬學有根柢爲當時館閣鉅手平生最好蘇學字法亦酷肖東坡縑素流傳收藏家珍如拱璧其文章和平恬雅有鳴鸞佩玉之風詩筆更深厚醲郁追蹤作者蓋成弘之際正文體極盛之時有楊士奇等以導其波瀾有李東陽等以爲之推挽而寬之才雄氣逸更足以籠罩一時明代中葉以還吳中文士未有能過之者至其作史彬墓表稱以力田拓業代爲稅長而不載其有從建文君出亡之事後人因據以正致身錄諸書之訛

是尤可以資考證矣乾隆四十七年四月恭校上

歸田稿

臣等謹案歸田稿八卷明謝遷撰遷字于喬餘姚人成化乙未賜進士第一授修撰歷官戶部尚書謹身殿大學士贈太傅謚文正事蹟具明史本傳遷之在內閣也與劉健李東陽同心輔政史稱其秉節直諒見事明敏天下稱爲賢相庶乎能以道事君者其文集全稿以嘉靖中倭亂被燬此乃其致仕以後及冉召時所作自題曰歸田稿以授其子至者　國朝康熙中其七世孫大名府同知鍾和復加釐輯梓而傳之集中奏疏類多晚年陳謝之作而在朝時嘉謨讜論均已亡佚無存即以史所稱請罷選妃嬪禁約內官諸疏卓卓最著者而亦不在其間則其散失者當復不少然遷當歸里以後正劉瑾焦芳等挾怨修郄日在危疑震撼之中而所作詩文大抵詞旨和平惟惓惓焉託江湖魏闕之思以冀其君之一悟老臣憂國之心實有流溢於不自覺者讀者知其忠悃所存

固毋庸以文字之工拙論矣乾隆四十七年五月恭校上

震澤集

臣等謹案震澤集三十六卷明王鏊撰鏊字濟之吳縣人舉鄉會試第一成化十一年進士第三人官文淵閣大學士卒謚文恪事迹具明史本傳鏊所作制義爲有明一代冠冕弘正間數典鄉試程文出文體爲之一變其古文亦湛深經術典雅遒潔有唐宋遺風蓋承三楊臺閣相沿之餘而骨力較勁當北地風氣未開之際而摹擬不深其軌轍實爲最正集中尊號議昭穆對大旨與張璁桂萼合故霍韜爲其集序極推之至比於孔門之游夏未免過情然其謂鏊早學於蘇晚學於韓折衷於程朱則固公論也其河源考一篇能不信都實所言似爲有見而雜引佛典道書以駁崑崙之說則考證殊誣蓋明代幅員至嘉峪關而止學者徒執古籍以揣摩之宜其疎舛若此於鏊固無責焉爾乾隆四十七年五月恭校上

鬱洲遺稿

臣等謹案鬱洲遺稿八卷明梁儲撰儲字叔厚號厚齋晚號鬱洲廣東順德人成化戊戌進士官至華蓋殿大學士謚文康事蹟具明史本傳是集爲其子次捴所編初名鬱洲集香山黄佐爲之序後其孫孜官中書舍人從内閣録其奏疏彙入前稿而并刻之釐爲十卷名曰鬱洲遺稿即此本也儲歴事三朝當武宗末造盤游無度羣小弄權正杌陧不寧之時乃能與楊廷和等協心輔政斷斷焉屢以口舌相爭集中所載奏疏如武宗自封鎮國公則上疏力阻許給奏王關中閒田爲牧地則於草勅時爲危言以動聽事遂得寢又請回鑾疏至八九上皆惓惓忠愛之忱雖辭乏華腴而義存規諫亦可見其大節之無愧矣至佐序稱其生平著作多不存稿故集中詩文寥寥無幾體格亦不甚高蓋非其注意之所在云乾隆四十七年五月恭校上

見素集

臣等謹案見素集二十八卷奏疏七卷續集十二卷明林俊撰俊字待用號見素莆田人成化戊戌進士歷官刑部尚書贈少保謚貞肅事蹟具明史本傳俊始以疏劾權璫遠謫及撫江右則抗逆藩撫西蜀則平巨寇爲孝宗時名臣所著詩文張詡序謂俊手編成集者五十餘卷尚在致仕之時今此集文二十八卷奏疏七卷續集詩文十二卷兼及起廢以後所作而遺疏四首亦附焉則已出後人重輯非俊自編原本故卷數與序不符也俊爲文體裁不一大都奇崛博奧刻意自爲其詩源出江西而於黄庭堅陳師道兩家尤所摹仿故頗多隱澀之詞然大抵氣味孤高終能遠俗奏議分西曹外臺内臺西征起輔新政秋臺六稿無不委曲詳盡通達事機亦足見其設施有本非徒託之空言又案王鳳靈續集序稱俊原有詩集十四卷而此本無之朱彝尊輯明詩綜稱俊有西征集爲選錄四首而亦不言見其全集觀其孫則祖跋稱重梓是書而詩集尚闕是當時本未同刊故流傳頗尠今仍其原第著之錄云乾隆四十七年十月

恭校上

古城集

臣等謹案古城集六卷明張吉撰吉字克修號翼齋又曰默菴又曰怡窩晚乃自稱曰古城餘干人成化辛丑進士官至貴州左布政使是編第一卷爲三朝奏議第二卷爲陸學訂疑第三卷爲貞觀小斷第四卷爲文略第五卷六卷爲詩末有補遺皆雜文明至正德初年姚江之說興而學問一變北地信陽之說興而文章亦一變吉當其時猶兢兢守先民矩矱高明不及王守仁而篤實勝之且爲工部主事時則盡言極諫忤武宗謫官爲廣西布政使時又以不肯納賂劉瑾貶秩而爲肇慶府同知時力持公議掊擊柳璟願與都御史秦紘同逮卒白其冤尤人情所難以剛正之氣發爲文章固不與雕章繪句同日而論矣

乾隆四十七年五月恭校上

虛齋集

臣等謹案虚齋集五卷明蔡清撰清有易經蒙引已著録明史藝文志載清虚齋集五卷與此本合蓋正德間葛志貞所輯林俊爲之序其後黎耒漫滮清族孫廷魁復爲重刋而益以補遺附録分爲八卷然所增不過手簡墨迹本無關輕重而史乘傳贊之作一槪附入尤多冗濫不如原本之持擇有要矣清學以窮理爲主篤守朱子之説其讀蜀阜存稿私記中謂朱陸俱祖孔孟而門戶不同然陸學未盡符於大中至正之矩不免爲偏安之業其宗旨所在可以槪見然其易經蒙引於朱子之解意有未安者亦多所駁正不爲茍合是其識解通達與諸儒之黨同伐異者有殊故其文章亦淳厚質樸言皆有物雖不以藻采見長而布帛菽粟之言殊非雕文刻鏤者所可幾也明史本傳稱清在吏部因王恕訪以時事清上二札一請振紀綱一薦劉大夏等三十餘人恕皆納用今檢其札乃不見集中即蔡廷魁增緝之本亦復不載蓋清不欲居功已諱而削其稿矣其斯爲醇儒之用心歟乾隆四十七年十月恭校上

容春堂全集

臣等謹案容春堂前集二十卷後集十四卷續集十八卷別集九卷明邵寶撰寶字國賢自號二泉無錫人成化庚辰進士授許州知州入爲戶部郎歷官南京禮部尙書卒贈太子太保諡文莊事蹟具明史儒林傳寶覃精經學頗能窺見原本與明季諸家摭拾空談浮夸無實者相去迥殊其舉於鄉也爲李東陽所得士故其詩文家數皆出自東陽東陽亦以衣鉢相傳許之當寶以侍郎予告歸東陽作信難一篇以贈稱其集出入經史蒐羅傳記該括情事摹寫景物以極其所欲言而無冗字長語辛苦不怡之色若欲進於古之人且以歐陽修之知蘇軾爲比其心之相契如此然東陽所見祇有前集其後集續集別集則寶後所續編東陽弗及覩也寶文高簡有法雖氣局尙嫌拘狹要無愧於醇正之目詩則淸和淡泊尤能抒寫性靈鍾惺稱王李盛行以後眞詩惟邵二泉其言雖未必盡當而論詩家正派當時實無以過之蓋其風雅可匹吳寬而經術

較深峻潔可比王鏊而才力更勝正嘉以前固卓然爲一鉅手矣其集稱容春者乃其先世所居堂名寶重修復之因以名集云乾隆四十七年三月恭校上

圭峯集

臣等謹案圭峯集三十卷明羅玘撰玘字景鳴南城人成化丁未進士官至南京吏部右侍郎謚文肅事蹟具明史文苑傳玘以氣節重一時其乞定宗社大計二疏及上李東陽書皆言人之所難言其文規橅韓愈戛戛獨造多抑掩其意迂折其詞使人思之于言外陳洪謨序稱聞其爲文必嘔心積慮至扃户牖或踞木石隱度逾旬日或逾歲時神生境具而後命筆稍涉于萎爾詘誕之徵雖數易稿不憚蓋與宋陳師道之吟詩不甚相遠其幽渺奥折也固宜而磊落嶔嵜有意作態不能如韓文之渾灝亦緣于是殆性耽孤僻有所偏詣歟然在明人之中亦可謂爲其難者矣明制以翰林教習宦官謂之内館據玘所作白江墓碑蓋嘗充是任者故集中諸文爲宦官而作者頗多雖玘之風槩可以共

諒于後世然其爲微瑕不止陶集之閑情顧一一錄之不加刊削是亦其失於檢核者也玘集一刻于盱眙再刻于南國子監又有武進孫氏本今皆未見據此本所敍則初刻于常州再刻于荆州板皆佚嘉靖五年陳洪謨得荆州本六卷又得續集二卷奏議一卷彙而重刋後其鄉人黃端伯又于玘曾孫寬處求得逸稿合原集編爲三十卷是其集輾轉增入已非其舊茲數篇者毋乃端伯所增入歟此本爲康熙庚午玘八世從孫美才所刋編次頗無體例如文以壽文爲冠而以奏議列雜著後詩亦以壽詩爲冠而名之曰古樂府又以詞置賦之後皆爲顚舛其凡例第二條云集中詳加評綴凡有資舉業者聯圈標出所見如是則其失于刋削以多爲貴亦宜矣乾隆四十七年十一月恭校上

吳文肅摘稿

臣等謹案吳文肅摘稿四卷明吳儼撰儼字克溫宜興人成化丁未進士官至南京禮部尚書謚文肅正德初儼主順天鄉試以爲臣不易命題爲劉瑾所怒

以飛語罷去瑾誅乃復進用其程文今在集中存其事也其集初藏於家至萬歷甲申同邑王升武進莊照及其從孫達可爲選而存之其孫士遇始刊板故名曰摘稿史稱儼性行端方操履清慎文章莊重簡古詩詞清麗可諷今觀所作當何李未出以前猶守明初舊格無鉤棘塗飾之習其才其學雖皆不及李東陽之宏富而文章舂容詩格亦嫻雅往往因題寓意不似當時臺閣流派沿爲膚廓雖名不甚著要與東陽肩隨亦驂之靳也乾隆四十七年四月恭校上

熊峯集

臣等謹案熊峯集十卷明石珤撰珤字邦彦藁城人成化丁未進士官至文淵閣大學士謚文隱改謚文介事迹具明史本傳珤出李東陽之門東陽每稱後進可託以柄斯文者惟珤一人皇甫汸嘗删定其集爲四卷歲久板佚　國朝康熙丁未餘姚孫光㷒爲藁城知縣得別集遺稿於其家爲合而重刊之嗣聞眞定梁清標家有全稿乃購得續刊共爲十卷此本自一卷至四卷爲詩五卷

六卷爲文七卷至九卷又爲詩十卷又爲文蓋刋板已定不能依類續入故體例叢脞如是也珤詩文皆平正通達具有茶陵之體故東陽特許之當北地信陽駸駸代興之日而珤獨堅守師說屢典文衡皆力斥浮誇使粹然一出於正雖才學皆遜東陽而湜湜持正不趨時好亦可謂堅立之士矣乾隆四十七年四月恭校上

立齋遺文

臣等謹案立齋遺文五卷明鄒智撰智字汝愚合州人成化丙午鄉試第一人時萬安方倚內官怙權智上公車時道過王恕即立志欲發其奸丁未成進士改庶吉士會星變遂上疏擊安及劉吉尹直三大學士兼劾中官雖留中不報而奸黨銜之次骨乃借他事羅織下詔獄將擬死刑彭韶力持之得謫廣東石城千戶所吏目卒于官年僅二十六事蹟具明史本傳金祺作智墓誌稱所著有立齋集藏于家考集中初到石城詩第二首後有其友人順德知縣吳廷舉

附註記智自改定中四句事末有附載寄吳獻臣一書失其姓名論刻集及作序事則集爲廷舉所編次刋刻智疏劾權奸直聲動天下然于君國之間纏綿篤摯至死不忘無一毫怨尤之意與明季臺諫務以矯激沽名者相去萬萬故詩文多發于至性不假修飾之功雖間傷樸遬而眞氣流溢其感人者固在文字外矣乾隆四十七年十一月恭校上

西村集

臣等謹案西村集八卷明史鑑撰鑑字明古號西村吳江人隱居不仕然留心經世之務三原王恕巡撫江南時聞其名延見之訪以時政鑑指陳利病恕深服其才以爲可以當一面沈周吳寬都穆文徵明咸折節與之交所著詩四卷嘉靖間其孫周袠而刻之而以墓表及諸人哀挽之詩附于後周用盧襄各爲之序其文指陳得失反覆剴切而於吳中水利尤詳其他亦多關國計民生者第五卷皆明初諸臣列傳敍次簡明疑其欲爲野史而未就也其詩亦落落無

俗韻惟古詩不知古音所註叶韻多謬誤文中祭徐有貞文及文後跋一篇以私恩之故爲力辯奪門一事則未免曲筆耳乾隆四十七年八月恭校上

敬齋集

臣等謹案敬齋集三卷明胡居仁撰居仁字叔心號敬齋餘干人績學不仕以布衣終萬歷十三年以御史李頤請從祀孔廟追謚文敬事蹟具明史儒林傳居仁本從吳與弼遊而醇正篤實乃過其師遠甚其學以治心養性爲本經世宰物爲用以主忠信爲先求放心爲要史稱薛瑄之後惟居仁一人而已居仁病學者撰述繁蕪嘗謂朱子注參同契陰符經皆可不作故易傳春秋傳外於經書皆不輕爲之註講授之語亦惟居業錄一編詩文尤罕是集乃其門人余祜網羅散失而成雖中多少作然近裏著己皆粹然儒者之言不似吳與弼書動稱夢見孔子也乾隆四十七年五月恭校上

小鳴稿

臣等謹案小鳴稿十卷明秦簡王朱誠泳撰誠泳爲太祖五世孫懸王楧之玄孫成化末襲封自號賓竹道人明史諸王列傳稱誠泳性孝友恭謹嘗銘冠服以自警所著有經進小鳴集即此本也朱彝尊詩話又稱王十歲時嫡母陳妃以唐詩教之日記一首嗣位日賦一篇好士禮賢兼留心服食蓋能以文雅自見者集爲其紀善强晟所編録自卷一至卷八皆詩卷九爲雜文卷十爲恩賜勝覽録乃弘治癸丑誠泳請朝命養疾于鳳泉温泉湯泉時所作其詩古體雖未盡合格而楊白花一篇殊有雅調近體俱諧婉可誦而七絶尤爲擅場如秋夜詩云霽月滿窗明似晝梧桐如雨下空庭又云空庭久坐不成寐明月滿階砧杵聲又山行詩云啼鳥無聲僧入室半巖風落紫藤花皆風骨戍削不媿作家明代親藩中以文學著名者要必以誠泳爲稱首焉乾隆四十七年八月恭校上

臣等謹案方簡肅文集十卷明方良永撰良永字壽卿莆田人弘治庚戌進士官至右副都御史撫治鄖陽告歸再起巡撫應天於途疾作乞致仕旋除南京刑部尚書良永已先卒謚簡肅事迹具明史本傳是集爲河南按察使鄭茂所編隆慶庚午其孫山東布政使攸續刊之良永當正德時歷任封疆皆著風采乞休後廷推屢及輒以養親辭今諸疏俱在集中進退頗爲不苟其文信筆揮灑雖不刻意求工而和平坦易不事鉤棘視後來摹擬塗飾之習轉爲本色其論劾朱寧一疏慷慨壯烈猶有牽裾折檻之風又嘗豫決寧王宸濠反謀濠敗後貽書王守仁與論定亂大計及其生平言學則云近世學者出天入神超悟獨到專以心學爲言皆附于象山其妄如此卽所爲象山者似矣而中實未然毋亦優孟之爲孫叔敖歟其語皆隱刺守仁可謂卓然不阿其所好者矣乾隆四十七年十月恭校上

懷星堂集

臣等謹案懷星堂集三十卷明祝允明撰允明字希哲長洲人弘治壬午舉人除興寧知縣遷應天府通判謝病歸事蹟具明史文苑傳允明生而枝指故自號枝山又號枝指生博覽羣籍尤工書法名動海內與蘇州唐寅輩以放誕不羈爲世所指目然其令興寧時捕戮盜魁三十餘人邑以無警則非專以文才自放者明史藝文志載祝氏集略三十卷懷星堂集三十卷小集七卷本傳稱其詩文集六十卷他雜著百餘卷朱彝尊靜志居詩話載祝氏集略外又有金縷醉紅窺簾暢哉擲果拂絃玉期等集今皆未見獨此集尚存凡詩八卷雜文二十二卷所作骨力稍弱雖未能深入堂奧而風神淸雋含茹六朝亦殊爲超然拔俗也乾隆四十七年四月恭校上

整菴存稿

臣等謹案整菴存稿二十卷明羅欽順撰欽順之學以窮理格物爲宗力攻王守仁良知之說其大旨具見所作困知記中已別著錄至詞章之事非其所好

談藝家亦罕論及之其弟欽藹作儀訓錄嘗稱欽順於應酬文字辭謝居多下筆稿成未嘗自是舊稿盈笥晚年手自芟存餘悉焚去謂二子曰此等文字世間不少愼勿出以示人姑留自觀可也云云其志趣可以想見然集中所作雖意境稍涉平衍而典雅醇正猶未失成化以來舊格詩雖近擊壤集派尚不至爲有韻之語錄以抗行作者則不能在講學諸家亦可云質有其文矣乾隆四十七年三月恭校上

東江家藏集

臣等謹案東江家藏集四十二卷明顧淸撰淸字士廉華亭人弘治壬子鄉試第一明年成進士改庶吉士歷侍讀以忤劉瑾調南京兵部員外郞瑾誅還侍讀歷官禮部右侍郞罷歸嘉靖初起南京禮部進尙書致仕卒事蹟具明史本傳其集凡山中稿四卷爲初集乃未仕時作北遊稿二十九卷爲中集乃既仕後作歸來集九卷爲後集乃致仕後作皆淸晚年所自編訂故體例最爲精審

又有留都稿四卷存稿十卷則其子孫所輯者今已不傳矣清學端行謹砥礪名節當正德時諫疏凡十數上嘉靖初力請停遣緹騎於時政皆有所獻替史稱其不愧文學侍從之選其詩清新婉麗天趣盎然文章簡鍊精深自嫻法律當時正風會將轉之會而獨能褰擭先民雖境地差少變化要不失爲正派朱彝尊謂清詩取法西涯觀其險韻再四疊用足見能事文亦醇雅合度洵非虚譽以之廁迹于吳寬王鏊諸人間亦可謂一時瑜亮也乾隆四十七年四月恭校上

空同集

臣等謹案空同集六十八卷明李夢陽撰夢陽有空同子已著錄夢陽爲戶部郎中時疏劾劉瑾遘禍幾危氣節本震動一世又倡言復古使天下毋讀唐以後書持論甚高足以竦當代之耳目故學者翕然從之文體一變厥後摹擬剽賊日就窠臼論者追原本始歸獄夢陽其受詬厲亦最深考明自洪武以來運

當開國多昌明博大之音成化以後安享太平多臺閣雍容之作愈久愈弊陳陳相因遂至嘽緩冗沓千篇一律夢陽振起痿痹使天下復知有古書不可謂之無功而盛氣矜心矯枉過直朱彝尊詩綜載其黄河水繞漢宫墻一詩以落句有郭汾陽字涉用唐事恐貽口實遂删除其稿不入集中其堅立門户至于如是同時若何景明薛蕙皆夢陽倡和之人景明論詩諸書既齗齗往復蕙亦有俊逸終憐何大復麤豪不解李空同句則氣類之中已有異議不待後來之排擊矣平心而論其詩才力富健實足以籠罩一時而古體必漢魏近體必盛唐句擬字摹食古不化亦往往有之所謂武庫之兵利鈍雜陳者也其文則故作聱牙以艱深文其淺易明人與其詩並重未免怵于盛名今並録而存之俾瑕瑜不掩且以著風會轉變之由與門户紛競之始焉乾隆四十七年十一月恭校上

山齋文集

臣等謹案山齋文集二十四卷明鄭岳撰岳有莆陽文獻已著錄其所著詩文有蒙難錄西行紀南還錄山齋吟稿漫稿淨稿續稿奏議因雕本燹燬所存不過數種是集乃萬歷中其曾孫炫蒐輯重鋟凡詩七卷文十七卷炫跋謂較視舊集十未能存二三蓋亦幸而不佚也柯維騏續莆陽志稱其所作詩文俱暢達醖藉朱彝尊明詩綜引謝山子之言亦稱其詩深於諷諭之體考明史岳本傳稱其屢拒中官崔文之干請爭寧王宸濠之侵占又以爭興獻王祔廟忤旨奪俸其居官頗著風節而爲江西按察使時與李夢陽互訐爲兵部侍郎時又爲聶豹劾罷所與齟齬者乃皆正人蓋其天性孤介非惟與小人相忤即君子亦不苟合也其文章落落遠俗固亦有由焉乾隆四十七年十一月恭校上

顧華玉集

臣等謹案顧華玉集明顧璘撰總三十八卷璘有國寶新編別著錄是集凡分六集一曰浮湘集由開封府知府謫全州知州時作二曰山中集移病家居時

作三曰憑几集四曰憑几續集皆官湖廣巡撫時作五曰息園存稿並刻於嘉靖戊戌附錄曰緩慟集官工部侍郎時傷其亡女之作朱彝尊明詩綜稱其尚有歸田稿今未見不知佚否也明史文苑傳稱璘與同里陳沂王韋號金陵三傑後寶應朱應登繼起號四大家然璘應登羽翼李夢陽而韋沂則頗持異論又稱璘詩矩矱唐人以風調勝今觀其集遠挹晉安之波近驂信陽之乘在正嘉間固不失爲第二流之首也乾隆四十七年十月恭校上

華泉集

臣等謹案華泉集十四卷明邊貢撰貢字廷實華泉其號也歷城人弘治丙辰進士官至南京戶部尚書事迹具明史文苑傳是集凡詩八卷文六卷魯中立海岳靈秀集曰華泉之作雖不逮何李然平淡和粹孝廟以前海岱之才無其倫比胡應麟詩藪曰世人獨推李何爲當代第一余以爲空同關中人氣稍過勁未免失之怒張大復之亮節俊語出于天性亦自難到但工于文句而乏意

外之趣獨邊華泉興象飄逸而語尤清圓故當共推此人陳子龍明詩選則曰
尙書才情甚富能于沈穩處見其流麗聲價在昌穀之下君采之上今考其詩
才力雄健不及李夢陽何景明善于用長意境清遠不及徐禎卿薛蕙善于用
短而東猶于諸人之間以不戰爲勝無憑陵一世之名而時過事移日久論定
亦不甚受後人之排擊三人所論當以子龍爲持平矣昔薛蕙于嚴嵩爲同年
頗相倡和及嵩柄國蕙即謝絕往還併削去舊作不留一字至今爲論者所稱
是集乃以送嵩之作列爲壓卷不免見疑于淸議然詩集爲貢沒之後其里人
劉天民所編時當嘉靖戊戌正嵩權熾盛之日或天民無識趨附時局以爲榮
非貢本志歟其文集亦大名魏允孚所續刊自明以來談藝家置而不論今核
其品格實遠遜有韻之詞蓋才有偏長物不兩大附詩以行比之于琬琰之藉
可矣乾隆四十七年十一月恭校上

臣等謹案清惠集十二卷明劉麟撰麟字元瑞一字子振江西安仁人後流寓長興子孫遂隸籍焉弘治丙辰進士官至工部尚書初麟觀政工部時即與同年陸崑抗疏爭諫官下獄事及爲紹興府知府又以忤劉瑾褫職後官尚書卒以爭蘇松織造爲宦官所擠而罷蓋始終介介自立者其自紹興歸也依其姻家吴琉於長興與孫一元文徵明等往來倡和世傳徵明神樓圖即爲麟作也是集凡詩二卷奏疏雜文九卷附録一卷麟曾孫愆陛所編萬歷丙午湖州知府無錫陳幼學刋之嘗稱其文出入秦漢詩則駸駸韋杜譽之固未免太過至稱其標格高入雲霄胸中無一毫芥蔕故所發皆盎然天趣讀之足消鄙吝則得其實矣是亦文章關乎人品之驗也乾隆四十七年九月恭校上

東田遺稿

臣等謹案東田遺稿二卷明張羽撰羽字鳳舉泰興人弘治丙辰進士官至河南左布政使是集詩文各一卷爲其季子楨所編門人儲詢嘗謂羽爲御史抗

疏劾劉瑾直聲震朝野文雖不多其方正之概凜然見於行間詩亦規摹盛唐不落纖巧之習蓋弘治正德之間去明初前輩猶爲未遠流風餘韻往往而存而羽之淡静峭直又出天性雖其博大雄健不及李東陽程敏政排奡鉅麗亦不及李夢陽諸人而不爲舊調之膚廓亦不爲新聲之塗飾肖心而出務達所見而止在諸作者中可以自爲一隊矣乾隆四十七年五月恭校上

沙溪集

臣等謹案沙溪集二十三卷明孫緒撰緒字誠甫沙溪其自號也故城人弘治己未進士官至太僕寺卿是集文八卷賦一卷雜著一卷無用閒談六卷詩七卷其文沈著有健氣其無用閒談有曰文章與時高下人之才力亦各不同今人不能爲秦漢戰國猶秦漢戰國不能爲六經也世之文士尺寸步驟影響摹擬晦澁險深破碎難讀云云其意蓋爲李夢陽發可以見其趨向矣至於古今仕學辨之類參以排偶不古不今則編次者失於删汰轉爲作者累耳其無用

間談多深切著明之語論文論詩亦各有確見王士禎池北偶談嘗摘其誤以五代王祚事爲彭時事其說良是他如論揚雄事亦失當然要不害其大旨詩格頗近李東陽而深以何孟春等注東陽樂府稱其過於李杜爲非蓋譏譽者之溢量非排擊東陽也此集舊與馬中錫東田集合刋然學問筆力皆勝中錫故今摘錄緒集而中錫則存其目焉乾隆四十七年八月恭校上

王文成全書

臣等謹案王文成全書三十八卷明兵部尚書新建伯餘姚王守仁撰守仁事蹟具明史本傳其書首編語錄三卷爲傳習錄附以朱子晚年定論乃守仁在時其門人徐愛所輯而錢德洪刪訂之者次文錄五卷皆雜文別錄十卷爲奏疏公移之類外集七卷爲詩及雜文續編六卷則文錄所遺搜輯續刋者皆守仁歿後德洪所編次後附以年譜五卷世德紀二卷亦德洪與王畿等所纂集也其初本各自爲書單行於世隆慶壬申御史新建謝廷傑巡按浙江始合梓

以傳仿朱子全書之例以名之蓋當時以學術宗守仁故其推尊之如此守仁勳業氣節卓然見諸施行而爲文博大昌達詩亦秀逸有致不獨事功可稱其文章自足傳世也此書明末板佚多有選輯別本以行者然皆缺略不及是編之詳備云乾隆四十七年二月恭校上

雙溪集

臣等謹案雙溪集八卷明杭淮撰淮字東卿宜興人弘治己未進士官至南京總督糧儲右副都御史淮與兄濟並負詩名當時相倡和者李夢陽徐禎卿王守仁陸深諸人皆一時勝流故所作嚴整婉約無猥巧浮滑之習此本爲朱彝尊曝書亭舊藏卷末有彝尊手題兩行稱康熙辛巳九月十九日竹垞老人讀一過選入詩綜一十四首詩內亦多圈點甲乙之處蓋其輯明詩綜時所評隲今詩綜本內所錄淮詩篇數並與自記相同中如打牛坪詩第三聯原本作碧嶂自雲生而彝尊改作蔓草自春生王思槐過訪詩第三聯原本作野竹過牆

初挺秀而彝尊改作挺拔亦間有所點定皆較原本爲善且稱其詩遒鍊如繭絲抽自梭腸似澀而有條理五言尤擅長持論亦屬允愜蓋弘正以還詩家林立如淮之格清體健者正復不能多覯也乾隆四十七年九月恭校上

對山集

臣等謹案對山集十卷明康海撰海所撰武功縣志至今修輿記者舉以爲法別著録史部地理類中其詩文集先後凡四刻一爲張太微所選一爲王世懋所選互有去取　國朝康熙中其里人馬氏始裒其全集刻之江寧此本乃乾隆辛巳其里人編修孫景烈以所藏張太微本又加刊削而刻之海以救李夢陽故失身劉瑾瑾敗坐廢遂欲放浪自恣徵歌選妓于文章不復精思詩尤頹縱王世懋序稱其五七言古律多率意之作又慕少陵直攄胸臆或同時人名號爵里韻至便押不麗于雅朱孟震序述李維楨之言亦稱張太微本珷玞燕石間列錯陳故馬氏所增刊頗傷蕪雜景烈此本雖晚出而去取謹嚴于詩汰

之尤力較諸本特爲完善已足盡海所長矣明人論海集者是非不一要以俞汝成文過于詩一語爲不易之評崔銑呂柟皆以司馬遷比之誠爲太過然其逸氣往來翛然自異固在李夢陽等剽剟秦漢者上也乾隆四十七年五月恭校上

柏齋集

臣等謹案柏齋集十一卷明何瑭撰瑭字粹夫號柏齋武陟人弘治壬戌進士官至南京右都御史謚文定瑭篤行勵志其論學亦以格致爲宗集中送湛若水序謂甘泉以存心爲主予以格物致知爲先非存心固無以爲格致之本物格知致則心之體用益備其生平得力在此故當時東南學者多宗王守仁良知之說而瑭獨以躬行爲主不以道學自名復留心世務如均徭均糧論兵諸篇皆能深中時弊雖其文體樸質不斤斤於格律法度之間而剴切詳明不支不蔓猶存弘正以前規範與卮言勦說者流相去遠矣集凡文十卷詩一卷爲

嘉靖己酉鄭王所刻又有所著陰陽樂律儒學管見則趙王摹印以傳目爲柏齋三書今别行於世云乾隆四十七年四月恭校上

竹澗集

臣等謹案竹澗文集八卷竹澗奏議四卷明潘希曾撰希曾字仲魯金華人弘治壬戌進士官至兵部左侍郎卒贈尚書其文集首載詩四卷次文四卷次奏議四卷末附錄墓誌小傳等篇希曾官兵科給事中時奏奪太監汪直義男官爵復因災異陳八事皆直指近倖及奉使湖貴二省計處邊儲又以不賂劉瑾矯旨下獄拷掠除名瑾誅起官復抗疏爭太素殿天鷲房諸役今觀前後所上章奏語皆剴切眞摯不爲粉飾而深中事理平生雖不以詩文得名而氣體浩瀚沛然有餘亦復具有矩矱非淺中飾貌者可比希曾治河績最著傳稱别有治河錄今已不傳而集中修築沛單長隄諸疏其措置規模猶見一二是固可與明史河渠志互相參考也黄虞稷千頃堂書目載希曾集其目與此本悉合

乃嘉靖末長洲黄省曾所校刊云乾隆四十七年三月恭校上

大復集

臣等謹案大復集三十八卷明何景明撰景明有雍大記已著録是集凡賦三卷詩二十六卷文九卷傳誌行狀之屬附録於末王廷相康海唐龍王世貞各爲之序正嘉之間景明與李夢陽倶倡爲復古之學天下翕然從之文體一變然二人天分各殊取徑稍異故集中與夢陽論詩諸書反覆詰難齗齗然不相下平心而論摹擬蹊徑二人之所短略同至夢陽雄邁之氣與景明諧雅之音亦各有所長正不妨離之雙美不必更分左右袒也景明於七言古體深崇四傑轉韻之格見所作明月篇序中王士禎論詩絶句有曰接迹風人明月篇何郎妙悟本從天王楊盧駱當時體莫逐刀圭誤後賢乃頗不以景明爲然其實七言肇自漢氏率乏長篇魏文帝燕歌行以後始自爲音節鮑照行路難始别成變調繼而作者實不多逢至永明以還蟬聯換韻宛轉抑揚規模始就故初

唐以至長慶多從其格即杜甫歌行魚龍百變不可端倪而洗兵馬高都護驄馬行等篇亦不廢此一體士禎所論以防浮艷塗飾之弊則可必以景明之論足誤後人則不免於懲羹而吹虀矣乾隆四十七年十月恭校上

洹詞

臣等謹案洹詞十二卷明崔銑撰銑有讀易餘言已著錄是集題曰洹詞以銑家安陽境有洹水故也一卷二卷曰館集三卷曰退集四卷曰雍集九卷至十卷曰休集十一卷十二卷曰三仕集皆編年排次不分體裁雜著筆記亦參錯於其間銑力排王守仁之學謂其不當舍良能而談良知故持論行己一歸篤實其爭大禮劾張璁桂萼風節表表亦不媿其言所作政議十篇準今酌古無儒生迂闊之習他若漫記十條可以補宋史之未備譌傳兩則可以靖明代之浮言而岳飛論一篇稱飛之急宜奉詔班師尤識大體蓋不特文章自可傳也第十一卷中有嚴嵩鈐山堂集序似涉南園作記之疑然嵩集載此序題嘉靖

己亥據明史嵩傳是時方爲禮部尚書未操國柄尚無由預識其姦是猶司馬光之於王安石非陸游之於韓侂胄矣乾隆四十七年八月恭校上

莊渠遺書

臣等謹案莊渠遺書十二卷明魏校撰校有周禮沿革傳已著錄校欲行周禮于後世其說頗爲迂闊所著六書精蘊欲以古篆改小篆而所列古篆又多杜撰尤爲紕繆然校見聞較博學術亦醇故是集文律謹嚴不失雅正考據亦具有根柢無忝于儒者之言其御札問經義諸條亦多精確惟郊祀論一篇謂見于經者獨有南郊無北郊而以社當地祇之祭不知大司樂方丘之文與圜丘相對圜丘爲郊天方丘爲祭地可知未聞祭社于澤中之方丘且于夏至之日也又祭法瘞埋于泰折祭地也與燔柴于泰壇祭天之文相對皆北郊祭地之顯證校乃引周禮陰祀用黝牲駁祭法祭地用騂犢爲附會不知周禮爲一朝之制禮記則雜述舊典不能強合先儒辨之甚明無庸橫相牽合自生糾結也

乾隆四十七年五月恭校上

儼山集

臣等謹案儼山集一百卷續集十卷明陸深撰深字子淵儼山其號也上海人弘治乙丑進士官至詹事府詹事兼翰林院學士事蹟具明史文苑傳是集前有嘉靖丙午徐階序續集有唐錦序陸師道跋皆其子楫所編錦及師道跋並稱尚有外集四十卷通此二集爲一百五十卷此本不載外集葢外集皆其筆記雜著又自別行也史稱深少與徐禎卿相切磨爲文章有名書倣李邕趙孟頫賞鑑博雅爲詞臣冠階序稱深以經濟自許在翰林院在國子監數上書言事督學於晉參藩於楚旬宣於蜀則皆有功德於其士民而惜其獨以文章見也今觀其集雖篇章繁富而大抵根柢學問切近事理非徒闘靡誇多當正嘉之間七子之派盛行而獨以和平典雅爲宗毅然不失其故步抑亦可謂有守者矣乾隆四十七年五月恭校上

迪功集

臣等謹案迪功集六卷附談藝錄一卷明徐禎卿撰禎卿有翦勝野聞已著錄其平生論詩宗旨見於談藝錄及與李夢陽第一書如云古詩三百可以博其源遺篇十九可以約其趣樂府雄高可以厲其氣離騷深永可以裨其思然後法經而植旨繩古以崇辭或未盡臻其奧吾亦罕見失也又云繩漢之武其流也猶至於魏宗晉之體其弊也不可以悉據其所談仍北地摹古之門逕特夢陽才雄而氣盛故枵張其詞禎卿慮澹而思深故密運以意當時不能與夢陽爭先日久論定亦不與夢陽俱廢蓋以此也王士禎居易錄稱黃庭堅自定其詩爲精華錄僅三百首禎卿自定迪功集亦三百首此本凡樂府共五十首贈答詩十八首游覽詩二十五首送別詩四十首寄憶詩一十九首詠懷詩十二首題詠詩二十二首哀輓詩三首共一百八十九首不足三百之數而五卷以下則爲雜文二十四篇題正德庚辰刋前有李夢陽序其序亦云六卷當是原

本不知何以與士禎所言不符豈士禎所見別有一本歟毛先舒詩辨坻曰昌穀迪功集外復有徐迪功外集皇甫子安爲序而刻之者又有徐氏別稿五集曰鸚鵡編焦桐集花間集野興集自慙集又曰迪功集是所自選風骨最高外集殊復奕奕焦桐多近體最疵鸚鵡多學六朝間雜晚唐有竹枝楊柳之韻花間文章江左家家玉煙月揚州樹樹花爲小乘入詞如花間打散雙蝴蝶飛過牆兒又作團詠柳花詩云轉眼東風有遺恨井泥流水是前程便是詞家情語之最云云今不盡可見矣乾隆四十七年五月恭校上

少谷集

臣等謹案少谷集二十五卷明鄭善夫撰善夫字繼之閩縣人弘治十八年進士授戶部主事改禮部以建言廷杖尋乞歸用薦起南京刑部改吏部郎中事蹟詳明史文苑傳善夫在弘治間不襲何李緒論別開生面盤空硬語往往氣過其詞雖源出少陵實於山谷爲近集中感時之作激昂慷慨寄託頗深或病

其時非天寶地遠拾遺爲無病而呻吟然正德時奄竪内訌盜賊外作詩人蒿目未可謂之無因朱彝尊静志居詩話云少谷詩有獨立不遷之概當時孫鄭並稱孫非鄭敵朱鄭並稱朱非鄭匹孫謂孫一元朱謂朱應登也今以二家之集參觀彝尊所論爲允矣乾隆四十七年四月恭校上

太白山人漫稾

臣等謹案太白山人漫稾八卷明孫一元撰一元字太初自稱秦人或曰安化王孫也嘗棲太白之巔故稱太白山人又嘗西入華南入衡東登岱又南入吳與劉麟吳琬陸崑龍霓稱苕溪五隱晚而就婚施氏遂卒於吳興麟爲文以表其墓一元才地超軼論者至以王猛之流擬之其所爲詩排奡凌厲往往多悲壯激越之音讀之極伉健可喜朱彝尊至謂其瓣香在黄庭堅持論雖不免稍過然當秦聲競響之日而能矯然拔俗如此亦可謂獨行其志者矣明史藝文志載一元太白山人稾五卷此本爲崇禎中湖州周伯仁所刻凡八卷蓋據吳

興張氏本及陽湖本而合輯之者目錄于八卷末尙標有補遺若干首而卷內無之蓋當時有志搜訪而未得也閔元衢歐餘漫錄載一元逸詩有送許相卿詩一首見許氏譜題王伯雨園亭二首見烏青鎭志和吳甘泉詩四首重遊一首君馬黃一首見眞蹟飮馬長城窟一首見盧志菴所錄續于紀宣符家得十四首又稱鮑稚弢家有其詩鈔約千餘首則其散失亦多矣乾隆四十七年五月恭校上

苑洛集

臣等謹案苑洛集二十二卷明韓邦奇撰邦奇字汝節朝邑人正德戊辰進士歷官南京兵部尙書以地震陷死謚恭簡事蹟具明史本傳邦奇博覽嗜學自諸經子史及天文地理樂律術數兵法之書無不通究所著正蒙拾遺啟蒙意見律呂直解易占經緯等書皆自成一家言而志樂一編世尤服其精審今並別著于錄此其詩文全集凡序二卷記一卷誌銘三卷表一卷傳一卷策問一

卷詩二卷詞一卷奏議五卷見聞考隨錄五卷乃嘉靖末所刊當正嘉之際北地信陽方用其學提倡海內邦奇獨不相附和以著書餘事發爲文章不必沾沾求合於古人而徵引之博議論之核皆具有根柢不同掇拾浮華至見聞考隨錄所紀朝廷典故頗爲詳備其間如譏于謙不能匡正之失及辨張綵阿附劉瑾之事雖不免小有偏見而敘次明晰可資考據其他辨論經義闡發易數更多精確可傳世別本單行今仍原集舊第附之編末焉乾隆四十七年五月恭校上

東洲初稿

臣等謹案東洲初稿十四卷明夏良勝撰良勝字于中南城人正德戊辰進士官至考功員外郎與萬潮等諫南巡下詔獄廷杖削籍嘉靖初復故官大禮議起又連章抗論遂由太常寺少卿謫茶陵州知州尋遣戍遼東卒于戍所穆宗立贈太常寺卿良勝本耿介之士其詩皆嶽嶽有直氣是集前七卷爲雜文第

八卷爲詩第九卷爲考定皇極指掌諸圖第十卷爲天文便覽自十一卷以下皆題曰仕止隨錄十一十二兩卷雜錄諫南巡下獄疏奏詩文及同時諸人投贈申救之作十三十四兩卷雜錄家居詩文自十三卷以前皆題門人滇池羅江編十四卷則題門人鍾陵江治續編明史藝文志載東洲稿十二卷詩八卷與此本卷帙互異然此本題曰初稿刻於正德十五年其嘉靖以後諸作咸未之及疑良勝尚有全集而史所載者乃其卷數特今全集已佚不見而此集所載于良勝生平大節尚可考見一二故仍錄而存之焉乾隆四十七年九月恭校上

欽定四庫全書提要卷一百三

欽定四庫全書提要卷一百四

集部二十六

別集類二十五

升菴集

臣等謹案升菴集八十一卷明楊慎撰慎字用修新都人大學士廷和之子正德辛未進士第一授修撰以議大禮杖謫事蹟具明史本傳此集萬歷中四川巡撫張士佩所訂賦及雜文十一卷詩二十九卷又雜記四十一卷蓋士佩取慎丹鉛錄譚苑醍醐諸書删除重複分類編次附其詩之後者也慎以博學冠一時其詩含吐六朝於明代獨門立戶文雖不及其詩然猶存古法賢於何李諸家窒塞艱澀不可句讀者至於論說考證往往恃其強識不及檢核原書致多疎舛又負氣求勝每說有窒礙輒造古書以實之遂爲陳耀文等所詬亦可爲不善用長矣乾隆四十七年四月恭校上

東巖集

臣等謹案東巖集六卷明夏尚樸撰尚樸字敦夫東巖其號也永豐人正德辛未進士官至南京太僕寺少卿尚樸受業於婁諒故明史儒林傳附見諒傳中然史於薛瑄傳末又稱瑄之門人有周蕙蕙之門人有薛敬之李錦王爵夏尚樸與諒傳不合考傳末惟敘敬之錦爵三人事迹一字不及尚樸則瑄傳列尚樸之名殆衍文歟諒以勿忘勿助爲敬胡居仁羅欽順多譏其近禪而史載尚樸常言纔提起便是天理纔放下便是人欲魏校亟稱之王守仁少時亦學於諒然守仁贈尚樸詩有舍瑟春風之句尚樸則答曰孔門沂水春風景不出虞廷敬畏中至謂心所以窮理未足以盡理又謂學不難於一貫而難於萬殊則與守仁即心即理之說迥異又與湛若水書斤斤以厭常喜新爲戒其語錄中復取陳獻章論學詩一一爲之箋疏指其謬誤正德之際學問漸岐而尚樸獨恪守先儒不爲高論可謂篤實之士矣至其論中庸分八節獨不用朱子之說

則見仁見智各有所得其不爲苟同即其不爲苟異者也史載所著有中庸說東巖文集此本爲其壻劉賓所編以語錄中庸說爲第一卷與文集併爲一編史蓋據其初出各行之本也尚樸本講學之士不以文章爲工然其言醇正固亦不乖於大雅焉乾隆四十七年九月恭校上

文簡集

臣等謹案文簡集五十八卷明孫承恩撰承恩字貞父南直隸華亭人正德辛未進士官至禮部尚書兼翰林學士掌詹事府謚文簡是集爲其門人楊豫孫董宜陽朱大韶所編七卷以前爲疏表講章皆進呈之作八卷以後爲賦詩詞曲二十七卷以後爲雜文陸樹聲爲之序承恩於嘉靖之初以庶子充經筵講官今集中所載正始箴鑒古韻語及講章即是時所作及官宗伯時齋宮設醮承恩獨不肯黃冠遂乞致仕較之嚴嵩諸人靑詞自媚者人品卓乎不同其文章亦醇正恬雅有明初作者之遺樹聲序有曰國初之文淳厚渾噩彬彬焉質

有其文迨關西信陽兩君子出追宗秦漢薄魏晉而下海內藝學之士咸願執鞭弭從之標品位置率人人自詭先秦兩漢以希方軌雖體尚一新國初淳龐渾厚之氣或少漓焉公生長憲孝朝博稽宏覽邃詣淵蓄故出之撰述類皆深厚爾雅紆徐委折論者謂公平生立言類其爲人云云亦平允之論也乾隆四十七年八月恭校上

方齋存稿

臣等謹案方齋存稿十卷明林文俊撰文俊字汝英號方齋莆田人正德辛未進士官至南京吏部右侍郎謚文修事迹具明史本傳湛若水所撰神道碑載所著有方齋存稿世無刊本此本乃其家藏舊鈔疏表序文雜著九卷詩一卷史稱其文章醇雅雋永今觀其詩亦舂容恬適不事彫琢　國朝朱彝尊輯明詩綜乃獨不載之當由未見此本非置之不録也又近人鄭王臣輯莆風清籟集所選文俊詩尚有彭城夜泊七律一首送黄主簿赴蘄水七絶二首爲是集

所未收未知王臣何自得之王臣即莆田人于文俊爲鄉里或墨迹流傳據以載入歟今世傳明北監板二十一史即文俊所校刋竄改舛訛頗爲後人訾議然文俊爲祭酒已在雕板將竣之日陳騤館閣續錄所謂經進不經修者未可以是並訾其詩文也乾隆四十七年五月恭校上

考功集

臣等謹案考功集十卷明薛蕙撰蕙字君采亳州人正德甲戌進士官至吏部考功司郎中故以官名集正嘉之際文體初新北地信陽聲華方盛蕙詩獨以清削婉約介乎其間古體上挹晉宋近體旁涉錢郎核其遺篇雖亦擬議多而變化少然當其自得覺筆墨之外別有微情非生吞漢魏活剝盛唐者比其戲成五絕句有曰俊逸終憐何大復麤豪不解李空同其所尚略可見矣又蕙與湛若水俱爲嚴嵩同年嵩權極盛之時若水年已垂耄而怵於利害不免爲嵩作鈐山堂集序反覆推頌頗爲晚節之累蕙初亦愛嵩文采頗相酬答迨其秉

政以後即惡其怙權病國不復相聞凡舊時倡和亦悉削其稿故全集十卷無一字與嵩相關其植品之高迥出流輩是以詩格孤秀肖其爲人其所樹立又不在區區文字間也乾隆四十七年四月恭校上

雲村集

臣等謹案雲村集十四卷明許相卿撰相卿字台仲海寧人正德丁丑進士歷官兵科給事中引疾歸閒居四十年累徵不起是集爲相卿所自定簡擇頗精詩多近體然五言有唐調七言出入于陳師道陳與義閒亦綽有舊格章疏詞旨切直雜文體裁雅潔類多有道之言無明季士大夫求名若渴之習蓋篤實君子也其歸田後與王子揚書稱時慮更切不敢以歸爲幸乃今傳聞日駭事勢日危日夕念北如昔之思南其惓惓君國之意視所謂去國一身輕似葉高名千古重于山者所見相去遠矣乾隆四十七年九月恭校上

小山類稿

臣等謹案小山類稿二十卷明張岳撰岳字惟喬惠安人正德丁丑進士官至刑部侍郎掌都察院事復出總督湖廣四川貴州卒謚襄惠事蹟具明史本傳岳初授行人即以疏諫南巡廷杖調南京國子監學正嘉靖初牽復原官又以議禮忤張璁繼忤夏言忤嚴嵩父子而卒得以功名終若有天幸然其剛正之操天下推之集中奏議分行人司稿廉州稿粵藩稿督撫鄖陽稿巡撫江西稿督撫兩廣稿總督湖廣川貴稿皆據其歷官年月次第編類雖文義樸直而經濟大業亦可據以考見又史稱岳博覽工文章經術湛深不喜王守仁學今觀集中草堂學則及諸書牘內辨學之語大都推闡切至歸於篤實近理蓋有體有用之言固與空談無根者異也乾隆四十七年五月恭校上

夢澤集

臣等謹案夢澤集二十三卷明王廷陳撰廷陳字稚欽黄岡人正德丁丑進士選庶吉士以言事廷杖出知裕州事蹟具明史文苑傳廷陳與李維楨何景明

號海內三才子楚之言詩者莫不奉爲圭臬稱曰夢澤先生其集一刻於淮再刻於蘇其從孫追淳知潁州時又校而刻之即此本也廷陳少年高第以才華傲物故爲時輩所嫉坐致放廢終身至其詩意警語圓軒然出世可稱一時傑作王世貞藝苑卮言稱其如良馬走坂美女舞竿五言尤自長城又稱王稚欽吳明卿之五言律各極妙境專至而有餘而朱彝尊詩話則又謂其音高秋竹色艷春蘭樂府古詩殊多精詣綜而論之其沈思雋調雖不及何景明之俊逸風流而天骨縱橫固亦無愧才人之目矣若雜文則藻采太多未免掩其筋脈而氣體疏宕要亦非後來摸擬者所可及爾乾隆四十七年十月恭校上

泰泉集

臣等謹案泰泉集十卷明黄佐撰佐字才伯香山人正德辛巳進士改庶吉士授編修出爲江西廣西按察使僉事召入爲左司諫歷官至少詹事兼翰林學士爲忌者所劾罷卒贈禮部右侍郎謚文裕事蹟具明史文苑傳佐少以奇雋

知名及官翰林明習掌故博綜今古于經濟理學尤爲究心嘗與王守仁辨知行合一之旨多所闡發生平著述至二百六十餘卷所撰如樂典革除遺事諸書今俱已別著于錄此集刻于嘉興乃其爲司成以前之所作也佐才力博贍摛詞掞藻足以雄視一時海內亦奉爲壇坫嶺南自南園五子以後風雅中墜至佐始力爲提倡如梁有譽黎民表等皆其弟子廣中文學復盛論者稱佐有起衰救弊之功其詩吐屬沖和頗見研練朱彝尊謂其取材太陳故格雖聳高而氣少奔逸然在茶陵宗派消歇之餘七子議論方興之會獨能力追正始不失雅音猶爲不惑于岐趨者矣至其春夜大醉言志詩落句有云倦游卻憶少年事笑擁如花歌落梅此不過嘲風弄月之詞自註乃以欲盡理還爲喻強附道學實爲迂鑿無當王世貞謂此乃佐爲儒官講學恐人得而持之故有此語當得其情然究不免通人之蔽矣乾隆四十七年三月恭校上

臣等謹案甫田集三十五卷附錄一卷明文徵明撰徵明初名壁以字行更字徵仲號衡山長洲人以歲貢薦授翰林院待詔事蹟具明史文苑傳所著詩集十五卷文集二十卷附錄行略一卷則其仲子嘉所述也徵明與唐寅沈周皆以書畫掩其文然寅詩纖巧周詩頽唐而徵明較爲雅飭故其詩稍顯於二人朱彝尊明詩綜錄徵明詩十五首其池上一篇集中所無靜志居詩話謂其畫必留題故集外流傳者多是編所載亦未必足盡其著作之全然其蕭疎淡遠韻致天成洵足撲去塵氛讀者猶可想見其高致焉乾隆四十七年五月恭校上

西村詩集

臣等謹案西村詩集二卷明朱朴撰朴字元素海鹽布衣當正德嘉靖間與文徵明孫一元相唱酬集爲其孫綵所裒刻分類編次近體格調淸越超然出塵古詩差遜然亦不墮塵俗以其不爲王世貞等所延譽故名不甚顯集中篇什

少而能精非馳騖曒名者可比當日布衣工詩者若沈明臣王穉登王叔承諸人篇什非不繁富而筆力庸弱叢箐荒茅紛然彌望轉不若朴之修潔有致一邱一壑固亦時有秀句可采也其集於下卷内附入集句詩餘後又有補遺一卷許相卿爲之序亦頗見稱許云乾隆四十七年十月恭校上

天馬山房遺稿

臣等謹案天馬山房遺稿八卷明朱淛撰淛字必東號損巖莆田人嘉靖癸未進士授湖廣道監察御史會興國太后誕節詔命婦朝賀而慈壽太后誕節轉不令命婦朝賀淛上疏爭之廷杖放歸家居三十餘年留心民間利病如集中所載南洋水利之議山寇海寇之防皆損益時宜以告當事不必罷黜而膜視其詩文無事鉛華獨抒懷抱朱彝尊靜志居詩話亦稱其詩無俗韻誦之想見其人蓋自分永棄而能嗜學向道未嘗有窮鬱怨尤之語其清操介節亦一時之傑出者也彝尊又稱史未載全疏當刻以表章之然彝尊所錄尚非完本今

此集以此疏弁首獨爲一卷云乾隆四十七年十月恭校上

蘇門集

臣等謹案蘇門集八卷明高叔嗣撰叔嗣字子業號蘇門山人祥符人嘉靖癸未進士授工部營繕司主事歷官湖廣按察使叔嗣少受知于李夢陽弱冠登朝薛蕙一見歎服晚年自訂其詩文曰蘇門集陳束序而行之當正德嘉靖間夢陽以詩學倡導海內學者無不從風披靡叔嗣獨以清和婉約爲宗密詠恬吟自標新穎雖未嘗顯與夢陽樹幟而舉所爲拆洗含剝之病不啻一舉空之李開先謂何李雖似大家去唐卻遠蘇門雖云小就去唐卻近王世懋亦謂李何尚有廢興徐高必無絕響是當北地盛行之日而深識之士俱已信其必傳迄今繹誦遺篇其沖澹淸腴實有不可名言之妙王世貞藝苑巵言評叔嗣詩如高山鼓琴沈思忽往木葉盡脫石氣自靑說者以爲善于形容馬之駿又舉羊孚所云資淸以化乘氣以霏遇象能鮮即潔成輝四語爲其詩贊人亦許爲

篤論蓋當時作者如林而論風雅之正聲要當以叔嗣爲稱首固非沿流逐波者所得而比擬也乾隆四十七年五月恭校上

愚谷集

臣等謹案愚谷集十卷明李舜臣撰舜臣字茂欽號愚谷又號未村居士樂安人嘉靖癸未進士官至太僕寺卿是集詩四卷曰部署稿曰金陵稿曰江西稿曰歸田稿文六卷多手自編定而久未付梓此集乃康熙丙午所刊也詩格雅飭而頗窘於邊幅所長所短皆在於斯文古質而稍覺有意謹嚴或剗削太過王世禎雖以爲名手而有體製纖小之譏然於時北地信陽之學盛行於世方以鉤棘塗飾相高而舜臣獨以朴直存古法其序記多名論而西橋逸事狀一篇觸張璁桂萼之鋒直書不諱文出之日天下咋舌抑亦剛正之士矣據集所載諸序舜臣所著有易卦辱言詩序考毛詩出比禮經讀春秋左傳考例穀梁三例左傳讀古文考三經考籀文考六經直音諸書今皆未見然亦足見其文

之根柢也乾隆四十七年三月恭校上

尊巖集

臣等謹案尊巖集二十四卷明王愼中撰愼中字道思晉江人嘉靖丙戌進士官至河南布政司參政事蹟具明史文苑傳正嘉之際北地信陽聲華藉甚敎天下無讀唐以後書然七子之學得於詩者較深得於文者頗淺故其詩能自成家而古文則鉤章棘句剽襲秦漢之面貌遂成僞體史稱愼中爲文初亦高談秦漢謂東京以下無可取已而悟歐曾作文之法乃盡焚舊作一意師仿尤得力於曾鞏唐順之初不服其說久乃變而從之壯年廢棄益肆力于文演迤詳贍卓然成家與順之齊名天下稱之曰王唐李攀龍王世貞力排之卒不能掩也其詩則初爲藻豔之格歸田以後又雜入講學之語頹然自放亦與順之相似愼中集舊有玩芳堂摘稿尊巖家居諸刻率雜以少作是本乃隆慶辛未愼中子同康及壻莊國禎稍爲芟削重鋟較爲精整惟簡端洪朝選序稱詩文

四十卷此本止二十五卷目錄卷數亦多改補未喻其故或刻成之後又爲簡汰歟乾隆四十七年十月恭校上

陸子餘集

臣等謹案陸子餘集八卷明陸粲撰粲字子餘一字浚明長洲人讀書貞山人稱貞山先生嘉靖丙戌進士由翰林改授工科給事中上書論時政下詔獄廷杖又疏劾張璁桂萼謫都勻驛丞稍遷江西永新縣知縣尋乞終養致仕粲詳於經史訓詁尤熟當代掌故受業於王鏊傳其文法徐時行稱其出入左氏遷固無論魏晉彭年以爲專法馬班雄深雅健東漢諸家所不及俱推許太過惟黃宗羲云貞山文秀美平順不起波瀾得之王文恪居多乃歐陽氏之支流斯爲能得其實矣乾隆四十七年四月恭校上

念菴文集

臣等謹案念菴文集二十二卷明羅洪先撰洪先有冬遊記已著錄洪先不及

見王守仁而受學於其鄉人李中中之學出於楊珠故其說仍以良知爲宗後作守仁年譜乃自稱曰門人不免講學家門户之習其學惟靜觀本體亦究不免於入禪然人品高潔嚴嵩欲薦之而不得則可謂鳳翔千仞者矣其集初刻於撫州再刻於應天最後諸門人編爲此本而門人胡直序之稱其學凡三變文亦因之初效李夢陽既而厭之乃從唐順之等相講磨晚乃自行己意其答友人書取譬於水謂古之人有能者必其中有自得實見斯道之流行無所不在雖欲不爲波濤湍瀾之致不可得斯亦可謂有見之言也此本爲雍正癸卯其六世孫繼洪等重刻洪先之裔乃名繼洪理不可曉豈誤解不逮事則不諱耶乾隆四十七年十月恭校上

皇甫司勳集

臣等謹案皇甫司勳集六十卷明皇甫汸撰汸有百泉子緒論已著錄其詩文有政學還山奉使寓黃家居南都禪棲澶州梧州南中山居副京來皐司勳北

征南署赴京浩歌亭安雅齋諸集晚年手自删削定爲賦一卷詩三十二卷雜文二十七卷冠以原序一篇其諸集之名仍分注各卷之末朱彝尊静居志詩話稱汸集六十卷即此本也楚音又一變爲江左之音又一變爲燕趙之音又一變爲蜀音縷舉其師友淵源甚詳今統觀所存古體源出三謝近體源出中唐雖乏深湛之思而雅飭雍容風標日異在明中葉不失爲第二流人馮時可雨航雜錄云皇甫百泉與王弇州名相埒時人謂百泉如齊魯變可至道弇州如秦楚强遂稱王王士禎香祖筆記以時可所記爲確論云乾隆四十七年十月恭校上

楊忠介集

臣等謹案楊忠介集十三卷明楊爵撰爵有周易辨錄已著錄是編第一卷爲奏議二卷爲序碑記三卷爲傳四卷爲書五卷爲家書六卷爲語錄七卷爲祭文誌銘雜錄八卷至十三卷爲詩附錄五卷則後人所編輯也世宗時齋醮方

興士大夫率以青詞取媚而爵獨據理直諫如所陳時雪之不可以爲瑞左道之不可以惑衆詞極剴切下獄以後猶疏諫以冀一悟其忠愛悱惻至今如見家書二十五則諄諄以忠孝勗其子孫未嘗一言及私語錄不爲高論而篤實明白皆粹然儒者之言案爵與羅洪先錢德洪諸人遊以講學相勗然德洪等源出姚江務闡良知之說爵則以躬行實踐爲先關西道學之傳爵實開之迹其生平可謂不負所學者所作詩文大都直抒胸臆雖似傷平易然有本之言不由雕繪其可傳者正不在詞采間矣乾隆四十七年十一月恭校上

荆川集

臣等謹案荆川集十二卷明唐順之撰順之字應德一字義修武進人嘉靖己丑進士歷官右僉都御史巡撫淮陽天啟中追謚襄文事蹟具明史本傳順之學問淵博自天文地理樂律兵法以至句股壬奇之術無所不通晚而受任禦倭勤事以死可謂有志於功業者所爲文汪洋浩瀚議論醇實多有體有用之

言詩律亦皆清整典麗始與晉江王愼中論文不合後乃舍所學而從之集中與愼中書云近來將四十年前伎倆頭頭放捨四十年前見解種種抹殺始得見些影子其語雖涉講學人習氣然晚年得力之處亦槩可見矣集爲無錫安如石所編刻而愼中序之傾許甚至今所傳本則嘉靖癸丑衢州葉氏所重刻也乾隆四十七年四月恭校上

皇甫少玄集

臣等謹案皇甫少玄集三十六卷明皇甫涍撰涍字子安長洲人嘉靖壬辰進士除工部主事官至浙江按察司僉事是集凡詩文二十六卷外集十卷其古文非所刻意亦不擅場詩憲章漢魏取材六朝古體多於近體五言多於七言其持論謂王宋反元習之靡而不能不病於聲李何矯一時之弊而不能不泥其迹可謂篤論然其鑒李何之弊則云詩可無用少陵取法迪功則云詩可無用近體又云七言易弱恐降格爲錢劉亦類於懲羹吹虀者矣至其婉麗之詞

綿邈之神以之驂駕昌穀蘇門之間則固無愧色云乾隆四十七年八月恭校

上

瑤石山人詩稿

臣等謹案瑤石山人詩稿十六卷明黎民表撰民表字維敬從化人嘉靖甲午舉人授翰林院孔目遷吏部司務以能文用爲制勅房中書後加官至參議明史文苑傳附見黄佐傳中史稱佐弟子多以行業自飭而梁有譽歐大任及民表詩名最著朱彝尊静志居詩話謂民表詩讀之似質悶而實沈著堅韌王世貞所取續五子無愧大小雅材者僅此一人是集前有萬歷戊子陳文燭序稱民表請老以歸話别三山曾序其詩鎮江鍾太守刻焉又稱民表已下世其子吏部郎君華裒刻此集復屬以序蓋民表詩凡再刻也其初刻今未見此刻冠以賦三首餘皆古近體詩雖錯采鏤金而風骨典重無綺靡塗飾之習蓋與太倉歷下同源而派則稍異焉故雖與王道行石星朱多煃趙用賢同列爲續五

子而終非四人所可及焉乾隆四十七年五月恭校上

止山集

臣等謹案止山全集二十卷明邱雲霄撰雲霄字淩漢號止山崇安人由貢生官至柳城縣知縣是編凡分四集南行集四卷蓋自崇安至省會之作分建安延津晉安三稿東遊集二卷蓋遊括蒼之作故二卷皆題曰括蒼稿北觀集四卷乃其入京所作自南遊北故有楚稿越稿吳稿宋稿魯稿齊稿燕稿之分以上三集皆詩而無文獨山中集有詩四卷又有文六卷皆居武夷止止齋時所作也四集惟南行集編次最早首有豐熙序云邱子年方富而引志在遠吾見其進未見其止當數十年後乃可論定大抵係其初作故熙云然熙之序嘉靖十三年甲午也東遊集無序不知何時所編北觀山中二集序皆題曰嘉靖丁未則最後矣朱彝尊明詩綜引徐夢陽評稱其詩雅澹勁古景眞情得今讀之信然要之不肯蹈襲前人異乎七子之派者也乾隆四十七年十一月恭校上

臣等謹案洞麓堂集十卷明尹臺撰臺字崇基號舊山永新人嘉靖乙未進士官至南京禮部尚書明詩綜稱其有洞山集此作洞麓堂集考集首鄒元標序稱洞麓堂稿大宗伯洞山尹公所撰去公家里許有奇洞峯巒卓詭遂以名堂且名其稿然則洞山其所居地名洞麓則其堂名實一集也臺以護持楊繼盛一事爲清議所歸集中如與羅念菴書謂近世宗良知家者心說沸揚只緣金谿錯認孟子先立乎其大者一語又極論卽心卽理之非謂卽實有所得亦只此心靈覺之妙蓋非所見之理釋氏有見於心無見於性陸氏之學大率類是又謂程子之徒當時且有失傳如呂氏游氏寖入禪學朱子沒後勉齋漢卿僅足自守不再傳盡失其旨如何王金許皆潛畔師說不止草盧一人其攻擊姚江之學甚力亦可謂屹然不移集中有祭陸東湖文一首推其望重朝廷功盛社稷云云東湖陸炳號也炳名列明史佞倖傳中與臺殊非氣類考史稱炳歲

入不貲待權要周旋善類亦無所吝世宗數起大獄炳多所保全折節士大夫未嘗搆陷一人以故朝士多稱之者臺之假借或以是故歟君子論公義不論私交究不免爲白璧之瑕也集凡文六卷詩四卷元標序稱其詩數百首力推唐雅制疏書序記銘狀表數百篇出入漢宋闡繹名理不屑綺語雖鄉曲之詞例皆溢美今校其所作尙不盡誣云乾隆四十七年十月恭校上

張莊僖文集

臣等謹案張莊僖文集五卷明張永明撰永明字鍾誠烏程人嘉靖乙未進士官至刑部尙書改左都御史卒謚莊僖事蹟具明史本傳是編原本分六集以禮樂射御書數爲目禮集爲誥命祭文贊誄碑誌之類樂集射集皆南垣諫草其爲南京給事中時所作御集書集爲中州疏略及部院彈奏事數集爲家訓語錄雜著詩文而附以外紀二篇其編次標目皆爲庸陋今删去禮集編爲五卷其文平實質朴不尙雕華而多有用之言其爲給事中時劾嚴嵩交通郭勛

朋比漁利聞者震悚爲河南巡撫時伊王典模肆虐一方勢横甚所司稍撓之輒中以酖莫敢誰何永明亦抗疏劾奏卒伸國法其氣節有足多者則發爲文章固與無物之言異矣乾隆四十七年十一月恭校上

具茨集

臣等謹案具茨集詩五卷補遺一卷文八卷補遺一卷附録一卷遺稿一卷明王立道撰立道字懋中無錫人嘉靖乙未進士官翰林院編修其詩雖微嫌婉弱而沖容淡宕不爲奇險之語猶有中唐錢劉之遺文則縱横自喜頗於眉山爲近其論文書有云兵無常形以正勝者什九文無常體以奇善者什一盤誥之文則六經之什一耳效而似者猶未可爲常而況其萬不類也哉其言深中當時北地諸人摹倣周秦之弊即其所爲文可識矣原目列詩五卷文集七卷附録一卷今詩集之末復載補遺附録二十餘首文集七卷之後亦增論表等十餘篇爲一卷載於附録之前而附録後又别載遺稿一卷蓋其後人掇拾續

刊零星增入故書與目不相應耳乾隆四十七年十月恭校上

青霞集

臣等謹案青霞集十一卷年譜一卷明沈鍊撰鍊字純甫會稽人嘉靖十七年進士除溧陽知縣後官錦衣衞經歷疏論邊事並劾嚴嵩廷杖謫戍復爲嵩黨路楷搆入蔚州妖人閻浩案中棄市天下寃之隆慶初贈光祿少卿萬歷中追謚忠愍是編本十六卷前爲詩文後附年譜事紀祠集鍊子襄有刻集紀原言方鍊被禍時籍其家燬其著述又榜禁毋許藏匿副本是編蓋襄所口誦而心記者然僅什之一二後得武崇文所藏本始編次成集其文章勁健有氣詩亦鬱勃磊落肖其爲人以詞藻論雖不及鈐山堂之工然嵩集至使天下不欲讀當時爲作集序者如湛若水崔銑諸人至以爲文章之玷而誦鍊集者至今肅然起敬此則流芳遺臭視其自爲人心是非之公有不知然而然者矣今錄其原集十一卷而以年譜一卷附之至鍊之事迹彰彰史册日月爭光不假後人

之表章其事紀祠集所載贊頌諸作則概從删薙焉乾隆四十七年四月恭校

上

滄溟集

臣等謹案滄溟集三十卷附錄一卷明李攀龍撰攀龍字于鱗歷城人嘉靖甲辰進士官至河南按察使是集凡詩十四卷文十六卷附錄誌傳表誄之文一卷明代文章初以春容典雅爲宗久之漸流爲庸熟正德間李夢陽崛起北地倡爲復古之學戒天下無讀唐以後書風氣爲之一變攀龍引其緒而暢闡之殷士儋誌其墓稱文自西漢以下詩自天寶以下若爲其毫素污者輒不忍爲故所作一字一句摹擬古人與太倉王世貞遞相倡和傾動一世舉以爲班馬李杜復生於明至萬歷間公安袁宏道兄弟始以贋古詆之天啟中臨川艾南英排之尤力今觀其集古樂府割剝字句誠不免剽竊之譏諸體亦亮節較多微情差少雜文亦故詰屈其詞塗飾其字誠不免如諸家所譏然攀龍資地本

高記誦亦博其才力富健淩轢一時亦有不可磨滅者汰其膚廓擷其英華固亦豪傑之士譽者過情毁者亦或太甚也乾隆四十七年十月恭校上

山海漫談

臣等謹案山海漫談五卷明任環撰環字應乾號復菴長治人嘉靖甲辰進士歷知廣平沙河滑縣遷蘇州同知以禦倭功擢按察司僉事整飭蘇松二府兵備道山東右參政事蹟詳明史本傳是集爲乾隆丁丑其鄉人庾璵所刻凡文二卷詩詞一卷其後兩卷則所附諭祭文本傳墓誌及諸家題詠詩文也環禦倭頗著奇蹟當時皆以爲賞薄不足酬勞其遺集久散佚其子孫搜求輯錄所得不及十之一仍名曰山海漫談從其初也其文既得諸殘燬之餘故有見即收不暇銓擇多潦草應酬之作然就其存者論之古文皆嶄嶄有筆力且高簡有法度其中如蘇門雙節記重修文廟祭器記敬明山先生書雖不免參雜俗格至於送蕭西泉朱蒲西二序德風亭滑縣行館二記與王南崖答王東臺二

書皆絕非明人文集以時文爲古文者雖置之作者間可也詩如槎泛星河秋作客劍横滄海夜談兵之類亦間有可觀而冗俗者多則其後人編次失于删汰之過也然環之爲人無愧忠孝亦不必以韻語繩之矣乾隆四十七年十月恭校上

楊忠愍集

臣等謹案楊忠愍集三卷附錄一卷明楊繼盛撰繼盛字仲芳號椒山容城人嘉靖丁未進士官至兵部武選司員外郎以疏劾嚴嵩被陷死事迹具明史本傳繼盛生平以經濟氣節自許不屑屑文字間後人重其人品掇拾成編仰蒙世祖章皇帝御製表忠錄序文嘉其忠藎一經褒予曠世猶生故雖朽蠹陳編彌深寳惜此本乃康熙間蕭山章鈺所校凡奏疏一卷雜文一卷詩一卷而行狀碑記別爲一卷附焉繼盛頗究心樂律嘗從韓邦奇學其所自記夜夢虞舜一事頗涉怪異然繼盛非妄語者蓋覃思之極緣心搆象世說載衞玠以夢

問樂廣廣云是想管子所謂思之思之鬼神通之者固亦理所當有耳乾隆四十七年十月恭校上

弇州四部稿

臣等謹案弇州四部稿一百七十四卷續稿二百七卷明王世貞撰世貞弇州外集觚不觚錄諸書已著錄史部中此乃所著別集其曰四部者賦部詩部文部說部也正稿說部凡七種曰劄記內篇曰劄記外篇曰左逸曰短長曰藝苑卮言曰卮言附錄曰宛委餘編續稿則但有賦詩文三部而無說部世貞與李攀龍齊名而才實過之當時婁東歷下狎主文盟奉之者爲玉律金科詆之者爲塵羹土飯盛衰遞易毀譽迭興藝苑紛呶終無定說要之世貞初時議論太高聲名太早盛氣坌涌不暇深自檢點致重貽海內口實逮時移論定向之力矯其弊以變爲纖仄破碎之習者久已爲衆所唾棄而學者論讀書種子究不能不心折弇州是其才雖足以自累而其所以不可磨滅者亦即在於此四部

正稿爲世貞撫鄖陽時所刋續稿則世貞乞休後手裒晚歳之作以付其少子駿者至崇禎間駿始刋錄以行世云乾隆四十七年三月恭校上

讀書後

臣等謹案讀書後八卷明王世貞撰世貞有四部稿别著錄此書初止四卷爲世貞四部稿及續稿所未載遂至散佚其姪士騏得殘本于賣餳者乃錄而刋之名曰附集後吴江許恭又採四部稿中書後之文爲一卷續稿中讀佛經之文爲一卷讀道經之文爲二卷併爲八卷重刋之而陳繼儒爲之序稱其如呂氏讀書記晁氏讀書志呂氏讀書記今未見其本不知繼儒何所據亦不知呂氏爲誰若晁公武讀書志則每書詳其卷數撰人源流本末世貞此書則九十五篇之中爲跋尾者四十二爲史論者五十三而四十二篇之中又皆議論之文無考證之語與晁氏書南轅北轍繼儒殆未見郡齋讀書志而偶聞其名以意揣之料其亦如此書之跋尾耳然則所謂呂氏讀書記者毋乃以呂祖謙讀

詩記眞德秀讀書記不加考訂誤合爲一歟世傳世貞初不喜蘇文晚乃嗜之臨沒之時牀頭尚有蘇文一部今觀是編往往與蘇軾辨難而其文反覆條暢亦皆類軾無復摹秦仿漢之習其跋李東陽樂府與歸有光集心平氣和亦與其平生持論不同世貞嘗爲有光像贊曰風行水上渙爲文章風定波息與水相忘千載惟公繼韓歐陽余豈異趣久而自傷其深自悔責與此書合然則此書爲晚年進境以少許勝多多矣其第五卷爲四部稿中題跋二十五篇其中如讀亢倉子不知爲王士元作則未考孟浩然集序讀三墳以爲劉炫作則未考隋書經籍志讀元命苞一篇所言皆衛嵩之元包尤爲荒謬則猶早年盛氣不及檢校之作也續稿讀佛經九篇讀道經十八篇頗多考證又别爲一格然此類荒誕之談原可不辨而自明又未免弊精神於無用耳是編雖雜論古書而究爲雜著非目錄之比無類可附姑仍著錄於集部焉乾隆四十七年四月恭校上

方麓集

臣等謹案方麓集十六卷明王樵撰樵有周易私記已著錄其集凡有二本一爲文九卷老子解一卷詩一卷一即此本凡詩文十四卷又戊申筆記一卷紫薇堂劄記一卷較初本頗爲完備樵研思著述於易書春秋及四書皆有解詁江南通志稱其性素簡默至談經則娓娓不倦故文章具有根柢又通志述樵之言曰士大夫以留心案牘爲俗吏文墨詩酒爲風雅夫飽食官祿受成吏胥謂之風雅可乎故其文章頗切實際非模山範水嘲風弄月之詞其詩雖不能自闢門徑而沖和恬澹要亦不失雅音蓋當七子爭馳之日猶能守成弘先正之典型焉乾隆四十七年十月恭校上

存家詩稿

臣等謹案存家詩稿八卷明楊巍撰巍字伯謙號夢山海豐人嘉靖丁未進士累官吏部尙書贈少保巍歴中外居官有能聲自跋稱幼習舉子業不知詩

至嘉靖乙卯外補晉臬提學曹忭始導之爲詩歸田後與山人呂時臣相倡和得詩六百餘篇屬邢侗鄒觀光評騭而存之蓋其中歲學詩與唐高適事頗相類而天分超卓自然拔俗故能不染埃壒獨發清聲王士禎池北偶談稱其五言簡古得陶體爲明人所少又舉其前年視我山中病落日獨騎驄馬來記得任家亭子上連翅花發共銜杯一絕蓋其神韻清雋與士禎論詩宗旨相近故尤賞之然其他高曠簡古之作尚復不少固與當時嘈雜之音相去遠矣士禎嘗選訂其詩爲三卷屬謝重輝刻之今未見此即鄒觀光删定之本也乾隆四十七年四月恭校上

海壑吟稿

臣等謹案海壑吟稿十一卷明趙完璧撰完璧字全卿號雲壑晚號海壑膠州人由歲貢生官至鞏昌府通判是集詩五卷文五卷其第一卷爲目錄入之卷數蓋唐以前例經典釋文尚然也王三錫序其詩集謂嘉靖間筮宦司城抗職

忤權奸與楊椒山公同厄案集中北司獄中七言律二首序云嘉靖甲寅秋曹撽捕豪校某因獲罪東湖翁劾執坐死賴元老科臺之力僅復瓦全云云東湖者陸炳別號也時炳爲錦衣衛都督與嚴嵩表裏爲姦其勢張甚完璧以指揮末秩能與之抗其獄中與繼盛倡和諸詩有辛苦不妨淹日月授書喜有漢良臣等句繼盛死西市完璧作楊烈婦詞以哀之有小雅怨誹之遺可謂志節之士矣其詩多觸事起興吐屬天然絕無叫囂怒張之態亦與有明末造矯激取名者有殊徒以名位未高史不立傳遂幾于湮沒不彰僅賴此集之存猶得略見其始末亦足見正直之氣有不得而銷蝕者矣乾隆四十七年十一月恭校

上

伐檀集

臣等謹案伐檀集十二卷明張元凱撰元凱字左虞吳縣人以世職爲蘇州衛指揮再督漕北上自免歸少受毛氏詩折節讀書寄情詩酒王世貞常序其詩

比之于沈慶之曹景宗及元凱歿後世貞曝書得其行卷自歎知之未盡復作詩以酹之今並載四部稿中其詩大抵推陳出新不襲窠臼而風骨遒上伉壯自喜每淵淵有金石聲所作西苑宮詞靜志居詩話謂其高出世貞之上他如北游諸律亦多不失矩矱蓋其才華本富又脫屣名利胸次曠夷故當瑯琊歷下之派盛行而能不囿于風氣宜世貞之心折不置矣乾隆四十七年五月恭校上

備忘集

臣等謹案備忘集十卷明海瑞撰瑞有元祐黨人碑考已著錄明史藝文志載海瑞文集七卷 國朝廣東鹽運使故城賈棠與邱濬集合刻者止六卷是編載瑞所行條式申參之文較爲全備乃康熙中瑞六代孫廷芳重編原跋云共一十二卷分爲十册今考此本册數與跋相合然每册止一卷實止十卷較原跋尚闕二卷未喻其故也瑞生平學問以剛爲主故自號剛峯其入都會試時

即上平黎疏爲戸部主事時上治安疏戇直無隱觸世宗怒下詔獄然世宗復閲其疏亦感動太息至擬之于比干後巡撫應天鋭意興革裁抑豪强惟以利民除害爲事而矯枉過直或不免一偏如集中畢戰問井地論力以井田爲可行謂天下治安必由于此蓋但觀明代隱匿兼并之弊激爲此説而不自知其不可通然其孤忠介節實人所難能故平日雖不以文名而所作勁氣直達偘偘而談有凛然不可犯之槩當嘉隆間士風頽苶之際切墨引繩振頑醒聵亦救時之藥石滌穢解結非大黄芒硝不能取效未可以其峻利疑也乾隆四十七年八月恭校上

石洞集

臣等謹案石洞集十八卷明葉春及撰春及字化甫歸善人嘉靖壬子舉人官至戸部郎中事迹附見明史艾穆傳是編首載應詔書五篇共二卷史所謂授福清教諭上書陳時政纚纚三萬言者是也次載惠安政書十二篇其官惠安

知縣時作共五卷次公牘二卷次志論二卷爲所修縣志之論用鄂州小集例也次詩二卷其第十九卷目錄作崇文權書而註一缺字其曾孫綸跋語謂此書奉旨所刊板藏部署不得而見蓋有錄無書者也春及爲學宗陳獻章治績爲當時第一艾穆官四川巡撫時春及爲賓州知州嘗舉以自代所著政書井然有條朱彝尊稱其詩宗杜陵不落程邵門戶故音節亦殊清亮文章差近平直而亦明暢惟作令時符帖具載不遺頗傷叢碎耳至其在郎署時因遣使至日本遂上言請多方購求古文尚書是又誤信歐陽修日本刀歌不核事實者矣乾隆四十七年十月恭校上

宗子相集

臣等謹案宗子相集十五卷明宗臣撰臣字子相揚州興化人嘉靖癸丑進士除刑部主事移文選進稽勳員外郎以賻楊繼盛忤嚴嵩出爲福建參議遷提學副使卒於官事蹟具明史文苑傳朱彝尊明詩綜稱臣所著有方城集而此

本實題宗子相集其卷目與明史藝文志相合王世貞誌臣墓稱其寢瘵疾亟門人稍次生平著述凡十餘卷梓之則其集乃臣未歿時所訂定也臣嘗與吳國倫論詩不勝歸而精思日夕卒能卓然成家爲嘉靖七子之一其詩跌宕俊逸天趣横溢頗能取法青蓮而意境未深間流淺俗朱彝尊謂使其不遇王李充之不難與昌穀蘇門伯仲自入七子之社漸染習氣日以孱弱最可惋惜所言誠切中其病然其才質婉秀無叫囂剽擬之弊要自能不落塵障者至其在閩中禦倭有方略作西門西征諸記深中時弊尤不僅以文詞見長惟簡牘諸篇體近纖仄未免尚沿時派耳乾隆四十七年九月恭校上

衡廬精舍藏稿

臣等謹案衡廬精舍藏稿三十卷續稿十一卷明胡直撰直字正甫泰和人嘉靖丙辰進士官至福建按察使是集爲其門人郭子章所刻凡賦一卷樂府一卷古近體詩五卷文十九卷雜著四卷又續集詩賦一卷文十卷不知何人所

編卷首盛才賦下注少作二字殆其後人取初集簡汰之餘合以晚年未刻之作裒爲一帙也直家泰和西距衡山不千里北距廬山不千里故取二山之名名其書室因以名集直初從歐陽德游後又從羅洪先游其學一以姚江爲宗故所作胡子衡齊八卷大抵闡明心學然明儒學案稱其少駘宕好攻古文詞年二十六始講學故其文章頗雅健有格無鈔撮語錄之習又其宗旨謂釋氏主於出世故其學在於明心明心則雖超乎天地萬物而終歸於無儒者主於經世故其學在於盡心盡心則能察乎天地而常處於有故其文章亦頗篤實近理未至王學末流之誕放至於雜著諸篇如設鼉獵人之類詆諆薄俗未免少傷忠厚直初見歐陽德時德病其疾惡太嚴一切憤憤不平謂其先失仁體殆亦其夙見未忘故嬉笑怒駡不覺言之過當歟乾隆四十七年十月恭校上

薜荔園詩集

臣等謹案薜荔園詩集四卷明佘翔撰翔字宗漢號鳳臺莆田人嘉靖戊午舉

人官全椒縣知縣與巡按御史牴牾投劾棄官去放遊山水以終其詩以雄麗高峭爲宗聲調氣格頗近七子故王世貞贈詩云十八娘紅產荔支礪房舌嫩比西施更教何物誇三絕爲有佘郎七字詩屠隆作傳亦稱閩產足珍貴者不獨荔支西施舌蓋即指此然人品頗高故詩有清致不全爲七子之膚廓未可全斥之也傳稱所著有薜荔園詩佘宗漢稿遊梁新編金陵記遊文考翔遊蹤所經至大梁金陵爲最後今集中俱已載及則合而編之仍以薜荔園詩名也明詩綜不著其名殆僅存鈔本流傳尙少歟乾隆四十七年九月恭校上

鯤溟詩集

臣等謹案鯤溟詩集四卷明郭諫臣撰諫臣字子忠長洲人嘉靖壬戌進士官至江西參政初爲袁州推官時憤嚴氏亂政乃密稽嚴世蕃奸逆不道事因御史林潤上之世蕃遂伏法及轉吏部主事遷員外郎數上書論列時事語多切直又與張居正忤乃有江西之命甫三月即自劾歸其生平抗直不愧其名與

字而其詩乃婉約閒雅有范成大陸游之遺雖十首以外不免語意略同如高仲武之論劉長卿者然當太倉歷城主持壇坫之時能毅然不隨風氣而轉亦足見其孤介矣是集爲其子元望所編凡詩六百七十一首又附奏疏二篇集中無與王世貞唱和詩故世貞作序謂交久而幾失之復稱其詞咸調暢清麗句穩而字安不露蹊徑而近體尤渢渢可詠蓋亦重其爲人不以門戶之異爲嫌也世貞謂其詩可千餘首此集不知誰所刊定其亦出世貞之手歟初刻于萬歷中此本爲其五世孫鸞重刻而陳鵬年爲之序云乾隆四十七年十月恭校上

亦玉堂稿

臣等謹案亦玉堂稿十卷明沈鯉撰鯉字仲化商邱人嘉靖乙丑進士官至禮部尚書東閣大學士卒贈太師謚文端事蹟具明史本傳所著亦玉堂稿十卷續稿八卷明末板燬不存至康熙庚午劉榛復裒輯殘闕彙爲十卷而重刻之

集中有文無詩蓋亦非原稿之舊矣鯉在神宗時立朝侃直稱爲名臣晚入政府與沈一貫不合借妖書事以傾之幾至不免蓋亦確然能守正不屈者雖不幸當主昏政粃之際爲姦邪所掣肘不獲盡究其用而如諫止礦稅一節其有功於民生者甚大他若議復建文年號改景帝實錄停取麒麟請並封恭妃請宥議禮諸臣以及正文體阻秦王服內請封請寬詔獄諸事皆關朝廷大體知無不言言無不盡甚至於封還成命不憚再三削牘以冀悟主聽懇款惻怛之誠至今猶可想見其人其事皆有足傳固不必論其文之工拙已亦玉者鯉嘗爲翰林掌院學士歸里後構此堂以誌榮遇并以名其集云乾隆四十七年九月恭校上

溫恭毅集

臣等謹案溫恭毅集三十卷明溫純撰純字希文三原人嘉靖乙丑進士官至左都御史贈少保謚恭毅事蹟具明史本傳純在隆萬之際正色立朝初忤張

居正罷官再起又與中使爭礦稅卒以忤沈一貫致仕可謂毅然自立不負君國雖阨於羣小無一日安於其位而日久論定究稱名臣其奏疏皆切中情事字句或失之太質而明白曉暢易於觀覽蓋期於指陳利弊初不以文字爲工其他序記銘傳諸體則多雅飭可誦詩凡八卷大抵沿溯七子之派而稍失之麤尺牘五卷亦多關時政末一卷爲理學六十一則皆論學語錄大旨以程朱爲本不宗姚江而亦不甚斥姚江蓋純一生惟以國是爲己任所爭者不在此也言以人重是集之謂歟乾隆四十七年三月恭校上

震川集

臣等謹案震川集三十卷別集十卷明歸有光撰有光字熙甫崑山人嘉靖己丑進士官至太僕寺寺丞是編爲其曾孫莊所訂首經解終祭文凡二十四體別集首論策終古今體詩凡十有一體初太倉王世貞傳北地信陽之說以秦漢之文倡率天下無不靡然從風相與剽劉古人求附壇坫有光獨抱唐宋諸

家遺集與二三弟子講授於荒江老屋之間毅然與之抗衡至詆世貞爲庸妄巨子世貞初亦牴牾於晚年乃始心折故其題有光遺像贊曰風行水上渙爲文章風定波息與水相忘千載惟公繼韓歐陽余豈異趣久而自傷蓋所持者正雖以世貞之高名盛氣終無以奪之自明季以來學者知由韓柳歐蘇沿洄以溯秦漢者有光實有力焉不但以制藝雄一代也文集舊本有二一爲其族弟道傳所刻凡二十卷爲常熟本一爲其子子祜子寧所刻凡三十二卷爲崑山本去取多不同而常熟本尤爲舛漏莊以家藏鈔本互相校勘又補入未刻之文彙爲全集刻於國朝康熙間前有王崇簡徐乾學二序莊自作凡例極言舊刻本之譌詆斥不遺餘力然考汪琬堯峯文集有與莊書二篇又反覆論其改竄之非至著爲歸文辨誣以攻之是莊所輯亦未爲盡善也然舊本多漏略得莊掇拾散佚差爲完備既別無善本今亦從而錄之有光詩格殊不見長汪琬乃爲作箋註王士禎頗以爲譏今未見傳本殆當時衆論不與卽格不行

欽乾隆四十七年五月恭校上

四溟集

臣等謹案四溟集十卷明謝榛撰榛字茂秦臨清人年十六作樂府商調少年爭歌之已而折節讀書刻意爲歌詩西游彰德爲趙康王所賓禮李攀龍王世貞輩結詩社推榛爲長及攀龍名盛榛與之持論相失頗相刻責攀龍輩遂力爲排擠削其名於七子五子之列然當結社之始尙論有唐諸家定稱詩三要皆自榛發之諸人實心師其言也榛名譽日廣秦晉諸藩爭延致之大河南北稱爲謝榛先生其所作詩篇諸家議論不一要不失爲作者七子交口詆訶乃明人標榜習氣不足以爲榛病也是編刻於萬歷壬子知臨清州事盛以進得趙藩本重爲補訂又以榛所撰詩家直說二卷附於卷首案榛詩足以傳而論詩之語則多迂謬今惟錄此集其詩家直說則別存目於詩文評焉乾隆四十七年三月恭校上

蟣蠓集

臣等謹案蟣蠓集五卷明盧柟撰柟字少楩濬縣人太學生負才忤縣令令誣以殺人榜掠論死淹繫數年臨清謝榛走京師爲稱冤適縣令已罷平湖陸光祖代之乃平反其獄得不死事蹟具明史文苑傳是集爲嘉靖癸卯柟所自編凡雜文二卷賦一卷詩二卷時人稱蟣蠓者醯鷄也取其潔於自奉介於自守不如蚊蚋之侵穢蟺噉又以事繫獄類蟣蠓之阨燕吭羅蛛網振其音而喑喑者故以名集史稱其騷賦最爲王世貞所稱詩亦豪放如其爲人今觀其集雖生當嘉隆之間王李之焰方熾而一意往還眞氣坌涌絕不染鉤棘塗飾之習蓋其人光明磊落藐玩一時不與七子爭聲名故亦不隨七子學步趨然而榛救之世貞稱之柟反以是重於世亦可謂毅然自立無所依附者矣乾隆四十七年四月恭校上

臣等謹案少室山房集一百二十卷明胡應麟撰應麟字元瑞更字明瑞蘭溪人萬歷丙子舉人常與李攀龍王世貞輩游其所作詩藪類皆附合世貞藝苑巵言後之詆七子者遂并應麟而斥之然其詩文筆力鴻鬯又佐以雄博之才亦頗縱横變化而不盡爲風氣所囿當嘉隆之季學者惟以模仿剽竊爲事而空疎弇陋皆所不免應麟獨能根柢羣籍發爲文章雖頗傷冗雜而記誦淹博實亦一時之翹楚矣是編前有王世貞所撰石羊生傳稱應麟有寓燕還越計偕巖棲臥游抱膝三洞兩都蘭陰畸園諸集凡二十餘卷朱彛尊明詩綜内别載邯鄲華陽養痾婁江白楡湖上青霞等集而無三洞畸園之名蓋應麟在日諸集皆隨作隨刻别本單行世貞彛尊各據所見故名有異同此集爲萬歷戊午歙人江湛然通判金華時所刋乃其合編之本也乾隆四十七年四月恭校上

穀城山館詩集

臣等謹案穀城山館詩集二十卷明于慎行撰慎行字可遠更字無垢東阿人隆慶戊辰進士官至東閣大學士謚文定事蹟具明史本傳慎行爲詩格律和平詞旨宏麗一時推爲鉅手其論古樂府曰唐人不爲古樂府是知古樂府也不效其體而時假其名以達所欲言近世一二名家至乃逐句形摹以追遺響則唐人所吐棄矣其論五言古詩曰魏晉之于五言豈非神化學之則迂矣何者意象空洞樸而不敢琱軌塗整嚴制而不敢騁少則難變多則易窮若原本性靈窮極物態洪纖明滅畢究精蘊唐豈無五言詩哉觀其持論生平宗旨之正可以槩見慎行生萬歷之世又爲歷下鄉人乃能不受籠罩自成一家而亦不同竟陵公安之學逞聰明而偭古法亦可云屹然中立者矣乾隆四十七年三月恭校上

宗伯集

臣等謹案宗伯集十卷明孫繼皋撰繼皋字以德無錫人萬歷甲戌進士第一

人歷官至吏部侍郎當陳太后梓宮發引時神宗稱疾不肯送繼臯疏爭忤旨及三殿災大臣自陳皆慰留獨繼臯致仕去後追贈禮部尚書此編題曰宗伯集從所贈官也凡雜文九卷詩一卷第二卷末有其子源文跋語稱其父生平不敢自居于名以故諫草都焚篋中祇存辭疏十八又求得其三其留中者無從覓稿即其他著述亦多不存今所刻碑銘誌傳之文皆源文雜得之其子若孫暨杇糠敗扇與行于世者云云故集中所錄多應制及酬贈之作然當繼臯之時士習佻而文體亦弊七子之風未艾三袁之焰方新或棘句鉤章或矜奇弔詭操觚者出此入彼大抵隨波而靡繼臯獨雍容恬雅有承平臺閣之遺風亦可謂不移於俗矣乾隆四十七年五月恭校上

臨臯文集

臣等謹案臨臯文集四卷明楊寅秋撰寅秋字義叔號臨臯廬陵人嘉靖丙戌進士官至廣西左江兵備道副使其爲貴州參議平答干苗之亂遷雲南副使

討土夷普應春斬之爲廣西副使克五山綏安南定府江並賜金加秩及征楊應龍命爲左監軍離安楊之黨卒平播州以病致仕歸其經濟有足取者其文章在當時不甚著名而爲楊士奇之孫故家典型流風餘韻猶有存者故所作大抵和平典雅有明初前輩之風奏議尤委曲盡致其五山紀略平播條議等篇於邊略亦多裨益非徒託之空言者也乾隆四十七年四月恭校上

淡然軒集

臣等謹案淡然軒集八卷明余繼登撰繼登字世用交河人萬歷丁丑進士官至禮部尚書謚文恪是集分奏疏二卷序記三卷誌銘及雜文二卷詩一卷繼登卒後其友人馮琦始刊行之繼登當神宗朝以災異屢見上疏極陳一切誅求開採之害民者又請神宗躬郊廟冊元子停礦稅撤中使時將討播州楊應龍因請罷四川礦稅以佐兵食復上言近者天地人皆不和怨毒凝結臣子不能感動君父故天地人皆以非常之變警悟陛下不可恬不爲意云云語皆切

中時弊其疏具載此集中詩文則應酬之作未免失於刋削然大抵平正淳實無萬歷中佻薄之習亦尚不失典型也乾隆四十七年九月恭校上

涇皋藏稿

臣等謹案涇皋藏稿二十二卷明顧憲成撰憲成有小心齋箚記已著錄明末東林聲氣傾動四方君子小人互相搏擊置君國而爭門戶馴至于宗社淪胥猶蔓延詬爭而未已春秋責備賢者推原禍本不能不遺恨于清流憲成其始事者也考憲成與高攀龍初不過一二人相聚講學以砥礪節槩爲事迨其後標榜日甚攀附漸多遂致流品混淆上者或不免于好名其下者遂至依託門牆假借羽翼用以快恩讐而爭進取非特不得比于宋之道學併不得希蹤于漢之黨錮故論者謂攻東林者多小人而東林不必皆君子亦公評也足見聚徒立說其流弊不可勝窮非儒者闇修之正軌矣惟憲成持身端潔恬于名利且立朝大節多有可觀其論說亦頗醇正未嘗挾私見以亂是非尚非後來依

草附木者比故姑錄其集並論其末流之失以示炯戒焉乾隆四十七年十一

月恭校上

小辨齋偶存

臣等謹案小辨齋偶存八卷明顧允成撰允成字季時無錫人憲成弟也萬歷丙戌進士禮部主事謫光州州判事迹具明史本傳允成於癸未舉會試丙戌始殿試以對策攻嬖倖抑置末第今集中以是編爲冠次爲救海瑞疏次爲爭三王並封疏次爲代翟從先論救李材及擬上惟此四字編二疏沈思孝作允成墓誌稱其以論救趙南星謫官而集無此疏疑傳寫佚也次劄記次說義則允成自光州歸田後與憲成講學東林所作次爲書簡雜文次爲吾與吟則所作詩凡七十首末附事定錄三卷爲沈思孝所爲墓誌銘高存之所爲行狀及憲成所爲行述允成文皆論事講學之語書簡居十之九直抒胸臆不事修飾詩爲擊壤集派亦不入格然大節凛然其對策奏疏皆眞氣流溢發于忠愛之

誠其不朽千古者固在此不在彼也乾隆四十七年十一月恭校上

高子遺書

臣等謹案高子遺書十二卷附錄一卷年譜一卷明高攀龍撰攀龍字存之號景逸無錫人萬歷乙丑進士天啓中官至左都御史以劾崔呈秀削籍復遣緹騎往逮攀龍自沈池中死崇禎初贈兵部尚書謚忠憲事迹具明史本傳攀龍出趙南星之門與顧憲成爲友其學以格物爲先兼取朱陸兩家之長操履篤實粹然一出於正爲一時儒者之宗初自輯其語錄文章爲就正錄後其門人嘉善陳龍正編爲此集凡分十二類其講學之語類多切近精深闡發周至詩意沖澹文格淸遒亦均無明末纖詭之習蓋其巖氣正性流於既溢雖不事詞藻而眞朴之致絶無粉飾讀者可想見其立朝大節焉乾隆四十七年三月恭校上

少墟集

臣等謹案少墟集二十卷明馮從吾撰從吾有元儒考略已著録其文集初刻
止于萬歷壬子此本乃其次子嘉年益以癸丑以後至天啟辛酉之作類敘重
刻蓋生平著作彙于此集其中講學之作主於明理論事之作主於達意不復
以辭采爲工然有物之言篤實明切雖字句間涉俚俗固不以弇陋譏也惟其
與朱童蒙爭論首善書院講學一疏稱宋之不競以禁講學故非以講學故也
又郭允厚郭興治等劾鄒元標從吾又上疏力爭稱京師講學昔已有之云云
其說頗爲固執維古極盛之治有皋夔稷契亦越小康之世有房杜王魏韓范
富歐陽豈嘗招百司執事環坐而談心性哉無故而舍其職司呼朋引類使其
中爲君子者授人以攻擊之間爲小人者借此爲攀附之途黨禍之興未必非
賢者開門而揖盜也至於謂宋之不競由禁講學尤爲牽合考宋之黨禁始於
寧宗慶元二年八月弛於嘉泰二年二月中間不過六七年耳至於寶慶以後
周程張邵並崇祀孔子廟庭紫陽東萊之流盡邀褒贈理宗得謚爲理實由於

此其時道學大盛者四五十年而宋乃亡焉史傳具存可以覆案安得以德祐之禍歸咎於慶元之禁乎從吾初爲御史拒絶閹人劾罷胡汝寧禁大計苞苴又上疏諫神宗不親政事幾遘危禍後廷議三案亦持正不阿卓然不愧爲名臣惟此兩疏意雖善而未計其流弊故附糾其失俾來者無惑焉乾隆四十七年十月恭校上

石隱園藏稿

臣等謹案石隱園藏稿八卷明畢自嚴撰自嚴字景曾淄川人萬歷壬辰進士官至戶部尚書事蹟具明史本傳方自嚴總國計時外則封疆已蹙而軍餉日增内則東林奄黨水火紛拏閧然置社稷而爭門戶自嚴支拄其閒有前後六年綜覈敏練爲天下所推孫廷銓爲作墓誌稱其有石隱藏稿八卷奏議一百三十六卷其奏議今未見獨此集存凡詩一卷文七卷前有高珩序稱其官戶部時於天下大計朗朗於胸屈指兵食款目如觀掌果軍興旁午中旨日數十

下即刻奏成手中不似後來者止署紙尾令司署具稿每入署輿後置書二寸餘日晡事竣必讀書漏下數刻乃歸鄭俠劉晏遂拙量賈之筭實古來僅事又稱其七言近體分滄溟華泉之座又作第二序擬其文於韓蘇擬其四六於徐庾雖鄉曲之言未免稍溢而以經濟文章則自嚴要不愧也珩所稱雲間條議十則冀寧大閱十則災祲竊議十三則今皆不見集中意其在奏議一百三十六卷中歟乾隆四十七年四月恭校上

仰節堂集

臣等謹案仰節堂集十四卷明曹于汴撰于汴有共發編已著録是集文十一卷詩三卷前有高攀龍馮從吾序于汴嘗從二人講學故也攀龍序謂其文足以定羣囂明學術詩足以暢天機流性藴從吾序謂其非沾沾以文章名家而操觚自豪之士無不退避三舍于汴亦嘗爲從吾作理學文鵠序曰關中少墟馮先生輯諸大家舉子藝百數十首以式多士命曰理學文鵠不命以舉業而

曰理學何也見理學舉業之非二也云云故于汴之詩文亦在理學舉業之間或似語錄或似八比蓋平生制行高潔立朝風節凜然震一世遠者大者志固有在原不以筆札見長從吾序所謂非沾沾以文章名家者爲得其實觀是集者謂之文以人重可矣集初刻於首善書院甲申板毀於兵康熙癸卯其外孫景望蘧購得殘本其門人呂崇烈鳩鄉人醵金重刊崇烈爲之序云乾隆四十七年四月恭校上

願學集

臣等謹案願學集八卷明鄒元標撰元標字爾瞻別號南皋吉水人萬歷辛丑進士官至左都御史謚忠介事蹟具明史本傳元標有祭諸儒文自稱甲戌聞道蓋是時年方弱冠即從泰和胡直遊也其學亦陽明支派而規矩準繩持之甚嚴不墮二王流弊初刻有太平山房集後重訂爲此本凡詩一卷文七卷其鄉人龍遇奇巡視淮鹽爲之鋟板序者無慮十數人雜題萬歷丁未庚戌甲寅

己未等年考元標起用在天啟壬戌此集刻于己未以前故所載無非講學之語而後來奏議乃別行云乾隆四十七年五月恭校上

劉蕺山集

臣等謹案劉蕺山集十七卷明劉宗周撰宗周字起東號念臺又號蕺山山陰人萬歷辛丑進士崇禎中官至左都御史削籍歸福王時以故官起用旋以忤時罷歸明亡不食卒事迹具明史本傳乾隆四十一年 特賜諡曰忠介是集爲乾隆壬申提督浙江學政通政司通政使寧化雷鋐所刻宗周之學源亦出于王守仁故其言曰陸子之言本心也幾于誠明矣朱子之言主敬也幾于明誠矣合而言之道在是矣又曰五百年而文成子出特倡良知之旨開萬古聾瞽可以知其所宗矣然守仁之學一傳而王畿已全入于禪迨至陶奭齡兄弟並傳以因果之說而姚江之本旨全失宗周力矯其謬以愼獨爲宗權于朱陸二家之間其持論特爲篤實故立身亦具有本末萬歷間初爲行人即

力破崑黨宣黨之局爲所擠而歸天啟初甫起禮部主事即疏劾客氏魏忠賢併請戮誤國諸臣楊鎬等卒以忤時削籍崇禎初再起順天府尹又以力持正論忤溫體仁福王時又力爭國計忤馬士英迄於明亡卒蹈首陽之餓實爲明末之完人而今蒙 聖代表章爭光日月初不假文章以傳然其學問人品迥出流輩其發于著述者詳明剴切皆足以廉頑立懦砥礪人心錄而存之亦振興名教之助也乾隆四十七年十一月恭校上

學古緒言

臣等謹案學古緒言二十五卷明婁堅撰堅字子柔長洲人隆萬間貢生早從歸有光游明史文苑傳附載有光傳中稱其與唐時升程嘉燧號練川三老又與時升嘉燧及李流芳號嘉定四先生然嘉燧以依附錢謙益得名本非端士核其所作與三人如蒹葭倚玉未可同稱至三人之中時升流芳雖均得有光之傳而能融會師說以成一家言者又當以堅爲冠蓋明之末造太倉歷下餘

炤猶張公安竟陵新聲屢變文章衰敝莫甚斯時堅以鄉曲儒生獨能支拄頽瀾延古文之一派其文沿溯八家而不勦襲其面貌和平安雅能以眞樸勝人亦可謂永嘉之末得聞正始之音矣王士禎居易錄嘗稱其長慶集序以爲眞古文今觀是集大抵具有古法不但是篇士禎特偶舉其一也乾隆四十七年九月恭校上

檀園集

臣等謹案檀園集十二卷明李流芳撰流芳字長蘅嘉定人萬歷丙午舉人江南通志稱其絕意進取築檀園讀書其中書法學東坡繪事出入元人是編凡古今體詩六卷雜文四卷題畫跋二卷雖才地稍弱不能與其鄉歸有光唐時升等抗衡而當天啟之時竟陵之盛氣方新歷下之餘波未絕流芳容與其間獨恪守先正之典型步步趨趨詞歸雅潔三百年中亦晚秀矣謝三賓刻嘉定四先生集時流芳尚存三賓嘗視其疾索所作因盡出平生詩文手自芟纂以

成斯集三賓爲作序文亦感慨悽動三賓字象三鄞縣人天啓乙丑進士嘗爲山東巡按御史後終于太僕卿云乾隆四十七年五月恭校上

忠介燼餘集

臣等謹案忠介燼餘集三卷明周順昌撰順昌字景文號蓼洲吳縣人萬歷癸丑進士官至吏部文選司郎中以忤魏忠賢爲所羅織逮治拷掠殺之于獄崇禎初追謚忠介事蹟具明史本傳初順昌被逮時篋衍著作頗多倉卒間爲友人投火滅蹟後其子茂蘭遇片紙隻字必摹而勒之石至其孫靖復從戚友家搜錄成集故名燼餘凡三卷一卷爲紀事公移二卷爲尺牘三卷爲雜文及詩而以尋聲譜附焉尋聲譜者當萬歷乙卯順昌在閩中常以詩扇寄鹿善繼其後扇失而詩猶爲馬潔所記憶崇禎甲戌善繼與潔暨孫奇逢輩詠其事錄而爲譜　國朝康熙間奇逢門人湯斌巡撫江蘇以譜貽靖附刻集後詳見靖跋語中順昌氣節蓋世本不以文章見長且收拾于灰滅之餘大都案牘簡劄隨

手酬應之文非所經意然其隱憂國事崇尚名檢忠憤激發之氣時流露于楮
墨間尚足以廉頑立懦觀區區題扇一詩異代且珍重傳之則是什一僅存固
未可聽其湮沒矣乾隆四十七年十一月恭校上

文忠集

臣等謹案文忠集十二卷明范景文撰景文字夢章吳橋人萬歷癸丑進士授
東昌推官歷官東閣大學士工部尚書李自成陷京師景文至演象所拜辭闕
墓赴雙塔寺旁古井死順治九年　賜謚文忠給地七十畝建祠致祭事蹟具
明史本傳所著有味玄堂疏稿思仁堂存稿玉靜閣存稿且園存稿瀾園存稿
餐冰齋詩稿諸目其子毓秀及其甥王孫錫等合編以爲此集景文爲莊烈帝
所知入閣未五十日而都城淪破卒能從容蹈義自得所安大節炳然爭光日
月至生平歷官所至亦多引繩切墨持正不阿史稱其在文選時値魏忠賢魏
廣徵中外用事景文同鄉不一詣其門亦不附東林孤立行意而已是其丰裁

峻厲而不肯矯激以取名在明季尤爲難得今觀集中攝銓副銓諸稿所載奏議大抵剴切詳明切中時弊而撫豫出鎮等稿所載諸疏於興利除害之方規畫不遺餘力雖遭時艱棘弗獲盡展其謀猷而幹濟之才實可藉覘崖略固不獨以義烈見重矣乾隆四十七年五月恭校上

幔亭集

臣等謹案幔亭集十五卷明徐𤊹撰𤊹字惟和閩縣人萬歷戊子舉人𤊹負才淹蹇肆力詩章圭臬唐人而不爲決裂餖飣之習卷首有張獻翼序稱其調匪偏長體必兼擅力返古則盡滌時趨所以推許者甚至又謝肇淛謂其才情聲調足以伯仲高季迪微憾古體不及朱彝尊靜志居詩話亦謂其七言絶原本王江寧多情至語詳閱是集固非盡出標榜當明季詩道冗雜之時亦可謂蟬蛻穢濁者矣閩中詩人自林鴻王𠏉諸人以後即推鄭繼之爲冠𤊹生平喜稱繼之而卒年僅三十九與繼之正同亦一異也集爲其弟𤊹所鐫𤊹字興公亦

其爲人惟贈孔劍峯一序似乎溺于左道不類昕之所爲然昕不得其父母遺像孔以術追寫如生故喜極而譽之發于孝子之心不自知其言之失猶可以曲諒者也是集爲其子如龍等所編凡疏一卷贊語一卷詩一卷誌狀一卷記錄跋一卷啟一卷書二卷祭文一卷乾隆四十七年十一月恭校上

宋布衣集

臣等謹案宋布衣集三卷明宋登春撰登春字應元新河人少能詩善畫年三十餘即棄家遠遊足迹幾徧天下晚乃依其兄子居江陵之天鵝池因自號鵝池生徐學謨爲荆州守深敬禮之後學謨以尚書致政歸登春訪之吳中買舟浮錢塘徑躍入江水以死邢侗來禽館集有弔宋叟詩序稱登春嘗語侗君視宋登春豈杉柏四周中人其生平立志如此蓋亦狂誕之士也其詩本名鵝池集文名燕石集學謨嘗刻之荆州此編爲康熙乙丑王培益所刋始併詩文爲一集登春文章簡質可配盧柟蠛蠓集而奇古之趣遜之其論詩先性情而後

文詞故所作平易自然而頗乏深意然五言多淡遠可誦朱彝尊靜志居詩話以賈島李洞爲比庶幾擬於其倫矣乾隆四十七年四月恭校上

忠肅集

臣等謹案忠肅集三卷明盧象昇撰象昇字建斗宜興人天啓壬戌進士官至兵部尚書崇禎戊寅　大兵下鉅鹿象昇督師戰敗歿於陣乾隆四十一年賜謚忠肅事蹟具明史本傳象昇奏疏凡六集其姪孫豪然嘗彙刻别行今未之見此則其詩文集也初刻於康熙戊辰爲其幼子天馭孫聲諧所編萬錦文序之後其曾孫安節又搜羅遺墨補葺此本第一卷爲詩三十五首詩餘八首傳一首墓誌一首詩餘末一首爲七夕歌蓋古詩誤編實詩三十六首詩餘七首也第二卷爲記一首書二十七首詩文皆有注不著姓名觀所注鹿善繼傳言及楊嗣昌死事則非象昇自注矣象昇年二十三登第洎二十九即戰鬬於流寇之間死時年僅三十九蓋未暇專力文藝故詩古文多不入格然讀其軍

中家書尺牘忠孝悱惻使人感動無意爲文而能文者莫加焉雖謂之載道之文可也楊嗣昌娼嫉怙權擠象昇以至於死嗣昌卒亦身敗名裂其子所作孤兒籲天錄雖巧辨百端公論卒不可掩藏書亦多不肯收錄而象昇遺集至今留天地間録而存之亦　聖朝敦崇風教扶植綱常之義也舊本題曰忠烈集蓋用明福王時舊謚未爲定論今既蒙　特典褒榮光垂千古謹改題所　賜新謚昭表章之至意焉乾隆四十七年八月恭校上

倪文貞集

臣等謹案倪文貞集十七卷續編三卷奏疏十二卷講編四卷詩集二卷明倪元璐撰元璐有兒易內外儀已著錄初元璐官翰林時掌外制之詞文章典雅爲館閣所宗其門人爲刻代言選六卷長洲文震孟序之崇禎丙子以國子監祭酒歸里裒輯生平所作名曰鴻寶應本華亭陳子龍序之壬午起官兵部侍郎明年超擢戶部尚書時事已亟不復作應制文字間取舊刻重爲刋定付其

子曾鼎藏之乾隆壬辰其玄孫安世復編次重刻即此本也元璐少師鄒元標長從劉宗周黄道周遊均以古人相期許而尤留心於經濟故其擘畫設施句考兵食皆可見諸行事非經生空談浮議者可比其詩文雖不脱北地弇州之舊格至其奏疏則詳明剴切多軍國大計朝廷大議興亡治亂之所關尤爲當世推重也乾隆四十七年十一月恭校上

凌忠介集

臣等謹案凌忠介集六卷明凌義渠撰義渠有湘煙錄已著錄義渠少以制義知名清新婉約極爲世所傳誦服官後以清操直節受知莊烈帝於文章不甚留意此集凡詩四卷文二卷乃其友徐汧門人姜垓所校定中間不載奏疏一門故生平建白如爲給事中時請原三河知縣劉煒責償餉銀疏論亂民焚掠巨室疏論大臣箝制言路疏論中樞不職疏預策東江叛亂及請陽撫陰勦諸疏皆其風采之卓卓者今並不見於本集則編次時亦不免有所脱遺然如兵

餉議淸愼勤論諸篇剛毅自立之象凛然猶可槪見其崇化論有云能爲逢比者視碎首濺血仍無異於退食委蛇能爲尾生伯奇者視抱石雉經仍無異於問安視膳蓋生平立志如此卒之見危授命克踐其言固與口孔孟而行蹻跖者區以别矣乾隆四十七年十月恭校上

茅簷集

臣等謹案茅簷集八卷明魏學洢撰學洢字子敬嘉善人給事中大中長子也大中忤閹被逮學洢微服變姓名匿定興鹿善繼家萬計營救不得柩歸之後竟以毁卒世稱忠臣孝子萃於一門事迹附見明史大中傳諸書所載亦大槩相近然學洢尙有老母而爲無益之死或頗疑其過中今觀集中與潘茂莊書曰追比方始洢將就浙獄矣又辭里中父老書曰目今公差來捉旦夕將死家門傾覆無可復言然則大中沒後所謂坐受楊鎬熊廷弼賄三千三百兩者所司仍追呼于家學洢積憂積瘁于前積痛于後又重以閹黨之威虐數者交迫

乃無生理非眞徒以一瞑不視蹈滅性之戒故學洢之孝在于大中被禍之日竭力殫心蹈危履險出萬死以冀一生今誦其與人諸書至性惻怛足以感天地而動鬼神而錢士升等作序惟欲以隕身殉父稱之遂諱其追逮之事淺之乎知學洢矣其集一刋于錢棻棻大中門人也再刋于其弟學濂是爲今本學濂頗其家聲論者不能以大中之故曲爲寬假然益見學洢之不朽由所自立不由于父蔭也乾隆四十七年四月恭校上

申忠愍詩集

臣等謹案申忠愍詩集六卷明申佳允撰佳充字孔嘉永年人崇禎辛未進士官至太僕寺丞甲申殉流寇之難　國朝賜謚忠愍佳允爲杞縣知縣時死守孤城卒擊破流寇掃地王其經濟有足稱者官考功時以舉劾公正忤溫體仁至於降謫及官寺丞方出巡牧場而李自成圍京師勢可避匿或勸之弗入佳允流涕曰固知京師必不守然我君在焉安危共之何所逃避卒以甲申三月

十二日崎嶇還京十九日死於國難其氣節亦震耀千古是集爲其子涵光所編卷首有家傳稱其於詩好稱李夢陽何景明今觀所作與何李頗不相似大抵直抒胸臆如其爲人但體格尙未成就且不免浸淫明末纖仄之習然凜然剛正之氣足使後人起敬不敢復以詩格繩之言以人重烏可沒也舊本首載孟津王鐸序不著年月核其所述蓋作於崇禎初佳允官杞縣時後人重刊此集仍錄以冠首然鐸何如人乃操筆弁冕佳允詩今特削之俾無爲佳允辱焉

乾隆四十七年八月恭校上

陶菴全集

臣等謹案陶菴全集二十二卷明黃淳耀撰淳耀初名金耀字蘊生陶菴其號也嘉定人崇禎癸未進士未授官歸福王時不赴選家居講學乙酉南京破大兵至嘉定淳耀與弟淵耀入僧舍自經死乾隆四十一年　賜謚忠節事蹟具明史儒林傳淳耀湛深經術刻意學古所作科舉之文精深純粹一掃明季

剽摹譎怪之習天下皆傳誦之而平日講求正道孳孳不倦尤能以躬行實踐爲務毅然不爲榮利所撓奪如吾師自監諸錄皆其早年所訂論學之語趨向極其醇正而平易可近絕無黨同伐異之風足以見其所得之邃文章和平溫厚矩矱先民詩亦渾雅天成絕無懦響於王李鍾譚餘派去之惟恐若浼其立志之堅確如此卒之致命成仁垂芳百世卓然不愧其生平可以知其立言之有本矣集爲其門人陳元輔所裒輯見於明史者十五卷此本爲文七卷補遺一卷詩八卷詩補遺一卷吾師錄一卷自監錄四卷共二十二卷乃後人續加增輯以行者也乾隆四十七年三月恭校上

欽定四庫全書提要卷一百四

欽定四庫全書提要卷一百五

集部二十七

別集類二十六

聖祖仁皇帝御製文集

臣等謹案　聖祖仁皇帝御製詩文自康熙二十二年癸亥以前爲　初集三十六年丁丑以前爲　二集五十年辛卯以前爲　三集並大學士臣張玉書等編録山東巡撫臣蔣陳錫等校刊告成於康熙五十三年七月其自五十一年壬辰以後迄六十一年壬寅爲　四集則刊成於雍正十年十二月和碩莊親王臣允祿等編録侍講學士臣方苞等校刊自　勅諭至古今體詩爲門各十有六爲卷都一百七十六敬謹繕録用冠古今集部又有專刻　詩集二十八卷禮部侍郎臣高士奇等校刊所載詩篇次第與　文集無所增易故未敢複繕云乾隆四十七年三月恭校上

世宗憲皇帝御製文集

臣等謹案　世宗憲皇帝御製文集三十卷首以　勅諭蓋準　聖祖仁皇帝文集例也次詔次冊文次論次記次序次雜著次題辭次贊次碑文次祭文次誄次詩凡十有三門詩則　雍邸集　四宜堂集合載而編年分卷各體俱備載道之言直與典謨風雅並重矣乾隆四十七年十一月恭校上

御製樂善堂全集

臣等謹案　御製樂善堂文集定本三十卷乾隆三十三年協辦大學士尚書臣蔣溥等奉　敕重編我　皇上詩文總萃富有日新雍正庚戌之秋始訂爲文鈔十四卷乾隆丁巳取　文鈔所載十之三益以乙卯以前續著十之七彙爲　文集頒行宇内至是復以初刻卷帙較繁　特詔内廷諸臣校閲删訂省去制義一卷得　旨刋布蓋我　皇上日進無疆之學與　聖不自聖之心並昭示無極矣乾隆四十七年十月恭校上

御製文集

臣等謹案　御製文初集乾隆二十八年　奏進凡五百七十餘篇　御製文二集乾隆五十一年　奏進凡四百一十餘篇分門排類每類各以年月爲次皆　萬幾餘暇　親御丹素所成其　誥勅碑記之屬詞臣代言者咸不與焉伏考三古已來帝王著作散見諸子百家者大抵有韻之語爲多如黄帝巾機銘唐堯神人暢虞舜南風詩卿雲歌禹玉牒詞湯鑄鼎繇以及武王丹書之戒成王紫庭之操古籍所傳不可縷舉皆詩之類也其以文傳者則殊不多見呂覽記神農之教鬻子記顓頊以下修政之語（案諸語今本鬻子不載見賈誼新書所引）或出追記或出依託未必親所撰錄也兩漢以後諸帝王惟梁武帝有詩賦集又有文集其餘亦無有專以文傳者然武帝文集不過十卷未爲甚富且六朝輕艷之詞亦未能闡聖賢之奧媲典謨之體也惟我　皇上心契道源學蒐文海題詠繁富亙古所無而古體散文亦迴超藝苑凡闡明義理之作多濂洛關閩所未窺考

證辨訂之篇多馬鄭孔賈所未及明政體之得失則義深乎訓誥示世教之勸懲則理準乎春秋至於體裁盡善華實酌中則賈董崔蔡以還韓柳歐曾以上號爲作者無不包羅豈特列朝帝王之所無臣等上下千年編摩四庫所謂詞壇巨擘者屈指而計亦孰能希聖製之萬一哉宜乎衣被寰區爭先幸睹尤翹企續集之源源而頒也乾隆五十一年十月恭校上

御製詩集

臣等謹案御製詩集皆合古今體詩編年爲次已刻者凡四集自乾隆元年丙辰至乾隆十二年丁卯計詩四千一百五十餘首編爲初集四十四卷目録四卷自乾隆十三年戊辰至乾隆二十四年己卯計詩八千四百七十餘首編爲二集九十四卷目録六卷並大學士蔣溥所校刊自乾隆二十五年庚辰至乾隆三十六年辛卯計詩一萬一千六百二十餘首編爲三集一百卷目録十二卷則大學士于敏中所校刊自乾隆三十七年壬辰至乾隆四十八年癸卯

計詩九千七百餘首編爲四集一百卷目錄十二卷則大學士梁國治尚書董誥等所校刋也壬辰以後未剞劂宣布者尚不知其數焉自今以往億萬斯年更不知其數焉自古吟詠之富未有過於我皇上者蓋自撫臨六幕宰制萬幾勤民莅政之餘紫殿凝神别無嗜好惟以觀書染翰悅性怡情是以聖學通微睿思契妙天機所到造化生心如雲霞之麗天變化不窮而形容意態無一相複如江河之紀地流行不息而波瀾湍折無一相同如二氣之育物生化不已而耳目口鼻無一相類故從心所欲動合自然染翰璧牋頃刻輒數十首侍臣授簡吮墨沈思前韻未賡新題已作丹毫宣示日以爲常四十九年之中卷帙如是之浩博職是故也若夫有舉必書可以注起居隨事寓教可以觀政事聖人之德聖人之功與聖人之心無不可伏讀而見之尤獨探尼山删定之旨非雕章繪句者所知矣考帝王有集始於漢武帝然止二卷魏晉至唐御撰詩文惟唐高宗大帝集多至八十六卷

今所存者亦大抵皆纂組之詞其於　聖製固猶培塿之望華嵩至王應麟玉海載宋太宗御集三百卷眞宗御集亦三百卷仁宗御集一百卷觀其目錄皆湊合雜纂書籍以充卷帙其數既已不確又惟眞宗集稱鏤板然宋人書目皆不著録是未宣布也太宗仁宗集則並藏於禁中不以示人宋人詩話說部所稱述者太宗詩僅傳二首眞宗詩僅傳七首仁宗僅傳二首亦不甚工豈如御製諸集開雕摹印昭布寰瀛文采煥於星漢苞涵富於山海爲有目所共睹也哉乾隆四十七年十一月恭校上

梅村集

臣等謹案梅村集四十卷　國朝吳偉業撰偉業字駿公號梅村太倉人前明崇禎辛未以一甲第三人及第授翰林院編修入　國朝官至國子監祭酒所作綏寇紀略已別著録此乃其詩文全集凡詩十八卷詩餘二卷文二十卷偉業少時即以詩名江左晚而壇坫益高紙墨未乾遠近已爭相傳誦風流藻采

足以照映一時其詩調擷宮商濡染丹碧風神韻致秀冶軼倫爲從來罕有之標格而最擅勝者尤在於七言歌行一體觀其緣情託興即事抒懷操急管之繁聲動幺絃之逸響一唱三歎別具鑪錘元白以還一人而已至其古文則往往近於偶儷殊非正格黄宗羲嘗稱梅村集中張南垣柳敬亭二傳張言其藝而合於道柳言其參寧南軍事比之魯仲連之排難解紛此等處皆失輕重爲倒卻文章家架子其鍼砭之者頗當然諸文類皆稱心而出詞旨雅贍雖未能追躡前修要亦不失爲才人之筆也乾隆四十七年五月恭校上

湯子遺書

臣等謹案湯子遺書十卷　國朝湯斌撰斌字孔伯號荆峴一號潛菴睢州人順治丙戌進士授　國史院檢討出爲陝西按察司副使移疾歸從容城孫鍾元講學蘇門山中康熙己未舉博學鴻詞授翰林院侍講歷官工部尚書卒諡文正是編皆其語錄奏議及詩賦雜文斌雖以詞科起家而平生潛心理學溯

伊洛之淵源俱能窺其閫奥當朱陸二家同異紛爭之際獨力持其平務在篤志好學俾行己有實修居官有實政而不規規以門戶爲名高故其所作雖不以雕文繢藻見長而說理則醇正而和平論事則剴切而明晰除枝葉而見本原固粹然儒者之言非迂闊空談者可比也乾隆四十七年五月恭校上

兼濟堂文集

臣等謹案兼濟堂文集二十卷　國朝魏裔介撰裔介字石生號貞庵柏鄉人順治丙戌進士官至大學士謚文毅是編奏疏二卷序六卷書牘二卷傳誌二卷祭文論二卷雜著二卷樂府古今體詩三卷附年譜一卷共二十卷裔介著述甚富其刻于江南有兼濟堂集十四卷刻於荆南者有兼濟堂集二十四卷刻之京師者有文選二集上下二編崑林小品上下二編崑林外集一編奏疏尺牘存餘七卷樗林三筆五卷此編乃詹明章所選而合刻之者裔介立朝頗著風節其所陳奏多關國家大體詩文醇雅亦不失爲儒者之言雖不以詞章

名一世而以介于　國初作者之間固無忝焉乾隆四十七年十一月恭校上

學餘堂文集

臣等謹案學餘堂文集二十八卷詩集五十卷外集二卷　國朝施閏章撰閏章有矩齋雜記等書已著錄王士禎選感舊山木二集所錄閏章詩最多又取其五言近體八十二聯爲摘句圖見所撰池北偶談中閏章嘗語士禎門人洪昇曰爾師如華嚴樓閣彈指即見吾詩如作室者瓴甓木石一一就平地築起士禎亦記於居易錄平心而論士禎詩自然高妙固非閏章所及而末學沿其餘波多成虛響以講學譬之王所造如陸施所造如朱陸天分獨高自能超悟非拘守繩墨者所及朱則篤實操修由積學而漸進然陸學惟陸能爲之楊簡以下一傳而爲禪矣朱學數傳以後尚有典型則虛悟實修之別也閏章所論或亦有所諷寓規於頌歟其蠖齋詩話有曰山谷言近世少年不肯深治經史徒取給于詩故致遠則泥此最爲詩人鍼砭詩如其人不可不愼浮華者浪子

叫號者蠭人窘瘠者淺癡肥者俗風雲月露鋪張滿眼識者見之直一葉空紙耳故曰君子以言有物觀其持論其宗旨可見矣乾隆四十七年十月恭校上

范忠貞集

臣等謹案范忠貞集十卷　國朝范承謨撰承謨字覲公號螺山鑲黄旗漢軍大學士文程子也初充侍衛順治辛卯　詔八旗子弟均得應試遂以是科中式舉人次年壬辰成進士改庶吉士授弘文院編修官至福建總督康熙壬子逆藩耿精忠叛巡撫劉秉政降於賊承謨抗節死之　賜謚忠貞所作畫壁詩石門吳震方常刻之說鈴中爲世傳誦是編乃其全集爲清苑劉可書所編首諭祭文　御製碑文　御題祠額附以家傳及祠堂記共爲一卷次撫浙奏議一卷次督閩奏議一卷次吾廬存稿一卷次百苦吟一卷次畫壁遺稿一卷次雜著一卷次附錄題跋哀挽詩文三卷其奏議多有關　國計之言詩文直抒胸臆慷慨激昂嚼齦裂眥之狀至今猶可想見文以人重承謨之謂矣乾隆

四十七年九月恭校上

林蕙堂全集

臣等謹案林蕙堂全集二十六卷　國朝吴綺撰綺字園次號聽翁江都人順治甲午拔貢生官至湖州府知府王方岐作綺小傳稱所著有亭皋集藝香詞林蕙堂文集諸編綺沒之後其子壽潛蒐訪遺稿合而編之此本一卷至十二卷爲四六即所謂林蕙堂集也十三卷至二十二卷爲詩即所謂亭皋集也二十三卷至二十五卷爲詩餘即所謂藝香詞也二十六卷則以所作南曲附焉

國初以四六名者推綺及宜興陳維崧二人蓋源出徐庾維崧泛濫於初唐四傑以雄博見長綺則出入於樊南諸集以秀逸擅勝章藻功與門人論四六書曰吴園次班香宋豔接僅短兵陳其年陸海潘江末猶强弩其論頗公然異曲同工未易定其甲乙其詩則才華富豔瓣香在玉溪樊川之間詩餘亦頗擅名有紅豆詞人之號以所作有把酒囑東風種出雙紅豆句也所作院本如嘯

秋風繡平原之類當時多被之管絃以各有别本單行故僅以散曲九闋綴之集末統而觀之鴻篇鉅製固未足抗迹古人而跌宕風流亦可謂一時才士矣乾隆四十七年四月恭校上

精華錄

臣等謹案精華錄十卷　國朝王士禎撰士禎有長白山錄已著錄其詩初刻有落牋堂集皆少作也又有阮亭詩及過江入吳白門前後諸集後删併爲漁洋前集而諸集皆佚嗣有漁洋續集蠶尾集續集後集南海集雍益集諸刻是編又删掇諸集合爲一帙士禎談詩大抵源出嚴羽以神韻爲宗其在揚州作論詩絶句三十首前二十八首皆品藻古人末二首爲士禎自述其一曰曾聽巴渝里社詞三閭哀怨此中遺詩情合在空舲峽冷雁哀猿和竹枝平生大旨具在是矣當康熙中其聲望奔走天下凡刋刻詩集無不稱漁洋山人評點者無不冠以漁洋山人序者下至委巷小說如聊齋志異之類士禎偶批數語于

行間亦大書王阮亭先生鑒定一行弁于卷首刋諸棃棗以爲榮惟吳喬竊目爲清秀李于鱗見談龍錄汪琬亦戒人勿效其喜用僻事新字見士禎自作居易錄而趙執信作談龍錄排詆尤甚平心而論當我朝開國之初人皆厭明代王李之膚廓鍾譚之纖仄于是談詩者競尚宋元既而宋詩質直流爲有韻之語錄元詩縟豔流爲對句之小詞于是士禎等以清新俊逸之才範水模山批風抹月倡天下以不著一字盡得風流之說天下遂翕然應之然所稱者盛唐而古體惟宗王孟上及于謝朓而止較以十九首之驚心動魄一字千金則有天工人巧之分矣近體多近錢郎上及乎李頎而止律以杜甫之忠厚纏綿沈鬱頓挫則有浮聲切響之異矣故國朝之有士禎如宋有蘇軾元有虞集明有高啓而尊之者必躋諸古人之上激而反脣異論遂漸生焉此傳其說者之過非士禎之過也是錄具存其造詣淺深可以覆案一切黨同伐異之見置之不議可矣乾隆四十七年十一月恭校上

堯峯文鈔

臣等謹案堯峯文鈔五十卷　國朝汪琬撰琬字苕文號鈍翁晚居堯峯因以自號長洲人順治乙未進士由戶部主事陞刑部郎中降補北城兵馬司指揮再陞戶部主事康熙己未舉博學鴻詞授翰林院編修初裒其文爲鈍翁類稿六十二卷續稿五十六卷晚年又手自删汰定爲此編其門人林佶爲手寫而刊之古文一脈自明代膚濫於七子纖佻於三袁至啟禎而極敝　國初風氣還淳一時學者始復講唐宋以來之矩矱而琬與寧都魏禧商邱侯方域稱爲最工宋犖嘗合刻其文以行世然禧學雜縱橫未歸於純粹方域體兼華藻稍涉於浮夸惟琬學術既深軌轍復正其言大抵原本六經與二家迥別其氣體疏通暢達頗近南宋諸家蹊逕亦略不同廬陵南豐固未易言要之接迹唐歸無媿色也琬性狷急動見人過交遊罕善其終者又好詆訶見文章必摘其瑕類故恆不滿人亦恆不滿於人與王士禎爲同年後舉博學鴻詞時乃與士禎

相忤其詩有區區誓墓心豈爲一懷祖句以王述比士禛士禛載之於居易錄中又與閻若璩議禮相訢若璩載之潛邱劄記中皆爲世口實然從來勢相軋者必其力相敵不相敵則弱者不敢强者不屑不至於互相排擊否則必有先敗者亦不能久相支拄士禛詞章名一世不與他人角而所與角者惟趙執信及琬若璩博洽亦名一世不與他人角而所與角者惟顧炎武及琬則琬之文章學問可略見矣乾隆四十七年四月恭校上

午亭文編

臣等謹案午亭文編五十卷　國朝陳廷敬撰廷敬字子端號說巖澤州人順治戊戌進士改庶吉士授檢討本名敬以是科有兩陳敬奉　旨增廷字官至大學士謚文貞嘗著尊文堂集八十卷晚年手定爲此編其門人侯官林佶繕寫付雕午亭爲陳氏陽城别業因水經注沁水逕午壁亭而名所謂午亭山村也集中詩二十卷雜著四卷經解四卷奏疏序記及各體文共二十卷杜律詩

話二卷廷敬家故多藏書少時即能縱觀喜爲詩歌門徑宗仰少陵頗不與王士禎相合而士禎甚奇其詩所爲古文汪琬見而大異之遂肆力焉其生平回翔館閣遭際　昌期膺受非常之　知遇出入　禁闥幾四十年正值　國家文運昌隆之時而廷敬以淵雅之才從容簪筆典司文章得與海内名流以詠歌鼓吹爲職業故其著述大抵和平深厚當時咸以大手筆推之卷首有廷敬自序謂於汪王不苟雷同然其詩文實各自成家分途競爽雖就其才力之所及蹊徑不無稍殊而要爲和聲以鳴盛則固無異軌也乾隆四十七年四月恭校上

讀書齋偶存稿

臣等謹案讀書齋偶存稿四卷　國朝葉方藹撰方藹字子吉號訒菴崑山人順治己亥進士第三人及第官至翰林院學士兼禮部侍郎加禮部尚書銜卒謚文敏方藹釋褐後即以文章受知　世祖章皇帝方藹授學士述懷詩所云

敢道齊賢留異日屢稱蘇軾是奇才記是事也後復蒙　聖祖仁皇帝召入南書房與張英等同預　內直矢音賡唱歌詠昇平故其詩格亦進而益上未遇時嘗著有觚齋集得第後遂棄不復存此本皆在朝及告歸時所作不分體不編年疑爲方藹所自定故篇什雖少而一一皆其菁華王原祁嘗稱方藹詩宗蘇陸文宗眉山生平服膺王士禎之詩汪琬之文兼有二家之長云云今是稿不及雜文而詩則諸體俱備雖未及士禎之秀骨天成而和雅春容渢渢盛世之音與士禎亦各擅其長焉乾隆四十七年十月恭校上

松桂堂全集

臣等謹案松桂堂全集三十七卷延露詞三卷南㴶集三卷　國朝彭孫遹撰孫遹字駿孫自號羨門生海鹽人順治己亥進士官中書舍人康熙己未舉博學鴻詞　詔試擢第一改編修歷官吏部侍郎兼翰林院學士洪惟　我聖祖仁皇帝武功耆定六幕大同黼黻昇平右文稽古旁求俊乂肇舉　制科於時

景運方隆人文蔚起懷才抱藝之士雲蒸鱗集咸詣　金門司校閱者雖有李霨杜臻葉方藹馮溥四人而甲乙次第皆禀　睿裁如王士禎池北偶談所記施閏章省耕詩中誤書旗字爲旂字　詔降置次等一事仰見　睿鑒精明不遺纖芥故得人之盛今古罕儔而孫遹遭際　昌期實冠是選文章聲價紙貴一時今觀是集才學富贍詞釆清華館閣諸作尤瑰瑋絶特知其獨邀　甄拔領袖羣才不偶然也孫遹所著南淮集香奩倡和集金粟詞延露詞俱先有刋本惟全集未刋孫遹没後五十年至乾隆癸亥其孫景曾始爲開雕併以舊刋南淮集延露詞附録于後云乾隆四十七年十月恭校上

曝書亭集

臣等謹案曝書亭集八十卷附録一卷　國朝朱彝尊撰彝尊有經義考已著録此集凡賦一卷詩二十二卷皆編年爲次始於順治乙酉迄於康熙己丑凡六十五年之作其紀年皆用爾雅歳陽歳陰之名從古例也詞七卷曰江湖載

酒集曰茶煙閣體物集曰蕃錦集雜文五十卷分二十六體附錄葉兒樂府一卷則所作小令也彝尊未入翰林時嘗編其行稿爲竹垞文類王士禎爲作序極稱其永嘉詩中南亭西射堂孤嶼瞿溪諸篇然是時僅規橅王孟未盡所長至其中歲以還則學問愈博風骨愈壯長篇險韻出奇無窮趙執信談龍錄論
國朝之詩以彝尊及王士禎爲大家謂王之才高而學足以副之朱之學博而才足以運之及論其失則曰朱貪多王愛好亦公論也惟暮年老筆縱橫天眞爛漫惟意所造頗乏翦裁然晚境頹唐杜陵不免亦不可苛論彝尊矣至所作古文率皆淵雅良由茹涵既富故根柢盤深其題跋諸作訂譌辨異本本原原實跨黃伯思樓鑰之上蓋以詩而論與王士禎分途各騖未定孰先以文而論則漁洋文略固不免瞠乎後耳惟原本有風懷二百韻詩及靜志居琴趣長短句皆流宕豔冶不止陶潛之賦閑情夫綺語難除詞人常態然韓偓香奩集別爲篇帙不入內翰集中良以文章各有體裁編錄亦各有義例溷而一之則

自織其書今併刋除庶不乖風雅之正也乾隆四十七年三月恭校上

于清端政書

臣等謹案于清端政書八卷　國朝于成龍撰成龍有于山奏牘已著録是集皆其歷任所作曰羅城書官羅城縣知縣時稿也曰合州書官合州知州時稿也曰武昌書官黄州同知署武昌府時稿也曰黄州書官黄州府知府時稿也曰八閩書官福建監司時稿也曰畿輔書官直隸巡撫時稿也曰兩江書官兩江總督時稿也任監司以前皆申詳條議札檄諭之作任巡撫以後始列奏疏共七卷其第八卷曰吟詠書則其所作各體詩并以文六首附於後成龍以清節著名而自起家令牧至兩膺節鉞安民戢盜諸政績亦皆綽有成算其經濟亦有足傳今觀是書其平生規畫猶可見其本末也乾隆四十七年四月恭校上

臣等謹案愚菴小集十五卷　國朝朱鶴齡撰鶴齡吳江人茲集賦一卷詩五卷文九卷末附傳家質言十三則乃鶴齡自述其持身處世讀書作文之法前有王光承計東序鶴齡長於箋疏之學所撰毛詩通義尚書埤傳禹貢箋注左傳日鈔發明宋儒集注集傳所未及顧不甚傳惟杜甫李商隱集盛行於時松陵文獻稱其遺落世事晨夕一編行不識路塗坐不知寒暑人或以爲愚因以愚菴自號並名其集東序稱其詩文似宋王魯齋曾質之於汪琬亦以爲然誠非虛譽也乾隆四十七年四月恭校上

抱犢山房集

臣等謹案抱犢山房集七卷　國朝嵇永仁撰永仁字留山別號抱犢山農無錫諸生康熙十三年耿精忠作亂永仁在總督范承謨幕同被拘繫者三年承謨遇害永仁亦死難四十七年追贈國子監助教是集前三卷曰吉吉吟曰百苦吟皆其陷獄時與承謨及同難諸人唱和詩曰和淚譜則爲同難諸人所作

小傳也第四卷葭秋集第五卷竹林集乃其舊刻第六卷附錄同難會稽王龍光華亭沈天成二人之詩文其子曾筠編次付梓並以　誥勅及　諭祭文等弁於卷首永仁以諸生佐幕一命未沾抗節不撓從容效命而其所爲詩文皆道一時實事獄中因乏筆墨以炭屑畫於四壁至今讀之猶奕奕有生氣與范承謨畫壁諸詩同爲忠臣孝子之言爭光日月不但以文章論云乾隆四十七年十月恭校上

文端集

臣等謹案文端集四十六卷　國朝張英撰英有易經衷論已著錄此乃其詩文全集凡存誠堂應　制詩四卷存誠堂詩集二十五卷篤素堂詩集七卷篤素堂文集十卷英遭際昌辰仰蒙　聖祖仁皇帝擢侍　講幄入直　禁廷簪筆雍容極儒臣之榮遇矢音賡唱篇什最多其間鼓吹昇平黼黻廊廟無不典雅和平至於言情賦景之作又多清微淡遠抒寫性靈臺閣山林之二體英乃

兼而有之其散體諸文稱心而出不事粉飾雖未能直追古人而原本經術詞旨溫厚亦無忝於作者焉乾隆四十七年五月恭校上

西河集

臣等謹案西河集一百九十卷　國朝毛奇齡撰奇齡著述之富甲于近代沒後其門人子姪編爲西河合集分經集史集文集雜著四部凡四百餘卷其史問以奇齡有遺命不附剞劂語見經問第五卷景泰帝條下餘亦不盡行于世此本爲康熙庚子其門人蔣樞所編但分經集文集二部經集凡五十種已別著錄文集凡二百三十四卷而策問一卷表一卷集課記一卷續哀江南賦一卷擬廣博詞連珠詞一卷皆有錄無書其中如王文成傳本二卷制科雜錄一卷後觀石錄一卷越語肯綮錄一卷何御史孝子祠主復位錄一卷湘湖水利志三卷蕭山縣志刋誤三卷杭志三詰三誤辨一卷天問補注一卷勝朝彤史拾遺記六卷武宗外紀一卷後鑒錄七卷韻學要指十一卷詩話八卷詞話二

卷外附徐都講詩一卷本各自爲書今析出别著于録其當編于集部者實文一百三十卷詞七卷詩五十三卷統計一百九十卷奇齡之文縱横博辨傲睨一世與其經説相表裏不古不今自成一格不可以繩尺求之然而議論多所發明亦不可廢其詩又次于文不免傷于猥雜而要亦我用我法不屑隨人步趨者固當以餘事觀之今亦並録於末云乾隆四十七年五月恭校上

陳檢討四六

臣等謹案陳檢討四六二十卷　國朝陳維崧撰程師恭註　國朝以四六名者初有維崧及吳綺次則章藻功思綺堂集亦頗見稱於世然綺才地稍弱於維崧藻功欲以新穎勝二家又遁爲别調譬諸明代之詩維崧導源於庾信氣派雄厚如李夢陽之學杜綺追步於李商隱風格雅秀如何景明之近中唐藻功刻意雕鐫純爲宋格則三袁鍾譚之流亞平心而論要當以維崧爲冠師恭此註成於康熙癸酉王士禎夫于亭雜録曰昔人云一人知己可以不恨故友

楊羨陳其年諸生時老於場屋小試亦多不利己未博學鴻詞之舉以詩賦入翰林不數年病卒京師及歿而其鄉人蔣京少景祁刻其遺集無隻字遺失皖人程叔才師恭又註釋其四六文字以行於世此世人不能得之子孫者而一以桑梓後進一以平生未面之人而收拾護惜其文章如此云云其推獎師恭頗至然師恭所註往往失其本旨且其去維崧最近文中事實緣起可以考知如璿璣玉衡賦序之烏空楚幕鵑去巴江句因聖祖召試博學鴻詞在己未歲正平定湖廣四川之後故維崧云云師恭不註其故突入此語是何文義哉特以四六文非註難明而師恭捃摭故實尚有足資考證者故併存之以備參核焉乾隆四十七年十月恭校上

蓮洋詩鈔

臣等謹案蓮洋詩鈔十卷國朝吳雯撰雯字天章本遼陽人順治六年其父允升任蒲州學正卒於官雯兄弟孤弱不能歸遂爲蒲州人康熙己未薦舉博

學鴻詞不中選其卒也刑部尚書王士禛爲誌其墓稱初見其詩有泉繞漢祠外雪明秦樹根濃雲濕西嶺春泥沾條桑至今堯峯上猶見堯時日諸句吟諷不絕於口所作居易錄中又亟稱雯西城别墅諸篇趙執信懷舊詩序亦稱雯拙於時藝困躓場屋中體貌蠢醜衣冠垢敝或經歲不盥浴人咸笑之然詩才特超妙其詩一刻於吳中再刻於都下三刻於津門後士禛爲删定存千餘首亦見墓誌中乾隆甲申山東孫諤官蒲州府同知始從雯姪敦厚得士禛所定原本簡汰重刋詳載士禛之評併以劉本所遺者補刻於後復以所見墨迹補之其士禛所删而劉本誤刻者咸爲汰去凡得古詩二卷近體五卷補遺一卷詩餘一卷文一卷雯天才雄駿其詩有其鄉人元好問之遺風惟熟於梵典好拉雜堆砌釋氏故實是其所短劉本所刻無所持擇頗傷冗濫此本沿新城之派又以神韻婉約爲宗一切激昂沈著之作多見屏斥反似鄰於清弱亦不足盡其所長然終較劉本爲簡潔故置彼錄此云乾隆四十七年五月恭校上

張文貞集

臣等謹案張文貞集十二卷　國朝張玉書撰玉書字素存丹徒人順治辛丑進士選庶吉士官至大學士謚文貞是集本不分卷帙亦無目錄其繕寫格底板心皆有松蔭堂字蓋其家藏鈔本編輯未成者也首有賦二篇次爲頌三篇表三篇箋六篇疏二十篇議一篇書一篇考一篇說一篇序三十八篇跋十三篇記九篇紀事十篇傳一篇贊二篇策問十二道紀功碑二篇墓碑六篇神道碑四篇墓誌銘三十三篇大抵皆舂容典雅渢渢乎　盛世之音其他諸山狠居胥山二碑敍述　聖武神功皆爲詳贍足以昭示萬世其紀平定江南事紀滅闖獻二賊事紀三路進師下雲南事紀平水西事及外國紀皆爲端緒詳明得諸耳聞目見足以張開國之　鴻烈紀順治間樂章及錢糧戶口三篇皆足資掌故而紀陝西殉難官事一篇亦足與史傳相參他若　賜遊玉泉山記賜遊化育溝後苑記　賜遊喀喇河屯後苑記　賜遊熱河後苑記皆足發揚

太平愷樂之象其餘碑誌亦多　國初將相事迹可備考核惟墓疏祭文之屬
收載太濫蓋其後人遇稿即刻不暇持擇轉爲全集之累今悉删除而惟錄其
賦頌以下諸篇如右所列釐爲十二卷庶不以榛楛勿翦爲將來論者所病焉
乾隆四十七年四月恭校上

西陂類稿

臣等謹案西陂類稿三十九卷　國朝宋犖撰犖有滄浪小志已著錄是編凡
詩二十二卷詞一卷雜文八卷奏疏六卷公移二卷其詩之目曰古竹圃稿曰
嘉禾堂稿曰柳湖草曰將毋樓稿曰古竹圃續稿曰都官草曰雙江倡和集曰
回中集曰西山倡和詩曰續都官草曰海上雜詩曰漫堂草曰漫堂倡和草曰
嘯雪集曰廬山詩曰迠鹿軒詩曰滄浪亭詩曰迎　鑾集曰紅橋集曰迎　鑾
二集曰清德堂詩曰迎　鑾三集曰藤陰倡和集曰樂春閣詩曰聯句集凡二
十有五其初本各自爲集晚年致仕居西陂乃手自訂定彙爲茲帙惟初刻綿

津山人詩集删除不載蓋以早年所作格調稍殊故别爲一編不欲使之相混也犖雖以任子入官不由科目而淹通典籍練習掌故詩文亦爲當代所推名亞於新城王士禎其官蘇州巡撫時長洲邵長蘅選士禎及犖詩爲王宋二家集一時頗以獻媚大吏爲疑趙執信尤持異論併士禎而掎軏之平心而論犖詩大抵縱横奔放刻意生新其淵源出於蘇軾王士禎池北偶談記其嘗繪軾像而已侍立其側後謁選果得黄州通判爲軾舊游地又施元之蘇詩註久無傳本犖在蘇州重價得殘帙爲校讐補綴刋本以行其宗法可以槩見故其詩雖不及士禎之超逸而清剛雋上亦拔戟自成一隊其序記奏議等作亦皆疏暢條達有眉山軌度士禎寄犖詩有曰尚書北闕霜侵鬢開府江南雪滿頭當日朱顔兩年少王揚州與宋黄州言二人少爲卑官即已齊名不自長蘅合刻始所以釋趙執信之議也然則士禎亦未嘗不引爲同調矣乾隆四十七年三月恭校上

鐵廬集

臣等謹案鐵廬集三卷外集二卷　國朝潘天成撰天成字錫疇溧陽人寄籍桐城爲安慶府學生溧陽志載其幼與父母避讎相失年十五乞食行求遇於江西界百計迎歸傭販以養備極艱苦以其間讀書講業竟爲積學年七十四迄窮餓以死瞿源洙集有潘孝子傳與志所言合蓋篤志苦行之士也是集爲其門人許重炎所編冠以小傳年譜第一卷爲默齋訓言天成述其師湯之錡語也二卷爲雜著天成詩文也三卷爲語錄重炎與蔣師韓記天成語也外集一卷爲勿庵訓言天成記其師梅文鼎語二卷爲雜著亦天成遺文補刊者天成學問源出姚江以養心爲體以經世爲用其詩皆抒所欲言不甚入格然行誼者文章之本綱常者風教之原天成出自寒門終身貧賤而天性眞摯人品高潔類古所謂獨行者其精神堅苦足以自傳其文故身沒嗣絕而人至今重之特錄其集俾天下曉然知　聖朝立教在於敦倫紀厲名節正人心厚風俗

固不與操觚之士論文釆之優劣亦不與講學之儒爭議論之醇疵也乾隆四十七年八月恭校上

湛園集

臣等謹案湛園集八卷　國朝姜宸英撰宸英有江防總論已著錄初編其文爲湛園未定稿秦松齡韓菼皆爲序後武進趙同斅摘爲西溟文鈔此本爲黃叔琳所重編宸英少習古文年七十始得第績學勤苦用力頗深集中有與洪虞鄰書論兩浙十家古文事謂兩浙自洪永以來三百餘年不過王子充宋景濂方希直王陽明三四人其餘謝方石茅鹿門徐文長等尚具體而未醇不應浙東西一水之間一時至十人之多不欲以身廁九人之列蓋能不涉標榜之習以求一時之名者其文閎肆雅健往往有北宋人意亦有以也是集前二卷皆應酬之作去取之間未必得宸英本意然梗槩亦略具于斯矣集末原附札記二卷據鄭羽逵所作宸英小傳本自單行今已別著于錄不入是集焉乾隆

四十七年十一月恭校上

古懽堂集

臣等謹案古懽堂集四十九卷　國朝田雯撰雯字子綸一字綸霞號山蘁子德州人康熙甲辰進士官至戶部侍郎是集文二十二卷詩十五卷黔書二卷長河志籍考十卷順治康熙之間宋派初微唐音競作王士禎之清新朱彝尊之博雅均擅價一時雯欲以奇麗駕其上故其詩文皆組織繁富鍛鍊刻苦不肯規規作常語其黔書長河志籍考諸書至摹擬郭子橫王嘉之體王士禎池北偶談嘗記其好奇而趙執信作談龍錄亦議其詩中無人然才學富贍排奡縱橫雖不諧於中聲亦岸然自異之士也乾隆四十七年五月恭校上

榕村集

臣等謹案榕村集四十卷　國朝李光地撰光地有周易觀象別著錄是集爲乾隆丙辰其嗣孫清植所校刊其門人李紱爲序惟詩下註自選字則餘皆清

植排纂也凡觀瀾錄一卷經書筆記讀書筆錄共一卷春秋大義春秋隨筆共一卷尚書句讀一卷周官筆記一卷初夏錄二卷尊朱要旨要旨續記共一卷象數拾遺景行摘篇附記共一卷文二十五卷詩五卷賦一卷所註諸書及語錄刋本别行者不與焉其不以詩文冠集而冠以箚記者光地所長者在於理學經術文章非所留心然即以文章而論亦大抵宏深肅括不雕琢而自工蓋有物之言固與鞶帨悦目者異矣數十年來屹然爲儒林巨擘實以學問勝不以詞華勝也乾隆四十七年四月恭校上

三魚堂文集

臣等謹案三魚堂文集十二卷外集六卷附録一卷　國朝陸隴其撰隴其有松陽講義諸書别著録是集爲其門人侯銓所編凡雜著四卷書一卷尺牘二卷序二卷記一卷墓表誌銘壙記傳共一卷祝文祭文共一卷外集六卷則裒其奏議條陳表策中請公移而終之以詩行狀之類併附録焉目録之末有其

從子禮徵跋言隴其平生不屑爲詩古文詞尤以濫刻文集爲戒故易簀時篋中無遺稿至康熙辛巳禮徵乃旁搜廣緝彙成是編而屬銓分類編次之蓋隴其沒後九年此集乃出也其文既非隴其所手定則其中或有未定之稿與夫偶然涉筆不欲自存者均未可知然隴其學問深醇操履純正卽率爾操觚之作其不合於道者固已鮮矣惟是隴其一生篤學非徒以講明心性爲一室之坐談其兩爲縣令一任諫官政績皆卓卓可紀蓋體用兼優之學而銓等乃以奏議公牘確然見諸行事者別爲外集夫詩歌非隴其所長列之外集可也至于聖賢之道本末同原心法治法理歸一貫周禮惟述職官尚書皆陳政事周公孔子初不以是爲麤迹卽黄榦編朱子文集亦未嘗薄視論政之文摒而外之銓乃徒知以太極論冠篇而轉以經世之學視爲末務尊空言而薄實政是豈隴其之旨乎此本久行於世今亦姑仍原刻錄之其編次之謬陋則不可以不辨焉乾隆四十七年四月恭校上

因園集

臣等謹案因園集十三集　國朝趙執信撰執信字仲符號秋谷晚號飴山老人益都人雍正中分益都置博山縣今爲博山人康熙己未進士官至左春坊左贊善其詩集流傳頗夥諸本往往不同此本曾經落水紙墨渝敝末有執信門人丁際隆跋稱乾隆辛酉秋重謁秋谷先生于因園時先生病目彌甚不作詩者六年矣從仲君羹梅得先生手定詩稿分十三集錄副未及校而羹梅遂索原本以去歲寒無事乃校一過曩見手書濟南竹枝及宿法慶寺二律皆不在蓋所删多矣云云羹梅者常熟仲昰保之字爲執信門人之冠最爲篤契則是集爲執信晚年舊本手授之者矣乾隆四十七年十一月恭校上

懷清堂集

臣等謹案懷清堂集二十卷　國朝湯右曾撰右曾字西厓仁和人康熙戊辰進士改庶吉士官至吏部右侍郎兼翰林院掌院學士浙江詩派自西泠十子

之後競以藻繪相尚而氣骨漸弱右曾以清鮮朗潤一洗其習初從學于王士禎稱入室弟子後以使事入黔體製一變詩格益進大抵鍛鍊澄汰而出之以神韻當時士論翕然推之其名與查慎行相埒而慎行贈詩有蓬萊領袖得詩仙之句所以傾服于右曾者尤至而沈德潛亦謂浙詩前推竹垞後推西厓兩家之間莫有能越之者今觀二家之集朱彝尊學問有餘而才力又足以運掉故能鎔鑄變化惟意所如右曾才足肩隨而根柢深厚則未免稍遜齊驅並駕似未易言然亦近人之卓然挺出者也乾隆四十七年四月恭校上

二希堂文集

臣等謹案二希堂文集十二卷　國朝蔡世遠撰世遠字聞之漳浦人康熙己丑進士官至禮部侍郎謚文勤是編乃其所作雜文冠以耕耤賦　聖主親詣太學頌青海平定詩日月合璧五星連珠頌河清頌　樂善堂文鈔序共六篇不入卷數志榮遇也其餘序四卷記一卷傳一卷論說書共二卷墓表誌銘行

狀共一卷祝文祭文共一卷雜著一卷有乾隆丙子其門人寧化雷鋐附跋稱其堂所以名二希者世遠嘗自作記言學問未敢望朱文公庶幾其眞希元乎事業未敢望諸葛武侯庶幾其范希文乎其務以古賢自期見於是矣前有雍正庚戌　皇上在藩邸時　親製序一篇稱其講學鰲峯教人以忠信孝悌仁義發明濂洛關閩淵源有自也及立朝而風采議論嘉言讜議足以爲千百世治世之良規則又國家棟梁之任也今觀其文溯源於六經闡發周程張朱之理而運以韓柳歐蘇之法度所謂蘊之爲德行行之爲事業發之爲文章者吾於先生見之煌煌　天語載於簡端　睿鑒品題昭示中外非惟一時之　恩遇實亦千古之定論矣迨我　皇上龍飛御極於甘盤舊學　篤念彌深乾隆己卯　諭正文體舉世遠之文爲標準癸巳　詔編纂四庫全書世遠著作又蒙　褒錄且　絲綸宣示均字而不名寵禮儒臣於斯爲極今讀其集大抵理醇詞正具有本原仰見　聖主賢臣契合非偶其遭逢　知遇固不僅在文字

間矣乾隆四十七年十月恭校上

敬業堂詩集

臣等謹案敬業堂詩集五十卷　國朝查慎行撰慎行有周易玩辭集解别著録是編裒其生平之詩隨所遊歷各爲一集附載餘波詞二卷自古喜立集名者以楊萬里爲最多慎行此集隨筆立名殆數倍之其中有以二十四首爲一集者殊病其傷於煩碎然亦足徵其無時無地不以詩爲事矣集首載王士禎原序稱黄宗羲比其詩于陸游士禎則謂奇創之才慎行遜游綿至之思游遜慎行又稱其五七言古體有陳師道元好問之風今觀慎行近體實出劍南但游喜寫景慎行喜抒情游喜隸事慎行喜運意故長短互形士禎所評良允至于後山古體悉出苦思而不以變化爲長遺山古體具有健氣而不以靈敏見巧與慎行殊不相似核其淵源大抵得于蘇軾爲多觀其積一生之力補注蘇詩其得力之處可見矣明人喜稱唐詩自　國朝康熙初年窠臼漸深往往厭

而學宋而生硬牽俚之病生焉得宋人之長而不染其弊數十年來固當爲慎行屈一指也乾隆四十七年四月恭校上

望溪集

臣等謹案望溪集八卷　國朝方苞撰苞所作周官集註諸書已著錄其古文雜著生平不自收拾稿多散佚告歸後門弟子始爲裒集成編大抵隨得隨刊故前後頗不以年月爲詮次苞於經學研究較深集中說經之文最多大抵指事類情有所闡發其古文則以法度爲主嘗謂周秦以前文之義法無一不備唐宋以後步趨繩尺而猶不能無過差是以所作上規史漢下仿韓歐不肯少軼於規矩之外雖大體雅潔而變化太少終不能絕去町畦自闢門戶然其所論古人㮣度與爲古文之道頗能沈潛反覆而得其用意之所以然故雖蹊徑未除而源流極正近時爲八家之文者要當爲苞屈一指云乾隆四十七年十月恭校上

存研樓文集

臣等謹案存研樓文集十六卷　國朝儲大文撰大文字六雅宜興人康熙辛丑進士官翰林院編修大文初以制藝名歸田後乃覃思古學尤究心於地理故全集十六卷而論形勢者居七卷凡山川阻隘邊關阨塞靡不詳究如荆州論至十一篇襄陽論至七篇廣陵西城一篇推求古今城郭異地山川異勢援據史籍如繪圖聚米當年進退攻守之要成敗得失之由皆能手指而口晝之他家作史論者多約略大概以談兵作地志者多憑藉今名而論古　國朝百有餘年推闡若璩明於沿革大文詳於險易至顧祖禹方輿紀要考證史文雖極博洽往往以兩軍趨戰中途相遇之地即指爲兵家所必爭不及二人之精核也惟邊塞以外如西域諸部蜀徼各番驗之往往不合蓋當時道路未通異域傳聞圖經不備不能及今日　天威耆定得諸目睹之眞勢使之然固不足怪耳其他雜文間有隸事太繁之失而徵引典博終勝空疎但取其所長可矣

乾隆四十七年四月恭校上

香屑集

臣等謹案香屑集十八卷國朝黄之雋撰之雋字石牧號唐堂華亭人康熙辛丑進士官至右春坊右中允是編皆集唐人之句爲香奩詩凡古今體九百三十餘首前有自序亦集唐人文句爲之凡二千六百餘言集句爲詩始晉傅咸今載於藝文類聚者皆寥寥數句聲韻僅諧劉勰明詩不列是體蓋繼之者無其人也有唐一代無格不備而自韋蟾妓女續楚辭兩句之外是體竟亦闕如至北宋石延年王安石間亦相角而未入於集雖別錄成卷尚未單行南宋李龏之梅花衲翦綃集文天祥之集杜詩始別著錄然卷帙亦無多之雋是編雖雜取諸家之成句而對偶工整意義通貫排比聯絡渾若天成且惟第二卷無題五言長律中重用杜甫二句陸龜蒙二句他即洋洋鉅篇亦每人惟取一句不相重複且有疊韻不已至於倒押前韻而一一如已出可謂前無古人後

無來者雖詞皆艷冶千變萬化不出於綺羅脂粉之間於風騷正軌未能有合而就詩論詩其記問之博運用之巧亦不可無一之才矣乾隆四十七年二月恭校上

鹿洲初集

臣等謹案鹿洲初集二十卷　國朝藍鼎元撰鼎元有平臺紀略等書已著錄是集爲其友曠敏本所編初定于雍正丙午越六年壬子又合其續稿重汰定之仍爲二十卷鼎元素喜講學又喜講經濟於時事最爲留心集中如論閩粵黔諸省形勢及攻勦臺灣事宜皆言之鑿鑿得諸閱歷非紙上空談可比至於所敘忠孝節烈諸事亦點染生動足裨風教其中如論直隸水利之類生長南方不能達北方水性未免掇拾陳言與顧太史書之類自雪冤謗雜以輕薄詆詈尤爲所養不宏然文筆條暢多切事理在近人文集之中猶可謂有實際者固與雕章繪句殊矣乾隆四十七年五月恭校上

樊榭山房集

臣等謹案樊榭山房集十卷續集十卷　國朝厲鶚撰鶚字太鴻錢塘人康熙庚子舉人乾隆元年嘗薦舉博學鴻詞所居取唐皮日休句題曰樊榭山房因以名集生平博洽羣書尤熟於宋事嘗撰宋詩紀事一百卷南宋院畫錄八卷東城雜記二卷又與同社作南宋雜事詩七卷皆考證詳明足以傳後其詩則吐屬嫻雅有修潔自喜之致絕不染南宋江湖末派雖才力富健尚未能與朱彝尊等抗行而恬吟密詠綽有餘思視　國初西泠十子則翛然遠矣是書前集詩分甲乙丙丁戊己庚辛八卷詞分甲乙二卷爲康熙甲午至乾隆己未之作續集亦詩八卷而以北樂府一卷小令一卷附焉則己未至辛未作也乾隆四十七年五月恭校上

果堂集

臣等謹案果堂集十卷　國朝沈彤撰彤字冠雲號果堂吳江諸生嘗以薦與

修一統志及三禮議敘九品官彤博究古籍精於考據所著有周官祿田考三經小疏皆別著錄是集多訂正經學文字如周官頒田異同說五溝異同說井田軍賦說釋周官地征等篇皆援引典核考證精密其於禮經服制考訂尤足補漢宋以來注釋家所未備其釋骨一篇雖爲醫家而作然非究貫蒼雅兼通靈素者不能其論堯典星辰不兼五緯蓋主孔氏傳又以在璇璣玉衡以齊七政力闢史記斗杓之解即未必盡爲定論然各尊所聞亦足以見其所師之不苟矣集雖卷帙寥寥而羽翼經傳頗多其實學有足取者與文章家固又當別論也乾隆四十七年五月恭校上

松泉集

臣等謹案松泉集四十六卷　國朝汪由敦撰由敦字師茗休寧人雍正甲辰進士官至吏部尚書謚文端是集爲其子戶部侍郎承霈所編凡詩二十六卷文二十卷由敦嘗蒙　賜書松泉二大字因以爲號併以名集承霈剖厥成帙

恭呈　御覽蒙　皇上垂念舊臣　親灑宸翰弁諸簡端併　特命補入四庫全書稽古之榮於是爲盛雖茂陵賸稿特見搜求摩詰遺文優蒙批答亦無以加於斯矣蓋由敦詞華典雅學問淹通翔步玉堂爲文章宿老鴻篇鉅製多所手裁久直　內廷參預機密　宸章宣示皆先睹　高深凡有撰進並於　燕見從容時承　指授故能仰藉　聖訓窺見著作之淵源譬岐伯之遇軒皇而詞成鼓吹皋陶之逢舜帝而歌效賡颺其生前　恩眷身後　褒榮蓋有非偶然者矣乾隆五十四年二月恭校上

欽定四庫全書提要卷一百五

欽定四庫全書提要卷一百六

集部二十八

總集類一

文選

臣等謹案文選六十卷舊本三十卷梁昭明太子蕭統編唐文林郎守太子右內率府錄事參軍事崇賢館直學士江都李善爲之註始每卷各分爲二新唐書李邕傳稱其父善始註文選釋事而忘義書成以問邕邕意欲有所更善因令補益之邕乃附事見義故兩書並行今本事義兼釋似爲邕所改定然傳稱善註文選在顯慶中與今本所載進表題顯慶三年者合舊唐書邕傳稱天寶五載坐柳勣事杖殺年七十餘上距顯慶三年凡八十九年是詩邕尚未生安得有助善註書之事且自天寶五載上推七十餘年當在高宗總章咸亨間而舊書稱善文選之學受之曹憲計在隋末年已弱冠至生邕之時當七十餘歲

亦決無伏生之壽待其長而註書考李匡乂資暇錄曰李氏文選有初註成者有覆註有三註四註者當時旋被傳寫其絶筆之本皆釋音訓義註解甚多是善書定本實事義兼釋不由於邕匡乂唐人時代相近其言當必有徵知新唐書喜采小說未詳考也其書自南宋以來皆與五臣註合刋名曰六臣註文選而善註單行之本世遂罕傳此本爲毛晉所刻雖稱從宋本校正今考其第二十五卷陸雲贈兄機詩註中有向曰一條濟曰一條贈張士然詩註中有翰曰銑曰濟曰向曰各一條殆因六臣之本削去五臣獨留善註故刋除未盡未必眞見單行本也惟是此本之外更無別本故仍而錄之而附著其舛誤如右乾隆四十七年五月恭校上

文選

臣等謹案文選六十卷唐顯慶中李善受曹憲文選之學爲之作註至開元六年工部侍郎呂延祚復集衢州常山縣尉呂延濟都水使者劉承祖之子良處

士張銑呂向李周翰五人共爲之註表進於朝其詆善之短則曰忽發章句是徵載籍述作之由何嘗措翰使復精核註引則陷於末學質訪旨趣則歸然舊文祇謂攬心胡爲析理其述五臣之長則曰相與三復乃詞周知祕旨一貫於理杳測澄懷目無全文心無留意作者爲志森然可觀觀其所言頗欲排突前人高自位置書首進表之末載高力士所宣口勑亦有此書甚好之語然唐李匡乂作資暇集備摘其竊據善註巧爲顚倒條分縷析言之甚詳又姚寬西溪叢語詆其註揚雄解嘲不知伯夷太公爲二老反駮善註之誤王楙野客叢書詆其誤敍王暕世系以覽後爲祥後以曇首之曾孫爲曇首之子明田汝成重刋文選其子藝衡又摘所註西都賦之龍興虎視東都賦之乾符坤珍東京賦之巨猾間亹蕪城賦之袤廣三墳諸條今觀所註迂陋鄙倍之處尚不止此而以空疎臆見輕詆通儒殆亦韓愈所謂蚍蜉撼樹者歟其書本與善註別行故唐志各著録黃伯思東觀餘論尚譏崇文總目誤以五臣註本置李善註本之

前至陳振孫書錄解題始有六臣文選之目蓋南宋以來始與善註合刻取便參證元明至今遂輾轉相沿併爲一集附驥以傳蓋亦幸矣然其疏通文意亦間有可采唐人著述傳世已稀固不必竟廢之也乾隆四十七年三月恭校上

文選顔鮑謝詩評

臣等謹案文選顔鮑謝詩評四卷元方回撰回有續古今考已著録是編取文選所録顔延之鮑昭謝靈運謝瞻謝惠運謝朓之詩各爲論次諸家書目皆不著録惟永樂大典載之考集中顔延之三月三日侍游曲阿後湖作一首評曰本不書此詩書之以見夫彫繢滿眼之詩未可以望謝靈運也又北使洛一首評曰所以書此詩者有二又謝靈運擬鄴中集八首評曰規行矩步甃砌妝點而成無可圈點故余評其詩而不書其全篇案此本八首皆書全篇與此評不合蓋不載本詩則所評無可繫屬故後人又爲補録也則此集蓋回手書之冊後人得其墨迹録之成帙也回所撰瀛奎律髓持論頗偏此集所評如謝靈運詩多取其能作理語又好標一字爲句眼仍

不出宋人窠臼然其他則多中理解又如謝靈運述祖德詩第二首評曰文選註高揖七州外謂舜分天下爲十二州時晉有七州故云七州余謂不然此指謝玄所解徐兗青司冀幽幷七州都督耳謂晉有七州而揖其外則不復居晉土耶謝瞻張子房詩評曰東坡詆五臣誤註三殤其實乃是李善顏延之秋胡詩評曰秋胡之仕於陳止是魯之鄰國而云王畿恐是延之一時寓言雖以秋胡子爲題亦泛言仕宦耳註引詩緯曰陳王者所起也此意似頗未通亦間有所考訂至於評謝靈運九日戲馬臺送孔令詩謂鳴葭當作鳴笳則未考晉書夏統傳評鮑照行藥至城東橋詩謂行藥爲乘輿還來看藥欄之意則誤引杜詩評謝朓郡內高齋閒坐答呂法曹詩謂或以爲岫本訓穴以爲遠山亦無害則附會陶潛歸去來詞小小舛漏亦所不免要不害其大體統觀全集究較瀛奎律髓爲勝殆作於晚年所見又進歟乾隆四十六年十月恭校上

玉臺新詠

臣等謹案玉臺新詠十卷陳徐陵撰案劉肅大唐新語曰梁簡文爲太子好作艷詩境内化之晚年欲改作追之不及乃令徐陵撰玉臺集以大其體據此則是書作于梁時故簡文稱皇太子元帝稱湘東王今本題陳尚書左僕射太子少傅東海徐陵撰殆後人之所追改如劉勰文心雕龍本作于齊而題梁通事舍人也其書前八卷爲自漢至梁五言詩第九卷爲歌行第十卷爲五言二韻之詩雖皆取綺羅脂粉之詞而去古未遠猶有講于溫柔敦厚之遺未可槩以淫艷斥之其中如曹植棄婦篇庾信七夕詩今本集皆失載據此可補闕佚又如馮惟訥詩紀載蘇伯玉妻盤中詩作漢人據此知爲晉代梅鼎祚詩乘載蘇武妻答外詩據此知爲魏文帝作古詩西北有高樓等九首文選無名氏據此知爲枚乘作飲馬長城窟行文選亦無名氏據此知爲蔡邕作其有資考證者亦不一明代刻本妄有增益故馮舒疑庾信有入北之作江總濫擘牋之什茅元禎本顛倒改竄更甚此本爲趙宧光家所傳宋刻本有嘉定乙亥永嘉陳玉

父重刻跋最爲完善間有後人附入之作如武陵王閨妾寄征人詩沈約八詠之六諸篇皆一一注明尤爲精審然玉父跋稱初從外家李氏得舊京本間多錯謬後得石氏所藏錄本以補亡校脱其中如五言詩中入李延年歌一首陳琳飲馬長城窟行一首皆自亂其例七言詩中移東飛伯勞歌于越人歌之前亦乖世次疑石氏本有所竄亂而玉父因之未察也觀劉克莊後村詩話所引玉臺新詠一一與此本脗合而嚴羽滄浪詩話謂古詩行行重行行篇玉臺新詠以越鳥巢南枝以下另爲一首今此本仍聯爲一首又謂盤中詩爲蘇伯玉妻作見玉臺集今此本乃溷列傅玄詩中蓋克莊所見即此本羽所見者又一别本是宋刻已有異同非陵之舊矣特不如明人變亂之甚爲尚有典型耳乾隆四十七年九月恭校上

玉臺新詠考異

臣等謹案玉臺新詠考異十卷　國朝紀容舒撰容舒有孫氏唐韻考已著錄

是編因徐陵玉臺新詠自明代以來刊本不一非惟字句異同即所載諸詩亦復參差不一萬歷中張嗣修本多所增竄茅國縉本又併其次第亂之而原書之本真益失惟寒山趙宧光所傳嘉定乙亥永嘉陳玉父本最爲近古近時馮舒本據以校正差爲清整然舒所校有宋刻本誤而堅執以爲不誤者如張衡同聲歌訛恐慄爲恐慓訛莞蒻爲苑蒻之類亦以古字假借曲爲之說既牽强而難通有宋刻不誤而反以爲誤者如蘇武詩一首舊本無題而妄題爲留別妻之類復僞妄而無據又有宋刻已誤因所改而益誤者如塘上行據宋書樂志改爲魏武帝之類全與原書相左彌失其真皆不可以爲定故容舒是編參考諸書裒合各本倣韓文考異之例兩可者並存之不可通者闕之明人刊本雖於義可通而於古無徵者則附見之各箋其棄取之由附之句下引證頗爲賅備惟漢魏六朝諸作散見永樂大典者所據皆宋刻精本足資考證（案文淵閣書皆宋刻見王肯堂鬱岡齋筆麈）以書藏中祕非外間之所能窺其間文句之殊尚未能一一參

訂今並詳爲校正各加案語于簡端以補其所遺焉乾隆四十七年十月恭校

上

高氏三宴詩集

臣等謹案高氏三宴詩集三卷附香山九老詩一卷唐高正臣輯所載皆同人會宴之詩以誌一時之盛詩分三卷卷各有序一爲陳子昂一爲周彥暉一爲長孫正隱三宴皆於高氏與宴者凡二十一人考之新唐書有列傳者三人則陳子昂郎餘令解琬也附見他傳者一人則周思鈞也見於本紀及世系表一人則張錫也僅見於世系表者五人則高正臣高瑾王茂時高紹高嶠也餘皆不詳顛末案世系表正臣曾爲襄州刺史不云衞尉卿今詩後敍正臣及周思鈞事獨詳所云連姻帝室寓居洛陽皆與諸序語合似非無據然必係後人所加矣末又附香山九老會詩一卷卷尾有袁白堂重雕字樣考宋鮑愼由欽止元祐六年進士著有夷白堂集所刊書籍甚夥蓋高氏三宴與香山九老俱係

唐人又俱在洛陽故並爲之開雕宋人珍重古書往往如此九老會詩已附見
白香山詩集而三宴詩之名目史志缺如則此誠祕本矣第當時就宋本傳鈔
其中不無訛處如以高嶠爲司府郎中唐百官志無司府郎中之名應從世系
表改爲司門郎中又張錫於武后久視元年拜同平章事兗州東武城人詩中
誤以錫東爲名殊屬錯謬又弓嗣初高瑾周彥暉並曰咸寧進士唐無咸寧年
號高宗曾改元咸亨寧字定係亨字之誤茲並爲改正云乾隆四十七年四月
恭校上

篋中集

臣等謹案篋中集一卷唐元結編所錄沈千運王季友于逖孟雲卿張彪趙徵
明元季川七人之詩凡二十四首七人名位不顯制行矯異所爲詩皆絕去時
蹊與結同調出其篋中所儲編次成帙幷爲之序其中王季友寄韋子春一首
較河岳英靈集所載少數句而遒健勝之疑爲結所删定或謂二十四首皆結

所作託名諸人以行則不然也季川即結弟元融獨書其字未詳其故或融之子孫所錄如玉臺新詠之稱徐孝穆歟乾隆四十七年九月恭校上

河岳英靈集

臣等謹案河岳英靈集三卷唐丹陽進士殷璠編自常建至閻防二十四人詩二百三十四首仿鍾嶸詩品之體姓氏之下各著品題雖不顯言次第然篇數無多而分上中下卷其人又不甚敍時代毋亦隱寓鍾嶸三品之意乎通考作二卷蓋誤也其序謂爰因退迹得遂宿心蓋不得志而著書者故所錄多淹蹇之士所論多感慨之言而序稱名不副實才不合道雖權壓梁竇終無取焉其宗旨可知也凡所品題類多精愜張謂條下稱其代北州老翁答湖上對酒行而集中但有湖上對酒行疑輾轉傳寫有所脫佚矣唐人總集存于今日者不過毛晉所刊七八種稽其時代蓋莫古于是編以盛唐之人選盛唐之詩見聞既切工拙易明其所品定固終勝後來之尋聲而索者也乾隆四十七年九月

恭校上

國秀集

臣等謹案國秀集三卷唐國子進士芮挺章編前有舊序謂是集編於天寶三載凡九十人詩二百二十首宋元祐間曾彥和跋云名欠一士詩增一篇明毛晉校刊復謂虛列三人今案編內實八十五人詩二百十一首晉未及詳檢也唐以前編輯總集以己作入選者始於王逸之錄楚辭再見於徐陵之撰玉臺新詠挺章亦錄己作二篇蓋仿其例然文章論定自有公評要當待之天下後世何必露才揚己先自表章雖有例可援終不可爲訓舊序一篇無作者姓氏陳振孫謂爲樓穎所作穎天寶進士其詩亦選入集中考梁昭明撰文選以何遜猶在不錄其詩蓋欲杜絕世情用彰公道今挺章與穎一則以見存之人採錄其詩一則以選己之詩爲之作序後來互相標榜之風已萌蘖於此知明人陋習其來有漸非一朝一夕之故矣以唐人舊本所選尚多可採仍錄存之而

特著其陋以爲文士戒焉乾隆四十七年三月恭校上

御覽詩

臣等謹案御覽詩一卷一名唐歌詩一名選進集一名元和御覽唐令狐楚編楚字殼士宜州華原人貞元七年登進士第桂管觀察使王横辟入幕後歷辟太原節度判官召授右拾遺官至吏部尚書檢校尚書左僕射出爲山南西道節度使卒於官事迹具唐書本傳是書乃憲宗時奉勅編進其結銜題翰林學士朝議郎守中書舍人考楚本傳稱皇甫鎛與楚厚善薦爲翰林學士進中書舍人元和十二年裴度以宰相領彰義節度使楚草制其詞有所不合停楚學士但爲中書舍人則此書之進在元和十二年以前也陸游渭南文集有是書跋曰右唐御覽詩一卷凡三十人二百八十九首此本人數詩數均與游所跋相合蓋猶古本所錄惟韋應物爲天寶舊人其餘李端司空曙等皆大歷以下人張籍楊巨源並及於同時之人去取凡例不甚可解其詩惟取近體無一古

體即巫山高等之用樂府題亦皆律詩蓋中唐以後世務以聲病諧婉相尚其奮起而追古調者不過韓愈等數人楚亦限于風氣不能自異也然大致雍容諧婉不失風格上比篋中集則不足下方才調集則有餘亦不以一二疵纇棄其全書矣乾隆四十七年九月恭校上

中興間氣集

臣等謹案中興間氣集二卷唐渤海高仲武編其自序云起至德初迄大歷末凡二十六人詩一百四十首末有元祐戊辰曾子泓跋稱獨遺鄭當一人逸詩八首蓋在宋時已缺故陳氏書錄解題云所選詩一百三十二首也姓氏下各有品題拈其警句而張衆甫章八元戴叔倫孟雲卿劉灣五人俱闕考毛晉跋謂得舊鈔本所缺張章戴孟諸評俱在獨劉灣無考故編中於四家姓氏之下俱註云評載卷首今檢卷首無之當是久而復佚耳又案錢曾讀書敏求記謂得宋鋟本如朱灣詠玉一首玉字作三蓋每句皆藏三字義也後人不解詩義

謂三爲謁字妄改爲詠玉自元至明刻本皆然此本仍襲舊訛知毛晉所云舊鈔本猶未足據也陸游集有是書跋曰高適字仲武此乃名仲武非適也然高適自字達夫游實誤記而誤辨至稱其評品多妄又稱其議論凡鄙亦好惡已甚之詞益不足據爲典要矣乾隆四十七年二月恭校上

極玄集

臣等謹案極玄集二卷唐武功令姚合選合爲詩刻意苦吟工於點綴小景搜求新意如所謂縣古槐根出官清馬骨高者摹寫頗工而刻畫太甚流於纖仄如所謂驢爲騎來瘦僮因借得頑者亦復不少宋末盛行稱爲武功派又曰晚唐派者是也而所選乃特有鑒裁是集錄王維至戴叔倫二十一人之詩凡一百首今存者凡九十九首合自稱爲詩家射雕手亦非虛語計敏夫唐詩紀事凡載集中所錄之詩皆注曰右姚合取爲極玄集蓋宋人甚重其書矣後韋莊復撰又玄集以續合之書其本久佚惟唐詩紀事中尚略記所取亦不完備明

人刻有僞本然當時即知其依託衆相排斥書竟不行云乾隆四十七年九月

恭校上

松陵集

臣等謹案松陵集十卷皆唐皮日休與陸龜蒙等倡和之作是書編而成集者龜蒙題名者日休也依韻倡和始于北魏王肅夫婦至唐代盛于元白而極于皮陸蓋其時崔璞以諫議大夫爲蘇州刺史辟日休爲從事而龜蒙適以所業謁璞因得與日休相贈答同時進士顏萱前廣文博士張賁進士鄭璧司馬都浙東觀察推官李縠前進士崔璐及處士魏朴羊昭業等亦相隨有作裒爲此集共得詩六百九十八首明弘治壬戌吴江知縣濟南劉濟民以舊本重刊都穆爲之跋尾歲久漫漶毛晉又得宋槧本重校刊之今所行者皆毛本唐人倡和裒爲集者凡三斷金集久佚王士禎記湖廣莫進士有漢上題襟集求之不獲今亦未見傳本其存者惟此一集錄而存之尚可想見一時文雅之盛也乾

隆四十七年四月恭校上

二皇甫集

臣等謹案二皇甫集八卷唐皇甫冉皇甫曾兄弟合集也冉字茂政丹陽人天寶十五載進士大歷中官至左補闕曾字孝常天寶十二載進士官至監察御史謫陽翟令以終曾集一卷與書錄解題合冉集六卷較書錄解題多五卷然曾集前有大歷十年獨孤及序稱三百有五十篇而此本僅二百三十四篇則已佚其一百十六篇又酬楊侍御寺中見招送薛判官之越送魏中丞還河北賦得越山皆三韻律詩而入五言古詩中奉寄皇甫補闕六言一首乃張繼詩冉有答詩并序可證而亦編爲冉詩知舊本附答詩後重刊者分體編次乃雜入六言詩中遂誤爲冉詩則并次第亦非舊觀其與曾集皆以五言排律別立一體非惟唐無此名即宋元亦尙無此其爲高棅以後不學者所竄亂審矣乾隆四十七年三月恭校上

唐四僧詩

臣等謹案唐僧靈澈詩一卷靈一詩二卷淸塞詩二卷常達詩一卷卷考文獻通考載靈澈靈一集皆一卷而淸塞與常達失載是集合而輯之不知何人所編靈一及常達集前各載宋沙門贊寧奉勅所撰本傳一篇惟淸塞無之蓋贊寧作高僧傳時偶遺其名也靈澈詩前有劉禹錫敍一篇通考亦引之蓋靈澈當時與僧皎然遊得見知于侍郎包佶李紓故來往長安其名較著得以求序于名流然禹錫序其詩凡十卷玆僅一卷則亦吉光片羽非其完書矣靈澈姓湯字源澄越州人靈一姓吳廣陵人常達姓顧字文舉海隅人淸塞始末無考集中有與朱慶餘姚合賈島唱和詩蓋中唐人也乾隆四十七年五月恭校上

薛濤李冶詩集

臣等謹案薛濤李冶詩集一卷薛濤蜀中妓李冶烏程女道士濤與元稹相倡和冶亦嘗與劉禹錫遊皆中唐人也書錄解題載薛濤詩一卷李冶詩一卷今

皆不傳此本蓋後人鈔撮而成濤集中如聞道邊城苦一首兼載洪邁唐人萬首絶句計有功唐詩紀事楊愼升庵詩話之説一詩兩見又唐詩紀事之五離詩唐摭言之十離詩乃一事譌傳其文互異亦相連並載其編輯頗爲詳愼附以補遺三篇又採摭濤傳及諸書所載事迹考證亦殊賅備冶集僅詩十四首然其中恩命追入留别廣陵故人一首詳其詞意不類冶作殆好事者欲裒冶詩與濤相配病其太少姑摭他詩足之也濤送友人及題竹郎廟詩爲向來傳誦然如籌邊樓詩曰平臨雲鳥八窗秋壯壓西南四十州諸將莫貪羌族馬最高層處見邊頭其託意深遠有魯嫠不恤緯漆室女坐嘯之思非尋常裙屐所及宜其名重一時冶詩以五言擅長如寄校書七兄詩送韓揆之江西詩送閻二十六赴剡縣詩置之大歷十子之中不復可辨其風格又遠在濤上亦未可以篇什之少棄之矣乾隆四十七年九月恭校上

竇氏聯珠集

臣等謹案竇氏聯珠集五卷唐西江褚藏言所輯竇常竇牟竇羣竇庠竇鞏兄弟五人之詩人爲一卷每卷各有小序詳其始末常字中行官國子祭酒弟牟字貽周官國子司業羣字丹列官容管經略庠字胄卿官婺州刺史鞏字友封官祕書少監五人皆拾遺叔向子羣庠以薦辟餘皆進士科叔向有集一卷常有集十八卷見唐書藝文志今並不傳此集五卷唐志亦著錄而宋時傳本頗稀故劉克莊後村詩話稱惜未見聯珠集此本爲毛晉汲古閣所刊末有張昭跋署戊戌歲晉高祖天福三年也又有和峴跋及和㠛題字署甲子歲爲宋太祖乾德二年峴凝之子㠛峴之弟峴跋稱借鈔於致政大夫即張昭也又有淳熙戊戌王崧跋亦稱世少其本今刋諸公府蓋鈔寫流傳至南宋始有蘄州板耳最後爲毛晉跋引江邁容齋隨筆及計有功唐詩紀事附載叔向詩九篇又補鞏詩六篇不載於此集者褚藏言序稱牟羣庠鞏之集並未遑編錄蓋遺編散見者也集中附載楊憑韓愈韋執誼李益武元衡韋貫之劉伯翁韋渠牟元

稹白居易裴度令狐楚諸詩蓋謝朓集中附載王融之例庠詩一首常詩一首亦附載牟集之中不入本集蓋古人唱和意皆相答不似後來之泛應必聚而觀之乃互見作者之意是亦編次之不苟耳乾隆四十七年十一月恭校上

才調集

臣等謹案才調集十卷蜀監察御史韋縠撰每卷錄詩一百首共一千首自序稱閱李杜集元白詩而集中無杜詩馮舒謂崇重老杜不欲芟擇然實以杜詩高古與其書體例不同故不採錄舒所說非也其中頗有舛誤如李白錄愁陽春賦是賦非詩王建錄宮中調笑詞是詞非詩皆乖體例賀知章錄柳枝詞其曲起於中唐知章時未有其詞乃劉采春女所歌亦非知章作劉禹錫錄別蕩子怨乃隋薛道衡昔昔鹽王之渙錄惆悵詞所詠乃崔鶯鶯霍小玉事之渙不及見實王渙作皆姓名訛異然頗有諸家遺篇如白居易江南贈蕭十九詩賈島贈杜駙馬詩皆本集所無又沈佺期古意高棅竄改成律詩王維渭城曲客

舍靑靑楊柳春句俗本改爲柳色新賈島贈劍客詩誰爲不平事俗本改爲誰有如斯之類此書皆獨存其舊亦足資考證也穀生於五代文敝之際故所選取法晚唐以穠麗宏敞爲宗救麤疎淺漏之習未爲無見至馮舒馮班意欲排斥宋詩遂引其書於崑體推爲正宗不知李商隱等唐書但有三十六體之目所謂西崑體者實始於宋之楊億等唐人無此名也乾隆四十七年三月恭校

上

搜玉小集

臣等謹案搜玉小集一卷原本不著撰人名氏考鄭樵通志藝文略已載之則其來甚舊當爲唐人所輯無疑舊目題凡三十七人詩六十三首此本但三十四人詩六十二首蓋毛晉重刊所釐定所註考證頗詳然胡鴞等三人有錄無詩晉併删其姓名已非缺疑存舊之意又人缺其三而詩僅缺其一不足分配三人必有一人之詩溷於他人名下者矣則所訂亦未確也其次第爲晉所亂

不可復考既不以人敍又不以體分編次參差重出疊見莫能得其體例徒以源出唐人聊存舊本以備參訂焉乾隆四十七年九月恭校上

古文苑

臣等謹案古文苑二十一卷不著編次人姓名相傳唐人所輯宋孫巨源得之佛寺經龕中所錄詩賦雜文自東周迄於南齊凡二百六十餘首皆史傳文選所不載然所錄漢魏詩文多從藝文類聚初學記删節之本石鼓文亦與近本相同故學者疑之淳熙間韓无咎次爲九卷至紹定間章樵爲之註釋明成化壬寅福建巡按御史張世用得本刊之樵序稱有首尾殘缺者姑存舊編復取史册所遺以補其數釐爲二十卷又有雜賦十四首頌三首以其文多不全别爲一卷附於書末共爲二十一卷已非原目之舊矣中間王融二詩題爲謝朓舛誤顯然又文木賦出西京雜記乃吳均所爲見張鷟朝野僉載亦不能辨擇至於柏梁一詩顧炎武疑爲依託錢曾謂舊本但稱官位自樵增註妄以其人

實之因啟後人之疑又如宋玉釣賦元淵誤作元洲曹夫人書官綿誤作官錦皆鐫刻之訛而註復强爲之解王應麟辨之此皆樵註之失至楊彪六言詩曲譽曹操即樵亦知其妄矣然唐以前散佚之文間賴是書以傳故前人多著於錄亦過而存之之意也章樵字升道臨安人嘗以朝奉郎知吳縣事而成化杭州府志又作昌化人知處州事參互不合未詳孰是今無可考證姑並存之焉

乾隆四十七年八月恭校上

文苑英華

臣等謹案文苑英華一千卷宋太平興國七年李昉扈蒙徐鉉宋白等奉勅編續又命蘇易簡王佑等參修至雍熙四年書成宋四大書之一也初梁昭明太子撰文選三十卷迄於梁初此書所錄則起於梁末蓋即以上續文選其分類編輯體例亦略相同而門目更爲繁碎則後來文體日增非舊目所能括也周必大平園集有是書跋稱太平御覽册府元龜今閩蜀已刊惟文苑英華士大

夫間絕無而僅有蓋所集止唐文章如南北朝間存一二是時印本絕少雖韓柳元白之文尚未甚傳其他如陳子昂張說張九齡李翺諸名士文集世尤罕見故修書官於柳宗元白居易權德輿李商隱顧雲羅隱或全卷收入當眞宗朝姚鉉銓擇十一號唐文粹由簡致精所以盛行近歲唐文摹印寖多不假英華而傳其不行於世則宜云云蓋六朝及唐代文集南宋時存者尚多故必大之言如是迄今四五百年唐代詩集已漸減於舊文集則宋志所著錄者殆十不存一即如李商隱樊南甲乙集久已散佚今所行本乃朱鶴齡等全自是書錄出又如張說集雖有傳本而以此書所載互校尚遺漏雜文六十一篇則考唐文者惟賴此書之存實爲著作之淵源與南宋之初其事迥異矣書在當時已多訛脫故方崧卿作韓集舉正朱子作韓文考異均無一字引之作證彭叔夏嘗作辨證十卷以糾其舛漏重複然如劉孝威紹古詞一收於二百三卷一收於二百五卷而字句大同小異者叔夏尚未及盡究也此本爲明萬歷中所

刊校正頗詳在活字板太平御覽之上而卷帙浩繁仍多疎漏今參核諸書各爲釐正其無别本可證者則姑仍其舊焉乾隆四十七年十一月恭校上

文苑英華辨證

臣等謹案文苑英華辨證十卷宋彭叔夏撰叔夏廬陵人自署曰鄉貢進士其始末未詳江西通志亦但列其名于紹熙壬子鄉舉條下不爲立傳蓋已無考矣是書因周必大所校文苑英華而作考必大平園集有文苑英華跋曰孝宗皇帝欲刻江鈿文海臣奏其去取差謬不足觀乃詔館閣裒集皇朝文鑑臣因及文苑英華雖祕閣有本然舛誤不可讀俄聞傳旨取入遂經乙覽時御前置校正書籍一二十員往往妄加塗注繕寫裝飾付之祕閣頃嘗屬荆帥范仲藝均倅丁介稍加校正晚幸退休徧求別本與士友詳議疑則闕之惟是原修書非出一手叢脞重複首尾衡決一詩或析爲二二詩或合爲一姓名差互先後顛倒不可勝計其中賦多用員來非讀泰誓正義安知今日之云字乃員之省

文以堯韭對舜榮非讀本草注安知其爲菖蒲又如切磋之磋馳驅之驅挂帆之帆仙裝之裝廣韻各有側音而流俗改切磋爲效課以駐易驅以席易帆以仗易裝今皆正之詳注逐篇之下始雕于嘉泰改元春至四年秋訖工云云是書之首亦有嘉泰四年十二月叔夏自序稱益公先生退老邱園命以校讐考訂商搉用功爲多散在本文覽者難徧因薈稡其說以類而分云云則必大跋所稱與士友詳議者蓋即叔夏故與必大校本同以嘉泰四年成書也書凡四十五篇分類二十曰用字曰用韻曰事證曰事誤曰事疑曰人名曰官爵曰郡縣曰年月曰名氏曰題目曰門類曰脫文曰同異曰離合曰避諱曰異域曰鳥獸曰草木曰雜錄其中如磋驅帆裝諸字與必大所舉者合然序又稱小小異同在所弗錄原注頗略今則加詳其未注者乃附此篇則視必大原本亦多所損益矣文苑英華本繼文選而作於唐代文章採摭至備號爲詞翰之淵藪而卷帙既富牴牾實多在宋代已無善本近日所行又出明人重刊承訛踵謬抑

更甚焉叔夏此書考核精密大抵分實屬承訛在所當改别有依據不可妄改
義可兩存不必遽改三例中如杜牧請追尊號表以高宗伐鬼方爲出尙書實
偶然誤記而叔夏疑是逸書未免有持疑不決之處然其用意謹嚴不輕點竄
亦於是可見矣乾隆四十七年十月恭校上

唐文粹

臣等謹案唐文粹一百卷宋姚鉉編陳善捫蝨新話以爲徐鉉者誤也姚鉉字
寶臣廬州人自署郡望故曰吳興太平興國中第進士官至兩浙轉運使詩文
儷偶皆莫盛于唐盛極而衰流爲弊格故亦莫雜于唐鉉是編文賦惟取古體
而四六之文不錄詩歌亦惟取古體而五七言近體不錄蓋于歐梅未出以前
毅然矯五代之弊與穆修柳開相應者實自鉉始其中如杜審言臥病人事絶
一首較集本少後四句則鉉亦有所删削又如岑文本請勤政改過疏之類皆
文苑英華所不載其蒐羅亦云廣博王得臣麈史乃譏其未見張登集殊失之

苛惟文中芟韓愈平淮西碑而仍録段文昌作未免有心立異詩中如陸龜蒙江湖散人歌類皆收之亦未免過求質朴稍失别裁耳乾隆四十七年五月恭校上

西崑酬唱集

臣等謹案西崑酬唱集二卷原本不題何人所編前有楊億序稱卷帙爲億所分書名亦爲億所題而不言裒而成集出於誰手考田況儒林公議云楊億兩禁變文章之體劉筠錢惟演輩皆從而效之以新詩更相屬和億復編敘之題曰西崑酬唱集然則即億編也凡億及劉筠錢惟演李宗諤陳越李維劉隲刁衎任隨張詠錢惟濟丁謂舒雅晁迥崔遵度薛映劉秉十七人之詩而億序乃稱屬而和者十有五人豈以錢劉爲主而億與李宗諤以下爲十五人歟詩皆近體上卷凡一百二十三首下卷凡一百二十五首而億序稱二百有五十首不知何時佚二首也其詩宗法唐李商隱詞取妍華而不乏興象效之者漸失

本眞惟工組織於是有優伶撏撦之戲石介至作怪說以刺之而祥符中遂下詔禁文體浮豔然介之說蘇軾嘗辨之眞宗之詔緣於宣曲一詩有取酒臨邛之句陸游渭南集有西崑詩跋言其始末甚詳初不緣文體發也其後歐梅繼作坡谷迭起而楊劉之派遂不絕如綫要其取材博贍練詞精整非學有根柢不能鎔鑄變化自名一家固亦未可輕詆矣其書自明代以來世罕流布毛奇齡初得舊本於江寧徐乾學爲之刊板以剞劂未工不甚摹印康熙戊子長洲朱俊升又重鐫之前有常熟馮武序馮舒馮班本主西崑一派武其猶子故於是書極其推崇然武謂元和太和之際李義山傑起中原與太原溫庭筠南郡段成式皆以格韻清拔才藻優裕爲西崑三十六以三人俱行十六也考唐書但有三十六體之說無西崑字億序是集稱取玉山策府之名題曰西崑酬唱集則三十六與西崑各爲一事武乃合而一之舛誤甚矣乾隆四十七年十一月恭校上

同文館唱和詩

臣等謹案同文館唱和詩十卷宋鄧忠臣撰同文館以待高麗使人時方考校即其地爲試院因錄同舍唱和之作彙爲一編案宋史藝文志有蘇易簡禁林宴會集歐陽修禮部唱和詩集此書蓋用其例而宋志獨未著錄其相與酬荅者忠臣而外爲張耒晁補之蔡肇余幹耿南仲商倚曹輔柳子文李公麟孔武仲等凡十一人又有但題其名曰向曰益而不著姓二人益疑即溫益向則不知何人也耒補之肇南仲公麟武仲益七人宋史有傳忠臣倚並入元祐黨籍惟幹子文行事不槩見輔亦非靖康時爲樞筦者樓鑰誤合爲一王應麟困學紀聞嘗辨之集中不著唱和年月考宋史耒補之傳俱稱元祐初爲校書郎以耒詩讎書芸閣上補之詩輟直讎書省二語核之乃正其官祕省時而元祐三年知貢舉者爲孔平仲事見本傳此集並無平仲之名則非在三年可知惟忠臣詩有單閼孟夏草木長句自注云丁卯四月還朝丁卯爲元祐二年意者即

在是歲歟又案輔詩云九人同日鎖重闈而子文又有毛遂未至空連房句注云同舍十九人余獨後入疑試官許先後入院宋制本自如此特共事十九人而集中有詩者僅過其半則或有而弗傳或畏耒等之才不敢繼和亦未可知耳乾隆四十七年八月恭校上

唐百家詩選

臣等謹案唐百家詩選二十卷舊本題宋王安石編其去取絕不可解自宋以來疑之者不一曲爲解者亦不一然大抵指爲安石惟晁公武讀書志云唐百家詩選二十卷皇朝宋敏求次道編次道爲三司判官嘗取其家所藏唐人一百八家詩擇其佳者凡一千二百四十六首爲一篇王介甫觀之因再有所去取且題云欲觀唐詩者觀此足矣世遂以爲介甫所纂其說與諸家特異案讀書志作於南宋之初去安石未遠又晁氏自元祐以來舊家文獻緒論相承其言當必有自邵博聞見後錄引晁說之之言謂王荆公與宋次道同爲羣牧司

判官次道家多唐人詩集荆公盡即其本擇善者籤帖其上令吏鈔之吏厭書字多輒移所取長詩籤置所不取小詩上荆公性忽略不復更視今世所謂唐百家詩選曰荆公定者乃羣牧司吏人定也其說與公武又異然說之果有是說不應公武反不知考周煇清波雜志亦有是說與博所記相合煇之曾祖與安石爲中表故煇持論多左袒安石當由安石之黨以此書不愜於公論造爲是說以解之託其言於說之博不考而載之耳此本爲宋乾道中倪仲傳所刋前有仲傳序其書世久不傳　國朝康熙中商邱宋犖始購殘本八卷刻之既又得其全本續刻以行而二十卷之數復完當時有疑其僞者閻若璩歷引高棅唐詩品彙所稱以玄宗早度蒲關詩爲開卷第一陳振孫書錄解題所稱非惟不及李杜韓三家即王維韋應物元白劉柳孟郊張籍皆不及以證其眞又殘本佚去安石原序若璩以臨川集所載補之其文具載若璩潛邱劄記中惟今本所錄共一千二百六十二首較晁氏所記多十六首若璩未及置論或傳

寫讀書志者誤以六十二爲四十六歟至王昌齡出塞詩諸本皆作若使龍城飛將在此本作盧城飛將若據引唐平州治盧龍縣以證之然詩人誤用往往而然不必曲爲之諱唐三百年無一人稱盧龍爲盧城者何獨昌齡杜撰地名此其過尊宋本之失有不可爲典要者矣乾隆四十七年三月恭校上

會稽掇英總集

臣等謹案會稽掇英總集二十卷宋孔延之撰前有自序首題其官爲尚書司封郎中知越州軍州事浙東兵馬鈐轄朱署熙寧壬子五月一日越州清思堂案施宿嘉泰會稽志延之于熙寧四年以度支郎官知越州五年十一月召赴闕壬子正當熙寧五年其歲月與會稽志相合惟志稱延之爲度支郎官而此作司封郎中集中有沈立等和蓬萊閣詩亦作孔司封集爲延之手訂于官位不應有誤未知施宿何所據也延之此書以會稽山水人物著美前世而紀錄賦詠多所散佚因博加搜採旁及碑版石刻自漢迄宋凡得銘志歌詩等八百

五篇輯爲二十卷各有類目前十五卷爲詩首曰州宅次西園次賀監次山水分蘭亭等八子目次寺觀分雲門寺等四子目而以祠宇附之次送別次寄贈次感興次唱和後五卷爲文首曰史辭次頌次碑銘次記次序次雜文書中于作者皆標姓名而獨稱王安石爲史館王相蓋作此書時正安石柄政之際故有所避而不敢直書歟所錄詩文大都由搜巖剔藪而得之故多出名人集本之外爲世所罕見如大歷浙東唱和五十餘人今錄唐詩者或不能舉其姓氏實賴此以獲傳其于唐宋太守題名壁記皆全錄原文尤爲具有卓識蓋逸記遺篇所來既遠以資考證裨益良多固不徒蒐訪之勤爲可嘉尙已此書世鮮流傳藏書家多未著錄此則明山陰祁氏淡生堂鈔存本也乾隆四十七年四月恭校上

清江三孔集

臣等謹案清江三孔集三十卷宋新喻孔文仲及其弟武仲平仲之詩文慶元

中臨江守王蓮所編也文仲字經父嘉祐六年進士官中書舍人武仲字常父嘉祐八年進士官禮部侍郎平仲字毅父治平二年進士官戶部郎中事迹具宋史本傳文仲兄弟與蘇軾蘇轍同時並以文章名一世故黃庭堅有二蘇聯璧三孔分鼎之語南渡後遺文散佚蓮始訪求而刻之前有慶元五年周必大序文獻通考作四十卷陳振孫書錄解題稱文仲二卷武仲十七卷平仲二十一卷皆與此本合文仲詩纔七首然呂祖謙宋文鑑載其早行古詩一首乃佚而不收文鑑編于孝宗淳熙四年是集編于寧宗慶元四年在其後二十一年不應不見豈蓮尚有所去取耶武仲侍郎集載靑詞齋文已非文章正軌且同題曰制于例尤覺未安似非原目平仲郎中集古律詩外別出詩戲三卷皆人名藥名及集句之類蓋仿松陵集雜體別爲一卷例也案王士禎居易錄載宋犖寄三孔文集通僅五卷惜其已非慶元之舊士禎犖皆家富圖籍而所見尚非完帙則此本巋然獨全亦深足寶重矣乾隆四十七年十月恭校上

三劉家集

臣等謹案三劉家集一卷宋劉渙劉恕劉羲仲之遺文也渙字凝之筠州人登天聖八年進士爲潁上令以太子中允致仕長子恕字道原舉進士入高等授鉅鹿主簿遷知和川翁源二縣司馬光受詔修資治通鑑奏請同修轉著作郎與王安石不平告歸終養改祕書丞就家續成前書長子羲仲字壯輿以恕修書功官郊社齋郎洊歷至汝州儀曹因薦召入以宣教郎爲國史檢討三世並剛直有史才而恕最優司馬光稱其博聞強記細大之事皆有依據誠公論也是集爲咸淳中其裔孫御史元高所輯蓋南宋之末已無傳本僅掇拾於殘缺之餘故渙僅詩四首文二首恕僅通鑑外紀序一首併其子所記通鑑問疑羲仲僅家書一首餘皆同時諸人唱和之作及他人之文有關於渙父子者也其中稱渙曰西澗先生稱恕曰祕丞稱羲仲曰檢討固其子孫之詞至於諸人詩文標題一概删去其稱字之文而改曰西澗先生祕丞檢討殊非其實矣此則

編次之陋也至明萬安貪鄙無恥爲世僇笑而獨存其一跋於卷末渙父子祖孫豈藉世人以表章乎今刊除之俾無爲三人之玷焉乾隆四十七年九月恭校上

二程文集

臣等謹案二程文集十三卷附錄一卷宋明道程子伊川程子合集也陳振孫書錄解題載明道集四卷遺文一卷伊川集一本二十卷一本九卷又河南程氏文集十二卷二程共爲一集爲建寧所刻本是宋世所傳已參錯不同此本出自胡安國家劉珙張栻嘗刻之長沙于原文頗有改削如定性書明道行述上富公謝帥書中删落至數十字又辭官表顚倒次第易傳序改沿爲泝祭文改姪爲猶子朱子深以爲不可嘗以書抵珙及栻言之甚詳具載晦菴集中然當未盡用其說葢以字句之異同非宏旨之所繫也元至治間臨川譚善心重爲校刊始與蜀人虞槃商榷考訂悉從朱子所改其定性書富謝二書所删字

亦求得別本補足又搜緝程子遺文十六篇遺事十一條並朱子論胡本錯誤諸書別爲二卷附之于後惟伊川詩僅有三章河南府志載其陸渾樂遊詩云東郊漸微綠驅馬欣獨往舟縈野渡時水樂春山響身閒愛物外趣逸諧心賞歸路逐樵歌落日寒山上集中無之其體格亦不類濂洛詩派地志多假借名人以誇張勝蹟其殆好事者所依託歟乾隆四十七年十月恭校上

宋文選

臣等謹案宋文選三十二卷不著撰人姓氏所選皆北宋人文自歐陽修以下凡十四人皆取其文之有關於經術政治者而詩賦碑銘之類不載焉原本爲宋刻傳鈔出於崑山徐元文家蓋必南渡以前人所輯中無三蘇文字而黄庭堅張耒之文則錄之意當時蘇文之禁最嚴而黄張之類又稍寬也又其中無二程文者蓋不欲以文士稱之何焯嘗謂曾鞏佚文如書魏鄭公傳後諸篇皆元豐類稿所無惟見此選案宋文鑑亦載書魏鄭公傳後固非獨此本也然安

知宋文鑑非採取出於是編耶宋人選其本朝人文在今存者已少是書宏備雖不及文鑑然用意嚴慎非出於無識者也張邦基墨莊漫錄載是書尚有後集今已不傳云乾隆四十七年四月恭校上

欽定四庫全書提要卷一百七

集部二十九

總集類二

坡門酬唱集

臣等謹案坡門酬唱集二十三卷宋邵浩編輯浩字叔義金華人書前有張叔椿序云歲己酉謁來豫章機幕邵君實隆興同升出示巨編目曰坡門酬唱總成六百六十篇命工鋟木以廣其傳末題紹興元年五月二十四日又有浩自作引云紹興戊寅浩年未冠肄業成均隆興癸未始得第以歸因取兩蘇公兄唱弟和及門下六君子平日屬和兩公之詩摭而錄之曰蘇門酬唱淳熙己酉浩官豫章臨江謝公自中丞遷尙書均逸未歸爲之作序且更曰坡門酬唱末題紹興庚戌四月一日考癸未爲孝宗隆興元年己酉爲淳熙十六年上距高宗紹興元年辛亥已五十九年且庚戌爲建炎四年亦不得題紹興二序紀年

顯然有誤案淳熙己酉孝宗内禪次年庚戌即光宗紹熙元年則序内紹興必紹熙之訛特據浩引所言叔椿序當先成乃浩引題四月而叔椿序反題五月亦爲舛錯未合殆傳寫既久或經後人所妄改也其書專錄蘇軾蘇轍兄弟及黄庭堅秦觀晁補之張耒陳師道李廌等平日酬唱和答之作前十六卷皆軾詩而轍及諸人和之者次轍詩四卷黄庭堅等詩三卷亦錄軾及諸人和作李廌闕焉其不在八人之數而别有繼和者亦皆附入爲注以别之其詩大抵本集所已有又如山谷外集所載次韻子瞻書黄庭堅經尾付蹇道士詩次韻晁補之廖正一贈答詩補之又有和子瞻種松贈杜輿秀才三首今坡集載坡詩止二首而此集均未編入亦不能無所掛漏然次韻之詩惟東坡變化不窮稱爲獨絶而諸家才力頗亦足以相抗浩更彙而合之使讀者參比互證得以稍窺用意之所在於詩學亦不爲無補焉乾隆四十七年九月恭校上

臣等謹案樂府詩集一百卷宋郭茂倩撰建炎以來繫年要錄載茂倩爲侍讀學士郭褒之孫郭源中之子其仕履未詳本鄆州須城人此本題曰太原蓋署郡望也是集總括歷代樂府上起陶唐下迄五代其解題徵引浩博援據精審宋以來考樂府者無能出其範圍每題以古詞居前擬作居後使同一曲調而諸格畢備不相沿襲可以藥剽竊形似之失其古詞多前列本詞後列入樂所改得以考知孰爲側孰爲趨孰爲豔孰爲增字減字其聲詞合寫不可訓詁者亦皆題下註明尤可以藥摹擬聱牙之弊誠樂府中第一善本明梅鼎祚古樂苑曰郭氏意務博覽間有詩題偶列樂府如採桑則劉邈萬山見採桑人從軍行則王粲從軍詩梁元帝同王僧辨從軍江淹擬李都尉從軍張正見星名從軍詩庾信同盧記室從軍之類有取詩首一二語竄入前題如自君之出矣則鮑令暉題詩後寄行人長安少年行則何遜學古詩長安美少年之類有辭類前題原未名爲歌曲如苦熱行任昉何遜但云苦熱鬬雞篇梁簡文但云鬬雞

之類有賦詩爲題而其本辭實非樂府若張正見晨雞高樹鳴本阮籍詠懷詩晨雞鳴高樹命駕起旋歸張率雀乳空井中本傅玄雜詩鵲巢丘城側雀乳空井中之類亦有全不相蒙如善哉行則江淹擬魏文遊宴秋風則吳邁遠古意贈今人之類有一題數篇半爲牽合如楊方合歡詩則後三首爲雜詩採蓮曲則梁簡文後一首本蓮花賦中歌之類並當刪正云云其説亦頗中理然卷帙既繁牴牾難保司馬光通鑑猶病之何況茂倩斯集要之大廈之材終不以寸朽棄也乾隆四十七年三月恭校上

歲時雜詠

臣等謹案歲時雜詠四十六卷宋眉山蒲積中編初宋綬有歲時雜詠二十卷見郡齋讀書志晁公武謂宣獻昔在中書第三閣手編古詩及魏晉迄唐人歲時章什釐爲十八卷今益爲二十卷而此書前有紹興丁卯積中自序稱宣獻所集允稱廣博然本朝如歐陽蘇黄與夫半山宛陵文潛無已之流逢時感慨

發爲辭章不在古人下因取其卷目而擇今代之詩附之名曰古今歲時雜詠鋟板以傳蓋積中特因綬原本增入宋人之詩而目類則一仍其舊惟晁公武載綬原本詩一千五百六首而此本二千七百四十九首比綬所錄增多一千二百四十三首而卷數則廣至倍而有羸疑其於舊卷次第亦略有所分析也其書自一卷至四十二卷爲元日至除夜二十八目其後四卷則凡祇題月令而無節序之詩皆附焉古來時令之詩摘錄編類莫備於此亦頗可以資採掇云乾隆四十七年十月恭校上

嚴陵集

臣等謹案嚴陵集九卷宋董棻編棻東平人逌之子也自署曰廣川蓋自謂仲舒裔耳紹興間棻知嚴州因輯嚴州詩文自謝靈運沈約以下迄于南宋之初前五卷皆詩第六卷附賦二篇七卷至九卷則皆碑文題記雜文有紹興九年棻自序謂嘗與僚屬修是州圖經蒐求碑版稽考載籍所得逸文甚多又得郡

人俞彦先家所藏書與教授沈俵廣求備錄而成是集其編錄亦可謂勤矣中如司馬光獨樂園釣魚菴詩本作于洛中以首句用嚴子陵事因牽而入于此集未免假借附會沿地志之陋習然所錄詩文唐以前人雖尙多習見至於宋人諸作自有專集者數人外他如曹輔呂希純陳瓘朱彦江公望江公著蔡肇張伯玉錢勰李昉扈蒙劉昌言魯有開丁謂范師道張保雝章岷阮逸闞詠李師中龐籍孫沔王存馮京刁約元絳張景修岑象求邵亢馬存陳軒吴可幾葉棐恭劉涇賈青王逵張綬余闢刁衎倪天隱周邦彦羅汝楫詹亢宗陳公亮錢聞詩諸人今有不知其名者有知名而不見其集者藉者是編尙存梗槩是亦談藝者所取資也乾隆四十七年九月恭校上

南嶽倡酬集

臣等謹案南嶽倡酬集一卷宋朱子與張栻林用中同遊南嶽倡和之詩也用中字擇之號東屏古田人嘗從朱子遊是集作於乾道二年十一月前有栻序

稱來往湖湘二紀夢寐衡岳之勝丁亥秋新安朱元晦來訪予湘水之上偕爲此遊而朱子詩題中亦稱栻爲張湖南蓋必栻當時官於衡湘間故有此稱而宋史本傳止載栻孝宗時任荆湖北路轉運副使後知江陵府安撫本路不言其曾官湖南疑史有脱漏也其遊自甲戌至庚辰凡七日朱子東歸亂稿序稱得詩百四十餘首栻序亦云百四十有九篇今此本所録止五十七題以朱子大全集參校所載又止五十題亦有大全集所有而此本失載者又每題皆三人同賦以五十七題計之亦不當云一百四十九篇不知何以參錯不合又卷中聯句往往失去姓氏標題其他詩亦多依朱子集中之題至有題作次敬夫韻而其中又有敬夫詩者皆非體例疑已出後人重編非當日原本矣後有朱子與林用中書三十二篇用中遺事十條及朱子所作字序二首則後人因用中而採附之者用中爲紫陽高弟著作多就湮沒惟此本尚可考見其遺詩録而存之庶不致無傳於後云乾隆四十七年十月恭校上

萬首唐人絕句

臣等謹案萬首唐人絕句一百卷宋洪邁編邁有容齋隨筆已著錄邁於淳熙間錄唐五七言絕句五千四百首進御後復補輯得滿萬首爲百卷紹熙三年上之是時降勅褒嘉有選擇甚精備見博洽之諭陳振孫書錄解題謂其中多採宋人詩如李九齡郭震滕白王嵓王初之屬其尤不深考者爲梁何遜劉克莊後村詩話亦謂其但取唐人文集雜說鈔類成書非必有所去取蓋當時瑣屑摭拾以足萬首之數其不能精審勢所必然無怪後人之排詆至程珌洺水集責邁不應以此書進御則與張栻詆呂祖謙不應編文鑑同一偏見論雖正而實迂矣是書原本一百卷每卷以百首爲率今考書中有一卷而百餘首者有一卷而不及百首者又七言原缺第十八十九二十二十一二十二五言原缺第十七二十三二十四二十五共九卷無可校補今亦仍之焉乾隆四十七年三月恭校上

聲畫集

臣等謹案聲畫集八卷宋孫紹遠編紹遠字稽仲其自署曰谷橋未知谷橋何地也所錄皆唐宋人題畫之句曰古賢曰故事曰佛像曰神仙曰仙女曰鬼神曰人物曰美人曰蠻夷曰贈寫眞者曰風雲雪曰州月郡山川曰四時曰山水曰林木曰竹曰梅曰窠石曰花卉曰屋舍器用曰屛扇曰畜獸曰翎毛曰蟲魚曰觀畫題畫曰畫壁雜畫分作二十六門錢曾讀書敏求記謂其書不著編者姓氏後人以卷首有劉莘老題老子畫像詩因誤爲莘老所輯此本卷首有淳熙丁未十月紹遠自序謂入廣之明年以所攜前賢詩及借之同官擇其爲畫而作者編爲一集名之曰聲畫用有聲畫無聲詩之意也則爲紹遠編集確有明證豈曾所藏本偶失此序耶其中編次頗爲瑣屑如卷五梅爲一門卷六花卉門中又有早梅黑梅諸詩殊少倫緒然序稱畫有久近詩有先後其他參差不齊甚多故不得而次第之則紹遠亦自言之矣其所錄如折中古夏均父徐

師川陳子高王子思劉叔贛僧士珪王履道劉王孟林之來李元應喻迪孺李

誠之潘邠老崔德符王佐才曾子開崔正言林子仁吳元中張子文王承可曹

元象僧善權祖可璧師聞人武子韓子華蔡大啟程叔易李成年趙乂若謝民

師李膺仲倪巨濟華叔深歐陽闢諸人其集皆不傳且有不知其名字者頗賴

是書存其一二則非惟有資于畫且有資于詩矣乾隆四十七年八月恭校上

宋文鑑

臣等謹案宋文鑑一百五十卷宋吕祖謙編案李心傳建炎以來朝野雜記稱

臨安書坊有所謂聖宋文海者近歲江鈿所編孝宗得之命本府校正刻板周

必大言其去取差謬遂命祖謙校正於是盡取祕府及士大夫所藏諸家文集

旁采傳記他書悉行編類凡六十一門又稱有近臣密啟所載臣寮奏議有詆

及祖宗政事者不可示後世乃命直院崔敦詩更定增損去留凡數十篇然迄

不果刻也此本未知爲祖謙原本爲敦詩改本朱子語錄稱文鑑收蜀人吕陶

論制師服一篇爲敦詩所删此本六十一卷中仍有此篇則非敦詩改本確矣

商輅序稱當時臨安府及書肆皆有板與心傳所記亦不合蓋官未刻而後來

坊間私刻之故仍從原本耳同時張栻遺朱子書議祖謙此書無補於治道無

補於後學並責其承當編此等文字非所以成君之德其論似高而實過朱子

語錄記其選錄五例亦微論其去取有未當然陳振孫記朱子晚年語學者曰

此書編次篇篇有意其所載奏議亦係當時政治大節祖宗二百年規模與後

來中變之意盡在其間非選粹比也則朱子亦深許之矣乾隆四十七年十一

月恭校上

古文關鍵

臣等謹案古文關鍵二卷宋呂祖謙編取韓愈柳宗元歐陽修曾鞏蘇洵蘇軾

張耒之文凡六十餘篇各標舉其命意布局之處示學者以門徑故謂之關鍵

卷首冠以總論看文作文之法考宋史藝文志載是書作二十卷今卷首所載

看諸家文法凡王安石蘇轍李廌秦觀晁補之諸人俱在論列而其文無一篇錄入似此本非其全書宋志或别有所據然書錄解題所載亦祇二卷與今本卷數相合所稱韓柳歐蘇曾諸家亦與今本家數相合知全書實止於此宋志荒謬誤增一十二字也此本爲明嘉靖中所刊前有鄭鳳翔序又别一本所刻旁有鉤抹之處而評論則同考陳振孫謂其標抹注釋以教初學則原本實有標抹此本蓋刊板之時不知宋人讀書於要處多以筆抹不似今人之圈點以爲無用而删之矣葉盛水東日記曰宋人批選文章前有吕東萊次則樓迂齋周應龍又其次則謝疊山也朱子嘗以拘於腔子議東萊矣要之批選議論不爲無益亦講學之一端耳云云然祖謙此書實爲論文而作不關講義盛之所云乃文章正宗之批非此書之評也乾隆四十七年十月恭校上

回文類聚

臣等謹案回文類聚四卷補遺一卷宋桑世昌編世昌有蘭亭考已著錄考劉

勰文心雕龍曰回文所興則道原爲始梅庚註謂原當作慶宋賀道慶也蓋其時璇璣圖詩未出故勰云然世昌以蘇蕙時代在前故用爲託始且繪蕙像于卷首以明刱造之功其說良是然藝文類聚載曹植鏡銘八字回環讀之無不成文實在蕙前乃不標以爲始是亦少疎又蘇伯玉妻盤中詩據滄浪詩話自玉臺新詠以外別無出典舊本俱在不聞有圖此書繪一圖圖莫知所本考原詩末句稱當從中央周四角則實方盤而非圓盤所圖殆亦妄也惟是詠歌漸盛工巧日增詩家既開此一途不可竟廢錄而存之亦足以資博洽是書之末有世昌自跋稱至道御製登載卷首此本無之殆傳寫佚脫歟其補遺一卷則國朝康熙中蘇州朱存孝所采兼及明人然如明典故中所載回文詩三十圖在耳目前者即已不收則所漏亦多矣姑附存以備參考云爾乾隆四十七年十月恭校上

五百家播芳大全文粹

臣等謹案五百家播芳大全文粹一百十卷宋魏齊賢葉棻同編齊賢字仲賢自署鉅鹿人棻字子實自署南陽人考宋南渡以後鉅鹿南陽皆金地殆以魏氏本出南陽偶題郡望非其眞籍也是編皆錄宋代之文駢體居十之六七凡表牋制誥簡疏賦頌記序銘跋無不畢備題曰五百家而卷首所列姓氏實五百二十家網羅可云極富中間多採宦途應酬之作取充卷數不能一一精純又仿文選之例於作者止書其字人遠年湮亦往往難以考見疑爲書肆刊本原無鑒裁故買菜求益不免失之冗濫朱彝尊嘗跋此書惜無人爲之删繁舉要則亦病其冗雜矣然渣滓雖多精華亦寓宋人專集不傳於今者實賴是書略存梗概亦鍾嶸所謂披沙揀金往往見寶者故彝尊雖恨其蕪終賞其博也又彝尊所見徐炯家宋刻本稱二百卷今鈔本止一百十卷尋檢首尾似無闕佚殆彝尊記憶未審或偶然筆誤歟首載紹興庚戌南徐許開序開字仲啟以中奉大夫提舉武夷沖祐觀著有志隱類稾見趙希弁讀書附志云乾隆四十

七年四月恭校上

崇古文訣

臣等謹案崇古文訣三十五卷宋樓昉撰昉字暘叔號迂齋鄞縣人紹熙四年進士歷官守興化軍卒追贈直龍圖閣是集乃所選古文凡二百餘首陳振孫書錄解題稱其大略如呂氏關鍵而所錄自秦漢而下至於宋朝篇目增多發明尤精學者便之所言與今本相合惟書錄解題作五卷文獻通考亦同篇帙多寡迥異疑傳寫者誤脫三十二字也宋人多講古文而當時選本存於今者不過三四家眞德秀文章正宗以理爲主如飲食惟取禦饑菽粟之外鼎俎烹和皆在其所棄如衣服惟取禦寒布帛之外黼黻章采皆在其所捐持論不爲不正而其說終不能行於天下世所傳誦惟呂祖謙古文關鍵謝枋得文章軌範及昉此書而已而此書篇目較備繁簡得中尤有裨於學者蓋昉受業於呂祖謙故因其師說推闡加密正未可以文皆習見而忽之矣乾隆四十七年四

月恭校上

成都文類

臣等謹案成都文類諸家著録皆稱宋袁説友編説友有東塘集已著録是編前有説友序蓋其慶元五年爲四川安撫使時所作然卷首别有題名一頁稱迪功郎監永康軍崇德廟扈仲榮迪功郎新差充利州州學教授楊汝明從事郎廣安軍軍學教授費士威從事郎前成都府學教授何悳固文林郎山南西道節度掌書記宋德之文林郎前利州東路安撫司幹辦公事趙震宣教郎新奏辟知綿州魏城縣主管勸農公事徐景望奉議郎新雲安軍使兼知夔州雲安縣主管勸農公事借緋程遇孫編集而不列説友之名説友序中亦但云爰屬僚士摭諸方策裒諸碑誌而無自爲裁定之語然則此集之編出説友之意此集之成則出入人之手當時舊本題識本明後人以序出説友遂併此書而歸之非其實也所録凡賦一卷詩歌十四卷文三十五卷上起西漢下迄孝宗

淳熙間凡一千篇有奇分爲十有一門各以文體相從故曰文類每類之中又各有子目頗傷繁碎然昭明文選已創是例宋人編杜甫蘇軾詩亦往往如斯當時風尚使然不足怪也以周復俊全蜀藝文志校之所載不免於挂漏然𠟋始者難工踵事者易密固不能一例視之且使先無此書則逸篇遺什復俊必有不能盡考者其蒐輯之功亦何可盡沒乎乾隆四十七年五月恭校上

文章正宗

臣等謹案文章正宗二十四卷續集二十卷宋眞德秀撰分辭令議論敘事詩歌四類總集之錄左傳國語自是編始其持論甚嚴大旨主于論理而不論文劉克莊集有贈鄭寧文詩曰昔侍西山講讀時頗于函丈得精微書如逐客猶遭黜辭取橫汾亦恐非筝笛焉能諧雅樂綺羅原未識深衣嗟予老矣君方少好向師門識指揮其大旨具是矣然克莊後村詩話又曰文章正宗初欲以詩歌入門屬予編類且約以世教民彝爲主如仙釋閨情宮怨之類皆勿取余取

漢武帝秋風詞西山曰文中子亦以此詞爲悔心之萌豈其然乎意不欲收其嚴如此然所謂懷佳人兮不能忘蓋指公卿扈從者似非爲後宮而設凡余所取而西山去之者大半又增入陶詩甚多如三謝之類多不收詳其意又若有所不滿于德秀者蓋道學之儒與文章之士各明一義固不可得而强同也其續集二十卷則皆北宋之文闕詩歌辭命二門僅有敘事議論而末一卷議論之文又有錄無書蓋未成之本世以德秀之故取附前集以行耳乾隆四十七年三月恭校上

天台集

臣等謹案天台前集三卷前集别編一卷續集三卷續集别編六卷宋林師蒧李庚林表民同編師蒧字詠道天台人嘗爲州學學諭表民字逢吉師蒧之子庚字子長其爵里無可考惟郡守宣城李兼序跋有李桀出其先公御史所裒集語又有寓公李公語則嘗官御史而流寓天台者也其書乃編次天台題詠

之作前集爲師𡺸所編皆唐以前之詩即李槩所出其父裒輯舊本而增補之成于寧宗嘉定元年戊辰有李兼序前集別編一卷則表民所輯補又附拾遺詩十二首有陳耆卿跋及表民自記題癸未小至乃嘉定十六年續集前二卷亦李庚原編後一卷則師𡺸林登李次𧫢等所彙錄皆宋初迄政宣間人之詩亦成于嘉定元年後附拾遺詩七首跋稱得此于會稽鬻書者十年今刻之續集後當亦表民所題也續集別編則表民以所得南渡後諸人之詩及續集內闕載者次第裒輯而成前五卷末有表民自跋題戊申中秋乃理宗淳祐八年後一卷末題庚戌夏五則淳祐十年父子相繼甄輯歷四十年而後成書其網羅之勤可謂至矣表民別有赤城集詩文兼載此則專採詩什而文不及焉雖方隅賦詠不能窺見作者大全而遺集淪亡者每藉此以幸存百一足爲考古者採摭所資固當與會稽掇英總集諸書並傳不廢爾乾隆四十七年十月恭校上

赤城集

臣等謹案赤城集十八卷宋林表民編集中載吳子良赤城續志序稱其字曰逢吉與撰天台前集别編之林表民合又稱爲東魯人則里貫互異蓋其先世自曲阜徙臨海故從其祖貫言之非别一人也表民嘗續陳耆卿赤城志復取記志書傳銘誄賛頌之文爲志所不載者薈而輯之以成此集前有淳祐八年吳子良序稱分門薈稡幷詩爲一今此集僅有文一百八十二首而無詩又明謝鐸赤城新志載赤城集二十八卷有刻本在内閣而此本亦祇十八卷疑原本尚有詩十卷爲傳鈔者所脱佚已非完本矣乾隆四十七年五月恭校上

妙絕古今

臣等謹案妙絕古今四卷不著編輯者名氏前有嘉靖乙卯南贛巡撫談愷刊書序後有南安知府王廷幹跋但稱爲宋人所選而不得其本末宋史藝文志亦無此書之名今以元趙汸東山存稿考之蓋湯漢所編也漢有東澗遺集已

別著錄是編甄輯古文起春秋左氏傳訖眉山蘇氏凡二十一家七十九篇卷首原序有稱東澗書者即漢之自題其稱紫霞老人者則趙汝騰所題趙汸謂曾見鄱陽馬公文有妙絶古今序後於書肆見是書卷首不載馬公之序今此本亦無之而馬廷鸞碧梧玩芳集世已失傳惟永樂大典閒存一二亦無此序則其佚久矣書中所錄代不數人人不數首似不足槩古今作者故趙汸稱觀馬公詞意若無取焉者獨汸以宋代衰微之故與漢出處大槩推闡其旨以爲南渡忍恥事讐理宗容姦亂政故取左氏國策所載之事以昭諷勸而并及於漢唐二代興亡之由又取屈原樂毅韓愈送孟東野序歐陽修蘇子美集序諸篇有感於士之不遇而復進之於道以庶幾乎知所自反其去取之閒篇篇具有深義因作爲題後以發明之凡一千四百餘言而漢著書之意始明乃知以闕略議之者由未論乎其世矣書中閒有評注當亦出漢原本今並錄存之自序稱壬寅乃理宗淳祐元年蓋猶其未仕時所撰定云乾隆四十七年十月恭

校上

弘秀集

臣等謹案弘秀集十卷宋李龏編龏有梅花衲翦綃集已著録此所選唐代釋子之詩自皎然以下凡五十二人詩五百首採摭頗富而亦時有不檢如釋寶月行路難一首載玉臺新詠第九卷中本非僻書又鍾嶸詩品下卷以齊釋惠休道猷寶月共爲一條且詳録其事曰行路難是東陽柴廓所造寶月嘗憩其家會廓亡因竊而有之廓子賫手本出都欲訟此事乃密賂止之云云亦非僻書龏乃録之第五卷中殊爲舛誤至賈島始爲浮屠名無本周朴始爲浮屠名清塞後島遇韓愈勸返初服仕至長江簿朴爲姚合所賞亦加冠巾黄巢之亂抗節罵賊而死其在士大夫中亦卓然不愧於儒者龏乃録其詩四十五首入此集亦爲不類如云追録其爲僧之作則賈島一集何以又不採録此亦自亂其例也豈誤以七卷所録吟馬嵬漢上諸詩之别一無本爲即島耶唐釋能詩

者衆其最著者莫過皎然齊己貫休然皎然稍弱貫休稍麤要當以齊己爲第一今觀犨所錄如集中聽琴劍客登南岳祝融峯諸篇皆不見收則別裁去取亦未盡諸僧所長然唐僧有專集者不過數家其餘散見諸書漸就澌滅犨能裒合而存之俾殘章斷簡一一有傳于後其收拾散亡要亦不能謂之無功也

乾隆四十七年十月恭校上

衆妙集

臣等謹案衆妙集一卷宋趙師秀編師秀有淸苑齋集已著錄是集錄唐代五七言律詩起沈佺期訖王貞白共七十六人不甚詮次先後五言居十之九七言僅十之一師秀之詩大抵沿溯武功一派意境頗狹而是集乃以風度流麗爲宗多近中唐之格馮氏才調集凡例謂其惟取名句殆不盡然陳振孫書錄解題不載其名此本明季出自嘉興屠用明家寒山趙靈均以授常熟馮班班寄毛晉刊之始傳于世其書晚出故談藝家罕論及之然其去取之間確有法

度不似明人所依託疑當時偶爾選錄自供吟詠非有意勒爲一編故前後無序跋亦未刊板行世惟傳其詩法者轉相繕寫幸留于後耳觀其有近體而無古體多五言而少七言確爲四靈門徑與其全集可以互相印證明末作僞之人斷不能細意脗合如是也乾隆四十七年九月恭校上

江湖小集

臣等謹案江湖小集九十五卷相傳宋陳起編所錄凡六十二家内惟姚鏞周文璞吳淵許棐有賦及雜文餘皆詩也宋自光寧以後游士每以詩干謁如高九萬之類見於方回所記者甚衆臨安書賈陳起字宗之亦頗能詩多與諸人遊遂收其詩並己詩刻爲江湖集寶慶初史彌遠廢立之際起有詩云秋雨梧桐皇子府春風楊柳相公橋彌遠聞之怒捕起黥配遂下詔禁作詩毁江湖集板彌遠死詩禁乃解今世傳此本以爲即起所集然彌遠死於紹定六年而集中多載端平淳祐寶祐紀年反在其後考永樂大典所引尚有江湖續集江湖

後集豈後人合併爲一刪其舊目耶又如洪邁姜夔皆孝宗時人而邁及吳淵樂雷發等位皆通顯不應列之江湖則或原書濫收或後人附益耳宋末詩格卑靡所錄不必盡工然南渡後詩家姓氏不顯者多賴是書以傳其捃摭之功亦不可沒矣乾隆四十七年三月恭校上

江湖後集

臣等謹案江湖後集二十四卷宋陳起編案起以刻江湖集得名然其書刻非一時板非一律故諸家所藏如黃俞邰朱彝尊曹楝吳焯及花谿徐氏花山馬氏諸本少或二十八家多至六十四家輾轉傳鈔眞贋錯雜莫詳孰爲原本今檢永樂大典所載有江湖集有江湖前集有江湖後集有中興江湖集諸名其接次刊刻之迹略可考見以世傳江湖集本互核其人爲前集所未有者凡鞏豐周弼劉子澄林逢吉林表民周端臣趙汝鐩鄭清之趙汝績趙汝回劉庚夫葛起文趙崇嶓張榘姚寬羅椅林昉戴埴林希逸張煒万俟紹之儲永朱復之

李時可盛烈史衛卿胡仲弓曾由基王諶李自中董杞陳宗遠黄敏求程炎子劉直張紹文章采章粲盛世忠程垣王志道蕭澥蕭元之鄧允端徐從善高吉釋圓悟釋永頤凡四十八人考林逢吉即林表民之字蓋前後刊板所題偶異實得四十七人又詩餘二家爲吳仲方張輯共五十人有其人已見前集而詩爲前集未載者凡敖陶孫李龏黄文雷周文璞葉茵張藴俞桂武衍胡仲參姚鏞戴復古危稹徐集孫朱繼芳陳必復釋斯植及起所作共十七人惟是當時所分諸集大抵皆同時之人隨得隨刊稍成卷帙即别立一名以售其分隸本無義例故往往一人之詩而散見於數集之内如一一復其舊次轉嫌割裂參差難於尋檢謹校驗前集删除重複其餘諸集悉以人標目以詩繫人合爲一編統名之曰江湖後集庶條理分明篇什完具俾宋季詩人姓名篇什湮没不彰者一一復顯于此日亦談藝之家見所未見者矣乾隆四十六年九月恭校上

三體唐詩

臣等謹案三體唐詩六卷宋周弼編弼字伯弼陽穀人文璞之子有端平詩雋別著錄三體者七言絕句七言律詩五言律詩也首載選例七言絕句分七格一曰實接一曰虛接一曰用事一曰前對一曰後對一曰拗體一曰側體七言律詩分六格一曰四實一曰四虛一曰前虛後實一曰前實後虛一曰結句一曰詠物五言律詩分七格前四格與七律同後三格一曰一意一曰起句一曰結句宋末風氣日薄詩家多不工古體故趙師秀衆妙集方回瀛奎律髓所錄者無非近體弼此書亦同其所列諸格尤不盡詩之變而其時詩家授受有此規程存之亦足備一說舊有元釋圓至註本已別著錄此本高士奇所補正雖未能本本源源盡究出典而文從字順視舊註差清整矣乾隆四十七年九月恭校上

論學繩尺

臣等謹案論學繩尺十卷宋魏天應編林子長注天應號梅墅自稱鄉貢進士子長號筆峯官京學教諭皆閩人也是編輯當時場屋應試之論冠以論訣一卷所錄之文分十集凡甲集十二首乙集至癸集俱十六首每兩首立爲一格共七十八格每題先標出處次舉立說大意而綴以評語又略以典故分注本文之下蓋建陽書肆刋歲久頗殘闕失次明福建提學僉事游明訪得舊本重爲校補又以原注多所訛誤併爲考核增損付書坊刋行何喬新椒邱集有是書序今本不載蓋佚脫矣考宋禮部貢舉條式元祐法以三場試士第二場用論一首紹興九年定以四場試士第三場用論一首限五百字以上成經義詩賦二科並同又載紹興九年國子司業高閌劄子稱太學舊法每旬有課月一周之每月有試季一周之皆以經義爲主而兼習論策云云是當時每試必有一論較諸他文應用之處爲多故有專輯一編以備揣摩之具者天應此集其偶傳者也其始尚不拘成格如蘇軾刑賞忠厚之至論自出機杼未嘗屑屑於

頭項心腹腰尾之式南渡以後講求漸密程式漸嚴試官執定格以待人人亦循其定格以求合於是雙關三扇之說興而場屋之作遂別有軌度雖有縱橫奇偉之才亦不得而越此編以繩尺爲名其以是歟紹興重修貢舉式中試卷犯點抹條下有論策經義連用本朝人文集十句之禁知拘守之餘變爲剽竊故以是防其弊矣然當日省試中選之文多見於此存之可以考一朝之制度且其破題接題小講大講入題諸式實爲明以來八比之濫觴亦足以見制舉之文源流所自出焉乾隆四十七年十月恭校上

吳都文粹

臣等謹案吳都文粹十卷宋鄭虎臣編虎臣字景兆平江人咸淳中官會稽尉即應募送賈似道殺之於木綿菴者也是書專錄吳郡著作之有關掌故者綜緝詳備排比有條洵爲東南典章之所繫其中如李壽朋之箚補新軍汪應辰之中奏許浦水軍趙肅之三十六浦利害郟亶之至和塘六得六失諸篇皆不

見於他書獨賴此本以存其議論精確均爲切於兵農大計至若龔頤正企賢堂記曰長洲爲縣肇唐萬歲通天中而吳地記則云建自貞觀七年考之唐地理志與頤正之記正合又吳地記云常熟縣改自唐貞觀九年而此書中范成大常熟縣題名記曰縣舊爲毗陵至梁而改亦可以證吳地記之非尤爲有資考證焉乾隆四十七年三月恭校上

古文集成

臣等謹案古文集成七十八卷舊本題廬陵王霆震亨福編不著時代觀其標識名字魏徵猶作魏證而宋人奏議於朝廷國家諸字皆空一格蓋南宋書肆本也卷端題新刊諸儒評點字原本於呂祖謙之古文關鍵眞德秀之文章正宗樓昉之迂齋古文標註一圈一點無不具載其殆理宗時所刊乎集以十干爲紀而自甲至癸皆稱曰前某集則有後集而佚之矣凡甲集六卷乙集八卷丙集七卷丁集九卷戊集八卷己集八卷庚集八卷辛集七卷壬集八卷癸集

九卷所錄自春秋以逮南宋文五百二十二首而宋文居十之八雖多習見之作而當日名流其集不傳於今者如馬存曾丰程大昌陳謙方恬鄭景望諸人亦頗賴以存所引諸評如槐城松齋敷齋郎學士戴溪筆議東塾燕談之類今亦罕見其書且有未知其名者宋人選本傳世者稀錄而存之亦足以資循覽也乾隆四十七年五月恭校上

文章軌範

臣等謹案文章軌範七卷宋謝枋得編所錄漢晉唐宋之文凡六十九篇而韓愈之文居三十二柳宗元歐陽修之文各五蘇洵之文四蘇轍之文十二范仲淹之文二其餘諸葛亮陶潛元結杜牧王安石李覯李格非胡銓辛棄疾人各一篇而已前二卷題曰放膽文後五卷題曰小心文前有王守仁序稱爲當時舉業而作然凡所標舉動中窾會要之古文之法亦不外此矣舊本以侯王將相有種乎七字分標七卷近刻以九重春色醉仙桃七字易之觀第三卷批有

先熟侯王兩集之語則此本爲枋得原題近刻乃以意改竄之雖無關大義亦足見坊刻之好改古書不可據爲典要也乾隆四十七年四月恭校上

月泉吟社

臣等謹案月泉吟社一卷宋吳渭編渭字清翁號潛齋浦江人嘗官義烏令入元後退居吳溪立月泉吟社至元丙戌丁亥間徵賦春日田園雜興詩限五七言律體以歲前十月分題次歲上元收卷凡收二千七百三十五卷延致方鳳謝翱吳思齊評其甲乙凡選二百八十人以三月三日揭榜此本僅載前六十人共詩七十四首又附錄句圖三十二聯而第十八聯佚其名蓋後人節錄之本非完書也其人皆用寓名而別注本名于其下如第一名連文鳳改稱羅公福之類未詳其意豈鳳等校閱之時欲示公論以此代糊名耶首載社約題意誓文詩評次列六十人之詩各有評點次爲賞格及送賞啟次爲諸人覆啟亦皆節文其人大抵宋之遺老故多寓遯世之意及聽杜鵑餐薇蕨語王士禎池

北偶談稱其清新尖刻別自一家而以所品高下未當爲移其次第然諸詩風格相近無大優劣士禛所移與鳳等所定均各隨一時之興未見此之必是彼之必非也李東陽懷麓堂詩話曰元季國初東南人士重詩社每一有力者爲主聘詩人爲考官隔歲封題于諸郡之能詩者期以明春集卷私試開榜次名仍刻其優者略如科舉之法今世所傳惟浦江吳氏月泉吟社取羅公福爲首其所刻詩以和平溫厚爲主無甚警拔而卷中亦無能過之者云云則翺之所定東陽固以爲允矣乾隆四十七年十月恭校上

文選補遺

臣等謹案文選補遺四十卷元陳仁子輯仁子字用備茶陵人所著詩文集名牧萊脞語已別著錄此書乃甄錄先秦迄齊梁之文爲文選所未載者以補蕭統之闕故名文選補遺其門人譚紹烈爲之刊行大旨以統所選去取未當前後失宜如存封禪書不若存天人策存劇秦美新不若存更生封事出師表不

當刪去後表九歌不當止存少司命詔命載武帝不載高文論贊取班范不取司馬遷此類皆應補正因輯爲此書凡分三十八類而先儒舊說有可取者亦各注於下方間附己說則稱愚曰以別之大抵皆取有關世教民彝之作而綺靡艷冶者概置不錄其宗旨與原書迥異六朝風尚固屬輕浮顧文選一書祇爲詞章而設則鏤金錯采勢亦難以概芟仁子所編雖嚴慎有餘而苞括終嫌未盡且其所載各文亦不免於舛誤如詠賦爲宋王微所撰乃沿古文苑之謬以微詠賦爲題而繫之宋玉又釣賦誤以蜎淵爲元洲又史記司馬相如傳贊引揚雄語乃後人所附益亦不辨而收之均爲失於檢核然大致純粹用意頗深其爲文選之遺珠者實亦不少讀者擥其菁英固未嘗不足以資研諷也乾隆四十七年四月恭校上

蘇門六君子文粹

臣等謹案蘇門六君子文粹七十卷舊本不著撰人姓氏或傳爲陳亮輯實無

所考六君子者張耒秦觀陳師道晁補之黄庭堅李廌也史稱黄張晁秦爲蘇門四學士而此益以陳李蓋陳李雖與軾交甚晚而師道則以軾薦起官廌以文章見知於軾故以類附之焉其文皆從諸家集中録出凡淮海集十四卷宛邱集二十二卷濟北集二十一卷濟南集五卷豫章集四卷後山集四卷秦觀等五家全集尙存惟廌集久佚今始從永樂大典裒輯成編與此亦互有出入其中鑒別甚嚴至有一篇中刋去首尾繁文蕪句者雖未必一一精確犂然盡當於人之意而猶是宋人所輯舊本亦不可廢也乾隆四十七年四月恭校上

三國志文類

臣等謹案三國志文類六十卷不著撰人名氏今流傳有宋刋本宋史藝文志載此書注云集者不知名則當時已無可考也案柳宗元河東集有柳宗直西漢文類序其文皆採之漢書是編惟採三國志之文蓋沿其例凡分二十三門曰詔書曰敎令曰表奏曰書疏曰諫諍曰戒責曰薦稱曰勸説曰對問曰議曰

論曰書曰牋曰評曰檄曰盟曰序曰祝文曰祭文曰誄曰詩賦曰雜文曰傳所採上涉漢末而下及晉初則以魏志載曹操事皆在建安中而裴松之註所採多晉人書也惟其中勸說對問二門皆當時口語本非詞翰取盈卷帙於義未安又陳壽所評亦猶馬班之贊摘出別立篇名亦乖體例以其宋人舊本姑存之以備考證焉乾隆四十七年十月恭校上

增注唐策

臣等謹案增注唐策十卷不著編輯者名氏前有明正德丁丑新安汪燦序惟言舊刋唐策不知誰集考書中魏徵作魏證與古文集成同則亦宋人作也其集中所錄兼有唐人策論書狀表奏之文而獨以唐策爲名者蓋輯以備答策之用從所重耳每篇略標其要語于上方而卷前目錄又摘其所標之語于題下中間註語有崇曰張曰李曰賓曰董曰諸目崇曰一處作王崇則是其名而餘又皆題其姓均莫詳其所自亦不知諸人爲誰殆當時盛行其本互相訓釋

而書賈合刊之者也所註雖簡略而所錄皆唐人名作持擇頗審非明代坊選冗奧無序者可比以其舊本存備採擇焉乾隆四十七年十一月恭校上

十先生奧論註

臣等謹案十先生奧論註四十卷不著編輯者名氏亦無刊書年月驗其板式乃宋時建陽麻沙坊本也書中集程子張耒楊時朱子張栻呂祖謙楊萬里胡寅方恬陳傅良葉適劉穆元戴溪張震陳武鄭湜諸人所作之論分類編之加以注釋據其原目凡前集後集續集各十五卷此本續集脫去前五卷僅存十卷而前集第七卷以上亦屬後人鈔補其原注并佚去不存所亡之卷已無篇目可考不知作者凡幾即此四十卷中核其作者已十六人但題曰十先生中間宋史有傳者凡十一人其餘若張震字東父益寧人孝宗時中書舍人龍大淵曾覿除知閤門事嘗繳回詞頭事見胡沂傳鄭湜有二其一字溥之福州人光宗時爲從臣奏立太子監國見留正傳其一則紹熙元年爲從政郎進治術

十卷見書錄解題此所載之鄭湜其進治術者歟其恬劉穆元陳武三人則史傳俱無可考見矣宋人文集名著史册者今已十佚其八九而名姓無聞篇章湮滅如集中方恬諸人者更指不勝屈此書雖不外於科舉之學而殘編斷簡得存於遺佚之餘議論往往可觀詞采亦一一可取固網羅放失者所不廢也

乾隆四十七年十一月恭校上

詩家鼎臠

臣等謹案詩家鼎臠二卷不著選輯人姓名卷首有小序署曰倦叟亦無姓氏案倦圃爲曹溶別號此序當即溶所題也其書乃宋末人所錄南渡諸家之詩上卷五十八人下卷三十七人每人各著其里居字號爲例不一所存詩多者十餘首少者僅一二首蓋取嘗鼎一臠之意故以爲名方回瀛奎律髓稱慶元嘉定以來有詩人爲謁客者錢塘湖山什伯爲羣阮梅峯秀實林可山洪孫花翁季蕃高菊磵九萬往往雌黄士大夫口吻可畏今考是書內如林洪孫季蕃

高九萬諸人之詩並在選中或即其時鶩名者所刊以爲應求標榜之具亦陳起江湖小集之類也說者以卷首有王惲姓名指爲元之王秋澗遂謂此書當出於元人不知元之王惲爲汲縣人而此書明題曰古汴王惲乃自開封南渡者署其舊貫之詞宋時往往有此稱實與元時王惲無涉秋澗集內亦並無此詩又書中尚有環溪馬知節與宋史有傳之祥符馬知節亦同姓名而非一人此更可以爲證王惲之爲宋人固無足致疑者特其閒家數太雜時代亦多顚倒失倫未能盡臻精核然裒輯旣廣所錄詩人其有專集流傳者什無一二今惟蘇泂王邁章甫諸人幸於永樂大典中掇拾叢殘遺稿復得重顯於世而其他別無表見者尙多得是書以存其一斑於詩家考據之助要不無小補焉上卷首原脫半頁又上卷末金沙夏某一人名字諸篇均有缺佚今亦姑仍之云

乾隆四十七年三月恭校上

兩宋名賢小集

臣等謹案兩宋名賢小集三百八十卷舊本題宋陳思編元陳世隆補思有寶刻叢編世隆有北軒筆記並已著録是編所録宋人詩集始于楊億終于潘音凡一百五十七家世隆爲思從孫于思所編六十餘家外增輯百四十家稿本散佚曹溶復補綴之今檢編中所録率多漏略如王應麟集雖不傳其遺篇見于四明文獻集者尙多而此編僅以五首爲一集溶不應疎略若此則謂曹溶補綴亦不足信也考王士禎居易録曰竹垞輯宋人小集四十餘種自前卷所列江湖詩外如劉翼䠞父心游摘稿林希逸膚齋十一稿敖陶孫器之臞翁集朱繼芳季實靜佳集林向志潤叟端隱稿劉過改之龍洲集劉仙倫叔擬招山集黃文雷希聲看雲集黃大受德容露香拾稿武衍朝宗藏拙稿張蘊仁溥斗野集劉翰武子小山集張良臣武子雪窗集趙希楹誼父抱拙集利登履道骳稿何應龍子翔橘潭稿沈悅惟肖庸齋集釋永頤山老雲泉集薛嵎仲止雲泉集俞桂希郄漁隱稿葛天民無懷集姚鏞希聲雪蓬集云云是彝尊本有宋人

小集四十餘種或舊稿零落後人得其殘本更掇拾他集合爲一帙又因其稿本出彝尊遂嫁名僞撰二跋歟然編詩之人雖出贋託而所編之詩則非贋託宋人遺稿頗藉是以薈萃其蒐羅亦不謂無功黎邱幻技置之不論可矣乾隆四十七年九月恭校上

柴氏四隱集

臣等謹案柴氏四隱集三卷宋柴望及其從弟隨亨元亨元彪之詩文也望字仲山號秋堂衢州江山人嘉熙中以太學上舍除中書省奏名淳祐六年日食上丙丁龜鑑忤時相下府獄得釋廣王時以薦授迪功郎國史編校辭歸山中元至元十七年卒隨亨字瞻岷登文天祥榜進士歷知建昌軍事元亨字吉甫與隨亨同舉進士歷官朝散大夫荆湖參制元彪字炳中號澤臞居士嘗官察推兄弟入元後俱高不仕之節時稱柴氏四隱望所著有道州苔衣集詠史詩涼州鼓吹元彪所著有襪線集隨亨元亨亦多所著述後皆散佚至明萬歷中

其十一世孫復貞等力加蒐葺元亨之作已無復存因合望隨亨元彪詩文爲一集仍以四隱爲名世所行者止望之秋堂一集而此本流播絶少錢塘吳允嘉始得刻本鈔傳之又據江西志及詩永龢以外集詩五首遂爲完書望詩格頗近晚唐而無宋人杈枒之習隨亨元彪所作差遜其兄然諒節高風萃於門內雖遺編零落而幽憂悲感之意託諸歌吟者往往猶可考見其人足重即其詩亦足以傳矣乾隆四十三年五月恭校上

欽定四庫全書提要卷一百八

集部三十

總集類三

中州集

臣等謹案中州集十卷附中州樂府一卷金元好問編好問有續夷堅志已著錄是集錄金一代之詩首錄顯宗二首章宗一首不入卷數其餘分爲十集以十干紀之辛集目錄旁註別起二字其人亦復始於金初似乎七卷以前爲正集七卷以後爲續集也壬集自馬舜之下別標諸相一門列劉豫等十六人狀元一門列鄭子聃等八人異人一門列王中立等四人隱德一門列薛繼先宋可張濳曹珏四人詩而獨標繼先名疑傳寫訛脫癸集列知己三人曰辛愿李汾李獻甫南冠五人曰司馬朴滕茂實何宏中姚孝錫朱弁而附見宋遺民趙滋及好問父兄詩於末前有好問自敘稱魏道明作百家詩略商衡爲附益之

好問又增以己之所錄以成是編其例每人各爲小傳詳具始末兼評其詩或一傳而附見數人或附載他文或兼他事大致主於借詩以存史故旁見側出不主一格其選錄諸詩頗極精審實在宋末江湖諸派之上後附中州樂府一卷與此集皆毛晉所刊卷末各有晉跋稱初刻中州集佚其樂府後得陸深家所藏樂府乃足成之今考集中小傳皆兼評其樂府是樂府與中州集合爲一編之明證今亦仍舊本錄之不別入詞曲類焉乾隆四十七年五月恭校上

唐詩鼓吹

臣等謹案唐詩鼓吹十卷不著撰人名氏據趙孟頫序稱爲金元好問所編其門人中書左丞郝天挺所註　國朝常熟陸貽典題詞則據金史隱逸傳謂天挺乃好問之師非其門人又早衰厭科舉不復充賦亦非中書左丞頗以爲疑案王士禎池北偶談曰金元間有兩郝天挺一爲元遺山之師一爲遺山弟子考元史郝經傳云其先潞州人徙澤州之陵川祖天挺字晉卿元裕之嘗從之

學裕之謂經曰汝貌類祖才器非常者是也其一字繼先其父於元太宗世多著武功天挺英爽剛直有志略受業於遺山元好問累官河南行省平章事追封冀國公謚文定爲皇慶名臣嘗修雲南實錄五卷又註唐詩鼓吹集十卷近常熟刻鼓吹集乃以爲隱逸傳之晉卿而致疑於趙文敏之序稱尚書左丞又於尚書左丞上妄加金字誤甚云云然則貽典等所考知其一而不知其二矣好問所錄皆唐人七言律詩凡九十六家共五百九十六首作者各題其名惟柳宗元杜牧題其字未喻何故第四卷中宋邕詩十一首天挺註以實出曹唐集中題作宋邕當必有據然第八卷中胡宿詩二十三首今並見文恭集中實爲宋詩誤入則亦不免小有疎舛顧其書與方回瀛奎律髓同出元初而去取謹嚴軌轍歸一大抵遒健宏敞無宋末江湖四靈瑣碎寒儉之習實出方書之上天挺之註雖頗簡略而但釋出典尚不涉於穿鑿亦不似明廖文炳等所解橫生枝節庸而至於妄也乾隆四十七年五月恭校上

二妙集

臣等謹案二妙集八卷金段克己成己兄弟所作詩集也克己字復之號遯菴成己字誠之號菊軒稷山人成己登正大間進士授宜陽主簿元初起爲平陽府儒學提舉不赴而克己終隱於家兄弟並工文章早擅時譽金尚書趙秉文嘗目之曰二妙其合編詩集即以是名泰定間克己之孫輔官吏部侍郎以示吳澄序而傳之房祺輯河汾諸老詩集亦首録其兄弟之作朱彝尊曝書亭書目於二妙集下乃題作段鏞段鐸撰考虞集所作段氏世德碑鏞鐸實克己成己之五世祖鐸官至防禦使未嘗有集行世彝尊蓋偶誤也集凡詩六卷樂府二卷大抵骨力堅勁意致蒼凉值宗邦傾覆之餘甘心肥遯而興亡之感時流露於不自知其志節足悲而其詩品不以華藻爲工亦能翛然拔俗案河汾諸老詩集所載尚有克己楸花詩一首成己蘇氏承顔堂詩等七首皆不在此集中疑當時所自删削又此集中成己冬夜無寐一首中秋二首雲中暮雨一首

河汾諸老詩集皆題爲克己作此集出自段氏家藏編次必無舛錯當屬房祺所誤收今姑各仍其舊而特識其同異於此焉乾隆四十七年五月恭校上

谷音

臣等謹案谷音二卷元杜本編本有清江碧嶂集已著錄是編末有張槼跋稱右詩一卷凡二十三人無名者四人共一百首明毛晉跋則稱谷音二卷宋末逸民詩也凡二十有九人詩百篇此本上卷凡十人詩五十首下卷凡十五人無名者五人詩五十一首當爲三十人詩一百一首與二跋皆不合其釐爲二卷亦不知始自何人也每人各載小傳惟柯芝柯茂謙父子共一傳楊應登楊零祖孫共一傳凡小傳二十有八其間如王澮程自修冉琇元吉孟鯁皆金元間人張璜以牙兵戰沒汪涯以不草露布爲賈似道所殺毛晉以爲皆宋逸民亦約略大概言之耳本所著清江碧嶂集詞意矗淺不稱其名而是集所錄乃皆古直悲涼風格遒上無宋末江湖齷齪之習其人又皆仗節守義之士足爲

詩重王士禎論詩絶句曰誰嗣篋中冰雪句谷音一卷獨錚錚其品題當矣乾隆四十七年十月恭校上

河汾諸老詩集

臣等謹案河汾諸老詩集八卷元房祺編祺平陽人據高昂霄跋稱祺爲大同路儒學教授而祺作後序自稱横汾隱者豈能官後乃編斯集耶所編凡麻革張宇陳賡陳賡房皡段克己段成己曹之謙八人之詩人各一卷皆金之遺老從元好問游者曹之謙本大同人以流寓河汾遂營邱墓故總以河汾諸老題焉祺後序稱好問有專集行世故不録其詩然段氏兄弟亦自有二妙集乃其孫輔所編蓋二妙集出於泰定中祺爲此集時尚未輯成故其詩仍得録入也其書成於大德間皇慶癸丑高昂霄爲鋟板明弘治十一年御史沁水李叔淵復授開封同知謝景星刊行河南按察司副使車璽爲之序今舊刊皆佚此本爲毛晉汲古閣所刊稱以林古度周浩若及智林寺僧所鈔三本互校乃成完

書然祺後序稱古律詩二百一首皞皞郝先生序於前今郝序已佚而詩止一百七十七首則尚非全本矣然諸老以金源遺逸抗節林泉均有淵明義熙之志人品既高故文章亦超然拔俗吉光片羽彌足寶貴又何論其完闕乎乾隆四十七年十月恭校上

瀛奎律髓

臣等謹案瀛奎律髓四十九卷元方回撰回所著續古今考已別著錄是書兼選唐宋二代之詩分四十九類所錄皆五七言近體而無古體故名律髓自序謂取十八學士登瀛洲五星聚奎之義故曰瀛奎大旨排西崑而主江西倡爲一祖三宗之說一祖者杜甫三宗者黄庭堅陳師道陳與義也其說以生硬爲健筆以麤豪爲老境以煉字爲句眼頗不諧於中聲其去取之間如杜甫秋興惟選第四首之類亦多不可解然宋代諸集不盡流傳於今者頗賴以存而當時遺聞舊事亦往往多見其註故厲鶚作宋詩紀事所采最多其議論可取者

亦尚頗有故亦未能竟廢之此書世有二本一爲石門吳之振所刋前載龍遵敍述傳授源流至詳一爲蘇州陳士泰所刋於原註多所删削其龍遵原序亦併删之校讐舛駁殊不勝乙之振切譏之殆未可謂之已甚焉乾隆四十七年四月恭校上

梅花百詠

臣等謹案梅花百詠一卷附錄一卷元馮子振與釋明本倡和詩也子振字海粟攸州人官承事郎集賢待制以博學英詞有名于時明本號中峰錢塘人住鴈蕩村姓孫氏出家吳山聖水寺得法于高峰原妙禪師屢辭名山主席屛迹自放時趙孟頫與明本友善子振意輕之一日孟頫偕明本往訪子振子振出示梅花百韻詩明本一覽走筆和成復出所作九字梅花歌以示子振遂與定交是編所載七絕百首即當時所立和者是也後又附春字韻七律一百首則僅有明本和章而子振原唱已不可復見矣宋史藝文志載李緀梅花百詠一

卷久佚弗傳子振復創爲之才思奔放往往能出奇制勝而明本所和亦頗瑀鏤盡致足稱合璧聯珪今明本所著中峰廣錄傳本甚尠而子振著作則惟元文類諸書略見一二全集久已湮沒無存此集雖游戲之作而半爪一鱗猶可以窺見崖略其詩别本互有同異東閣梅一首中峰和章原闕而别見于韋德珪集　國朝夏洪基爲之訂正校刊頗有依據今亦並仍之焉乾隆四十七年十月恭校上

天下同文集

臣等謹案天下同文集五十卷元周南瑞撰南瑞不知何許人觀其目錄末標題所傳錄陸續刋行八字則此書殆當時市賈所刋故體例頗俗其劉將孫一序亦潦倒淺陋似乎依託然其所載頗有蘇天爵文類所未收而足資當日典故者如元史崔彧上寶璽事見於成宗本紀及彧本傳未詳得璽月日是集所載崔彧獻璽書文知爲至元三十一年正月三十日又成宗本紀元貞元年三

月乙巳安南世子陳日燇遣使上表并獻方物而安南國傳則紀其事於至元三十一年五月之下與本紀互異今考是集所載安南國王賀成宗登極表末云元貞元年三月初一日知列傳爲誤書皆可以旁資考證其他文亦多有可觀者其中十七卷十八卷三十一卷三十三卷三十四卷三十五卷四十一卷並闕蓋麻沙舊式分卷破碎傳鈔易於佚脱今既無别本校補亦姑仍原本録之以存其眞焉乾隆四十七年四月恭校上

古賦辨體

臣等謹案古賦辨體十卷元祝堯編江西通志載堯上饒人延祐五年進士爲江山尹後遷無錫州同知廣信府志載堯字君澤與此本所題同惟云官萍鄉州同知與江西通志異其書自楚辭以下凡兩漢三國六朝唐宋諸賦每朝録取數篇以辨其體格凡八卷其外集二卷則擬騷琴操歌等篇爲賦家流别者也采摭頗爲賅備其論司馬相如子虚上林賦謂問答之體其源出自卜居漁

父宋玉輩述之至漢而盛首尾是文中間是賦世傳既久變而又變其中間之賦以鋪張爲靡而專於詞者則流爲齊梁唐初之俳體其首尾之文以議論爲便而專於理者則流爲唐末及宋之文體於正變源流亦言之最確何焯義門讀書記嘗譏其論潘岳籍田賦分別賦頌之非引馬融廣成頌爲證謂古人賦頌通爲一名然文體屢變支派遂分猶之姓出一源而氏殊百族既云辨體勢不得一而合之焯之所言雖有典據但追溯本始知其同出異名可矣必謂堯強生分別即爲杜撰是亦非通方之論也乾隆四十七年十月恭校上

圭塘欸乃集

臣等謹案圭塘欸乃集二卷元許有壬及其弟有孚子楨倡和之詩也有壬至正集及圭塘小稿已別著錄至正八年有壬既致仕歸乃以賜金得康氏廢園於相城之西鑿池其中形如桓圭因以圭塘爲名日攜賓客子弟觴詠其間積成巨帙名之曰圭塘欸乃集共詩二百一十九首樂府六十六首中惟樂府十

解爲其客馬熙所作餘皆有壬有孚及楨之作也而楨如京師以其本示馮熙

熙復取而盡和之凡詩七十八首詞八首别題曰圭塘補和附之於後其詩雖

多一時適興之什不必盡刻意求工而一門之中父子兄弟自相師友其風流

文雅之盛猶有可以想見者焉集前有周伯琦序後有段天祐等八跋及趙恆

陸煥然題詩各一首皆署至正庚寅辛卯甲辰丙午諸年惟末有洹濱一跋不

著名字稱此集江湖友人躬錄裝潢者二十八年南歸展讀外皆破碎兵後所

存惟此本乃力疾補葺遺我子孫云云後題上章涒灘四月案上章涒灘爲庚

申歲實明洪武之十三年而丁文昇跋内亦有從洹濱御史領歸鈔錄語蓋洹

濱乃有孚别號而所謂江湖友人者即文昇也乾隆四十七年五月恭校上

忠義集

臣等謹案忠義集七卷元趙景良撰初劉壎作補史十忠詩一卷述宋末李芾

趙卯發文天祥陸秀夫江萬里密祐李庭芝陳文龍張世傑張鈺之事壎自爲

序其子麟瑞復取宋末節義之士撰述遺事賦五十律題曰昭忠逸詠凡四卷亦自爲前後序又有岳天祐者序之景良合二集爲一編又采宋末遺老諸作續爲二卷而併麟瑞詩四卷爲三總名之曰忠義集於時宋史未修蓋藉詩以存史也其書在元不甚著明弘治中江右何喬新始序而梓之序言附錄中有汪元量詩然此本實無之未詳其故又方回背宋降元爲世僇笑其人最不足道而景良列之忠義中亦所未詳也壎字起潛南豐人生宋淳祐間入元爲延平教授所著有水雲村稿隱居通議已別著錄麟瑞號如村至治中人景良字秉善爲二劉之鄉人云乾隆四十七年九月恭校上

宛陵羣英集

臣等謹案宛陵羣英集十二卷元汪澤民張師愚同編澤民字叔志婺源人延祐戊午進士授承事郎同知岳州路平江州事歷南安信州兩總管府推官以母憂歸服除補平江路總管府推官調濟寧路兖州知州至正三年召爲國子

司業與修三史書成遷集賢直學士尋以禮部尚書致仕居宣城自號堪老眞逸十五年長槍賊陷寧國被執不屈罵賊死年七十贈江浙行中書省左丞追封譙國郡公謚文節師愚字仲愚寧國人曾兩領延祐天歷鄉薦與澤民友善江南通志稱其嘗撰梅堯臣年譜然年譜乃其弟師魯所撰已别著録以爲師愚者誤也是編蓋澤民晚居宣城時所輯上自宋初下迄元代得詩一千三百九十三首分古今體訂爲二十八卷同里施璇爲鋟板以行其後久佚不傳故寧國宣城二志載籍門内均不著其目今核永樂大典各韻内所録此集之詩共得七百四十六首作者一百二十九人視原本猶存十之五六中如王圭等七十餘人載於宣城舊志文苑傳者其遺篇往往藉此以見又如梅鼎祚宛雅所録諸家佚句以爲原詩散亡者今其全什亦多見集中宋元著作放失者多此集雖僅一鄉歌詠亦可云文獻之徵矣謹裒集校定釐爲十二卷凡其人之爵里事迹有可考者俱補註於姓名之下不可考者闕之其永樂大典原本失

載入名無可參補者則仍分類附錄於後以待審訂焉乾隆四十五年九月恭校上

元文類

臣等謹案元文類七十卷元蘇天爵編天爵有名臣事略已著錄是編刊于元統二年監察御史王理國子助教陳旅各爲之序所錄諸作自元初迄于延祐正元文極盛之時凡分四十有三類而理序仿史記自序漢書敘傳之例區爲十有五類蓋目錄標其詳序則撮其綱也天爵三居史職預修武宗文宗實錄所著自名臣事略外尚有松廳章奏春風亭筆記諸書于當代掌故最爲嫻習而所作滋溪文集詞章典雅亦足追蹟前修故是編去取精嚴具有體要自元興以逮中葉英華採擷略備于斯論者謂與姚鉉唐文粹呂祖謙宋文鑑鼎立而三然鉉選唐文因宋白文苑英華祖謙選北宋文因江鈿文海稍以諸集附益之耳天爵是編無所憑藉而蔚然娩美其用力可云勤摯旅序篇末稱天爵

此書所以纂輯之意庶幾同志之士相與博採而嗣錄之而終元之世未有人續其書者可以見其難能矣葉盛水東日記曰蘇天爵元文類元統中監察御史南鄭王理序之有元名人文集如王百一閻高唐姚牧庵元清河馬祖常元好問之卓卓者今皆無傳（案祖常石田集好問遺山集今皆有傳本蓋明代不甚行于世盛偶未見故其說云然）則所以考勝國文章之盛獨賴是編而已嘗見至正初浙省元刻大字本有陳旅序此本則有書坊自增考亭書院記建陽縣江源復一堂記併高昌偰氏家傳云云今此本無此三篇而有陳旅序蓋猶從至正元刻翻雕也乾隆四十七年十一月恭校上

元風雅

臣等謹案元風雅二十四卷前集十二卷乃元傅習采集時人之詩而儒學正孫存吾爲之編類者後集十二卷則存吾所獨輯也前集首劉因凡一百十四家後集首鄧文原凡一百六十六家有一人而兩見者間載作者爵里俱不甚

詳其中收江西人所作最多蓋一時隨所見輯錄故首尾殊無倫序然元詩總集甚尠顧嗣立所選大抵有全集者始錄故零章斷什多見遺略賴良大雅集雖家數較詳而所收又吳越閒人爲多亦未能賅備得此本以相參證而世不習見之人與不經見之詩賴以得存者亦不少矣習字說卿清江人存吾字如山廬陵人其行履不可考觀虞集謝升俱嘗序之蓋在元末亦頗有時名者又案范氏天一閣所進書中有元朝野詩集二册亦題作元風雅不知何人所編其體例與此全異而紛亂舛錯幾至不可句讀乃傳鈔不全之帙固不若此本之完善也乾隆四十七年五月恭校上

唐音

臣等謹案唐音十四卷元楊士宏撰士宏字伯謙襄城人是書成於至正四年去取頗爲不苟蘇衡作劉敬伯古詩選序頗以是書所分始音正音餘響爲非李東陽懷麓堂詩話則曰選詩誠難必識足以兼諸家者乃能選諸家識足以

兼一代者乃能選一代一代不數人一人不數篇而欲以一人選之不亦難乎

選唐詩者惟楊士宏唐音爲庶幾云云其推之可謂至矣明高棅唐詩品彙即

因其例而稍變之馮舒兄弟評韋縠才調集深斥棅杜撰排律之非實則排律

之名亦因此書非棅創始也曹安讕言長語稱舊有丹陽顔潤卿註今未見其

本此本題張震輯註震字文亮新淦人其仕履始末及朝代先後皆未詳註極

弇陋以原本所有且間有一二可采者姑附存之備一解焉乾隆四十七年五

月恭校上

古樂府

臣等謹案古樂府十卷元左克明輯克明自稱豫章人其始末未詳自序題至

正丙戌則順帝時也是書錄古樂府詞分爲八類曰古歌謠曰鼓吹曲曰横吹

曲曰相和曲曰清商曲曰舞曲曰琴曲曰雜曲自序謂冠以古歌謡詞者貴其

發乎自然終以雜曲者著其漸流于新聲又謂風化日移繁音日滋懼乎此聲

之不作也故不自量度推本三代而上下止陳隋截然獨以爲宗雖獲罪世之君子無所逃焉云云當元之季楊維楨以工爲樂府傾動一時其體務造恢奇無復舊格克明此論其爲維楨而發乎案宋郭茂倩先有樂府詩集所錄止于唐末極爲賅備克明此集似乎牀上之牀然考李孝光刻樂府詩集序稱其書歲久將弗傳至元六年濟南彭叔儀始得本校刻是郭書刊板之時僅在克明成書前六年其板又在濟南距江西頗遠則編此集時當必未見郭書非相蹈襲且郭書務窮其流故所收頗濫此集務溯其源故所重在於古題古詞而變體擬作則去取頗慎其用意亦迥不同也每類各有小序核其詞氣確爲克明自作其題下夾注則多摭樂府詩集之文紫玉歌條下並明標樂府詩集字今考其臨高臺條下引劉履風雅翼之說尚與克明相去不遠至紫騮馬條下引馮惟訥詩紀之說則嘉靖中書元人何自見之其由明人重刻臆爲竄入明矣

乾隆四十七年十月恭校上

玉山名勝集

臣等謹案玉山名勝集八卷外集一卷元顧瑛編瑛一名阿瑛別名德輝字仲瑛崑山人博雅工詩文順帝時嘗薦署會稽縣教諭辟行省屬官皆不就年四十卜築玉山草堂池館之盛甲于東南一時勝流多從之遊宴因裒其詩文以爲此集所居有玉山草堂曰玉山佳處曰種玉亭曰小蓬萊曰碧梧翠竹堂曰湖光山色樓曰讀書舍曰可詩齋曰醉雪齋曰白雲海曰來龜軒曰雪巢曰春草池曰綠波亭曰絳雪亭曰浣華館曰柳塘春曰漁莊曰書畫舫曰春暉樓曰秋華亭曰淡香亭曰君子亭曰釣月軒曰拜石壇曰寒翠所曰芝雲堂曰金粟影每一地各先載其題額之人次載瑛所自題詠而以序記詩詞之類各分係其後又裒集往來寄贈之作爲外集一卷元季知名之士列其間者十之八九宴集倡和之盛始于金谷蘭亭園林題詠之多肇于輞川雲谿其賓客之佳文詞之富則未有過于是集者雖遭逢衰世有託而逃而文采風流照映一世數

百年後猶想見之錄存其書亦千載藝林之佳話也乾隆四十七年九月恭校上

草堂雅集

臣等謹案草堂雅集十四卷元顧瑛編瑛卜築玉山草堂四方名士嘗主其家因彙輯所作編爲此集自陳基至釋自恢共七十人仿元好問中州集例各爲小傳亦有僅載字號里居不及文章行誼者蓋各據其實不虛標榜猶前輩篤實之遺也其與瑛唱酬者即附錄己作於後其與他人唱酬而其人非與瑛游者所作可取亦附錄焉皆低書四格以別之蓋雖以草堂雅集爲名實簡錄其人平生之作元季菁華略備於是勝月泉吟社多矣是書世罕傳本王士禎居易錄記朱彝尊於吳門醫士陸其清家僅一見之此本原帙紙墨猶爲舊鈔疑即陸氏本也乾隆四十七年二月恭校上

玉山紀遊

臣等謹案玉山紀遊一卷明袁華編華字子英崑山人記誦該洽爲楊維楨所推重洪武初授府學訓導以事逮繫卒所撰有可傳集耕學齋稿已別著錄是集乃其在元時爲崑山顧瑛所類次也瑛築玉山草堂與高人俊流觴詠倡和有玉山名勝玉山雅集等編亦別著於錄此皆其一時紀遊之作所遊爲崑山天平山靈巖山虎邱西湖吳江錫山上方山觀音山皆不出吳中數百里內而遊必攜友賦詩詩前必有小序以志歲月所與遊者自華以外爲會稽楊維楨遂昌鄭元祐吳興郯韶沈明遠南康于立天台陳基淮南張渥嘉定翟智吳中周砥釋良琦崑山陸仁又有顧佐馮郁王濡之三人里貫未詳類皆一時知名士與玉山雅集諸人互有出入其詩雖未盡警鍊而大都不失雅音且中間無集行世者居多故並錄存之俾得以有傳於後焉乾隆四十七年四月恭校上

大雅集

臣等謹案大雅集八卷元賴良編良字善卿天台人是集皆錄元末之詩分古

體四卷近體四卷前有至正辛丑楊維楨序又有至正壬寅錢鼒序末有王逢序不署年月維楨序稱其所採皆吳越人之隱而不傳者序末良自識云良選詩至二千餘首鐵厓先生所留者僅存三百鐵厓道人即維楨別號是茲集乃良所裒輯而維楨所刪定故每卷前署維楨評點字也然觀集中止首卷前數篇有維楨評語七言律詩中顧瑛和維楨唐宮詞十首亦列評語於其下餘無維楨一語或傳寫不完或但經維楨點定中間偶評數首良重其名遂以評點歸維楨歟顧嗣立選元詩三百家衆作略備然大抵有集者登選雖稱零篇佚什各入癸集而癸集實闕而未輯此集所錄多嗣立之所未收其去取亦頗精審蓋維楨工於篇什故鑒別終爲不苟又每人之下皆略註字號里貫元末詩人無集行世者亦頗賴以考見固不失爲善本矣乾隆四十七年八月恭校上

元音遺響

臣等謹案元音遺響十卷不著編輯者名氏前八卷爲胡布詩又名崆峒樵音

後二卷則張達劉紹詩也三人皆元之遺民而他書罕稱其詩者且亦罕稱其人者故其出處莫之能詳今即詩中考之則紹爲布姻家曾入汝南王幕布與紹詩序稱俱客閫帥不遂所志蓋元末皆嘗參謀軍事布又有詩云我時瘴癘作分迹南荒最又云自我使島夷銜命出蠻障是布復嘗奉使海外矣又布有入理問所作及丙辰歲獄中元夕詩注云先生以高蹈有忤時政被謫又丙辰十月初五發龍江詩云羈人得遣如承檄日暮登舟似到家丙辰爲洪武九年殆明初徵之不屈被譴既而得釋者也至其近聞自從諸詩中有想見霓旌擁行在之句當爲順帝北狩後所作故君舊國之思拳拳不置其志節可見其詩格調亦皆高古亦不失漢魏遺意雖聲華消歇名氏翳如而遺集猶存固可與柴桑一老尚友于千載前矣布字子申達字秀充皆盱江人紹字子憲黎川人也乾隆四十七年十月恭校上

風雅翼

臣等謹案風雅翼十四卷元劉履編履字坦之上虞人宋侍御史漢弼之四世孫也是編首爲選詩補注八卷取文選各詩删補訓釋大抵本之五臣舊注曾原演義而各斷以己意次爲選詩補遺二卷取古謌謠詞之散見於傳記諸子及樂府詩集者選錄四十二首以補文選之缺蓋仿朱子楚辭後語而作次爲選詩續編四卷取唐宋以來諸家詩詞之近於古者一百五十九首以爲文選嗣音蓋亦本朱子遺意以其足以羽翼風雅故總名曰風雅翼其大旨本於性情之正以求作者意趣反覆推闡而歸之於君臣父子夫婦之大義凡詮釋體例悉以朱子詩集傳爲準雖其間以漢魏篇章强分比興未免刻舟求劒於詩家羚羊挂角之妙實爲失之毫釐然其持議既高於升降變化之原亦往往有合如論杜甫三吏三别太廹切而乏簡遠之度以視建安樂府如典謨之後别有盤誥足見風氣變移又謂張孟陽陸士衡擬古皆有貌似之失獨陶靖節能脱去繩墨韋應物亦不規規模仿自成一家云云評隲頗爲切中故談詩者未

嘗無所取焉乾隆四十七年十月恭校上

荆南倡和詩集

臣等謹案荆南倡和詩集一卷元末周砥馬治同撰砥字履道無錫人治字孝常宜興人至正癸巳甲午乙未三年兩人同館于宜興荆溪之南隨事倡和積詩一卷録成二帙各懷其一同時遂昌鄭元祐爲之序二人亦自有序後砥從張士誠死于兵而治入明爲建昌同知與高啟友善遂以此集手録本付啟啟復以與呂敏有啟後序及徐賁題詞敏後仍歸諸馬氏成化間鄉人李廷芝攜至京師俾李應禎張弼詳著其事校正付梓集後附録數首皆砥在荆南别後之作及治賦砥哀詞與其追和之詩砥以吟詠擅長與顧阿瑛蹤迹最密玉山雅集記遊諸編中多載所作格調皆極諧婉其撰是集正元末喪亂之際感時傷事頗爲情致纏綿治詩稍遜於砥而雋句絡繹工力亦差能相敵以觀松陵倡和漢上題襟雖未必遽追配作者而兩人皆無全集行世存之亦足以窺見

一斑焉乾隆四十七年十月恭校上

欽定四庫全書提要卷一百八

欽定四庫全書提要卷一百九

集部三十一

總集類四

乾坤清氣

臣等謹案乾坤清氣十四卷明偶桓編桓字武孟號海翁因眇一目又自號瞎牛太倉人洪武中官荆門州吏目是集錄元一代之詩分體編次其中如汪元量瀛國公元好問等上該金宋之末張以寧危素等亦下涉明初朱彝尊静志居詩話稱明初詩人操選政者賴直家卿許中麗仲孚劉仔肩汝弼沈巽士稱王偁孟敭皆有所蔽惟瞎牛乾坤清氣一編能别開生面惜所鈔闕七言近體絶句未得全書恒以爲憾此本稱鈔自孫氏蒼雪齋所缺與彝尊本同又以厲氏樊榭山房本郁氏東嘯軒本參校頗完善雖卷帙無多而去取精審又編在明初多見舊刻頗足以考證其字句互異諸集者不一而足甚如倪瓚春日雲

林齋居詩凡六韻六十字而與本集全不相同至於甘立烏夜啼一首既見八卷古樂府又載入一卷中作晚出西掖第二首編次亦未免少疎然元詩選本究當以此本爲善也乾隆四十七年四月恭校上

元音

臣等謹案元音十二卷不題編錄人名氏前有洪武甲子烏斯道序稱寧波孫原理彙輯又有曾用臧序稱爲定海丞張中達所刊末題辛巳九月下澣而空其年號兩字考辛巳爲建文三年殆以靖難革除剗削其板蓋猶明初本也所錄自劉因至龍雲從凡一百七十六人每人之下略注字號爵里大抵詳於元末而略於元初末附無名氏詩十一首又陳叅稷詩一首程文海詩四首滕賓詩一首虞集詩五首別題曰補遺均爲元音所不載其中無名氏諸篇尤爲淺俗與全書體例稍異或中達刊板之時以意增入歟顧嗣立作元百家詩選嘗議宋公傳元詩體要蔣易元風雅及原理是書所收均爲不廣然是書於去取

之閒頗具持擇雖未能盡汰元末穠縟之習而大致崇尚風格已有除煩滌濫之功至所錄諸人多有本無專集者又或雖有專集而至今湮沒不傳者殘篇佚什僅賴是書以存如題陶淵明五柳圖詩沈德潛明詩別裁集以爲燕王篡立以後建文舊臣江右袁敬所所作倂記其始末甚詳及檢是編則題爲貢師泰作當中達刻是編時尙未有靖難之事安得移署爲靖難以後之詩知德潛所記未免誤信小說是亦足資考證爲談藝家所不廢也乾隆四十七年五月恭校上

雅頌正音

臣等謹案雅頌正音五卷明劉仔肩編仔肩字汝弼鄱陽人洪武初因薦應召至京集同時之詩爲此書上自公卿下至衲子凡五十餘人而仔肩所作亦附焉用王逸徐陵芮挺章例也有宋濂張孟兼前後二序皆作于洪武三年所選之詩每人寥寥數首蓋是時諸人之集皆未成編隨得隨錄故未能賅備然明

初諸家今無專集行世者頗藉以略存梗概其時武功初定文治方興仔肩擬之雅頌固未免溢美要其春容諧婉雍雍乎開國之音存之亦足以見明初之風氣也此本猶洪武時舊刻歲久刓敝頗有模糊佚脱之處無别本可校今悉姑仍其舊焉乾隆四十七年九月恭校上

唐詩品彙

臣等謹案唐詩品彙九十卷拾遺十卷明高棅編棅有嘯臺集已著録宋之末年江西一派與四靈一派併合而爲江湖派猥雜細碎如出一轍詩以大弊元人欲以新艷奇麗矯之迨其末流飛卿長吉一派與盧仝馬異一派併合而爲鐵體妖冶俶詭如出一轍詩又大弊百餘年中能自拔於風氣外者落落數十人耳明初閩人林鴻始以規仿盛唐立論而棅實左右之是集其職志也排律之名古所未有楊士宏撰唐音始别爲一目棅祖其説遂至今沿用二馮批點才調集以堆砌板滞雜亂無章之病歸咎於排之一字詆棅爲作俑然詩家不

善隸事即二韻四韻未嘗不堆砌板滯雜亂無章是亦不必盡以排字爲誤矣諸體之中各分正始正宗大家名家羽翼接武正變餘響旁流九格其凡例謂大略以初唐爲正始盛唐爲正宗爲大家爲名家爲羽翼中唐爲接武晚唐爲正變爲餘響方外異人等詩爲旁流間有一二成家特立與時異者則不以世拘之如陳子昂與李白列在正宗劉長卿錢起韋應物柳宗元與高適岑參同在名家是也其分初盛中晚蓋宋嚴羽已有是說二馮嘗以劉長卿亦盛亦中之類力攻其謬然限斷之例亦論大概耳寒溫相代必有半冬半春之一日遂可謂四時無别哉明史文苑傳謂終明之世館閣以此書爲宗厥後李夢陽何景明等摹擬盛唐名爲崛起其胚胎實兆於此平心而論唐音之流爲膚廓者此書實啓其弊唐音之不絶於後世者亦此書實衍其傳功過並存不能互掩後來過毁過譽皆門戸之見非公論也乾隆四十七年八月恭校上

廣州四先生詩

臣等謹案廣州四先生詩四卷不著編輯人姓名乃明初廣州黄哲李德王佐趙介四人之詩當時與同郡孫蕡並稱所謂南園五先生者也哲字用之用薦拜翰林待制侍懿文太子讀書出知東阿縣升東平通判尋作法死有雪篷集德字仲修洪武中用薦授雒陽長史官至義寧縣知縣有易菴集佐字彦舉本河東人元末侍父宦南雄遂占南海籍洪武初徵至京師授給事中有聽雨軒瀛洲二集沒後稿多遺逸有詩一卷郡人彭森刻于建安介字伯貞讀書不樂仕進屢薦皆辭免以家累逮赴京師卒于南昌舟中後以子純官贈監察御史有臨清集南園諸子中惟孫蕡集尚流傳四人著作已多散佚此乃後人甄輯之本篇帙無多然視他選差爲詳備其間如哲之五言古體祖述齊梁德之七言長篇胎息溫李俱可自成一家惟佐氣骨稍卑未能驂駕介詩爲陳廷器所稱賞許其有關世教而所存太少亦不足以見其全然粵東詩派諸人實開其先其提唱風雅之功有未可沒者故存之以著其概焉乾隆四十七年九月恭

校上

三華集

臣等謹案三華集十八卷明無錫錢子正及弟子義姪仲益合刻詩也子正綠苔軒集六卷前有王達序子義種菊菴集四卷前有洪武八年自序仲益錦樹集八卷前有魏驥序三集初各自爲書正統中仲益族子公善等始合而刻之其曰三華者蓋以三者皆錢氏英華也按子正詩朱彝尊明詩綜不載但附見其名於子義之下然二人出處始末均無可考獨仲益以元末進士知華亭縣後爲翰林修撰見於魏驥序中而明詩綜載仲益永樂初以翰林編修轉周王府長史與驥序互有異同又稱仲益詩格爽朗惜遺集罕傳予從秦對巖前輩購得亟錄八首猶未盡其蘊云云然則彝尊僅見仲益遺集未見斯本也則亦罕覯之笈矣乾隆四十七年十一月恭校上

閩中十子詩

臣等謹案閩中十子詩三十卷明袁表馬熒同編表字景從熒字用昭皆福州人閩中十子者一曰福清林鴻有膳部集一曰長樂陳亮有儲玉齋集一曰長樂高廷禮有木天清氣集嘯臺集一曰閩縣王恭有白雲樵唱鳳臺清嘯草澤狂歌諸集一曰閩縣唐泰詩軼不轉散見善鳴集中一曰閩縣鄭定有澹齋集一曰永福王偁有虛舟集一曰閩縣王褒有養靜集一曰閩縣周元有宜秋集一曰侯官黄元其集名不傳皆明初人萬歷丙子表等即高以陳家所藏諸人之詩選爲是集考閩中詩派多以十子爲宗厥後輾轉流傳漸成窠臼其初已有唐摹晉帖之評其後遂至有詩必律有律必七言而晉安一派乃至爲世所詬厲往往深病於膳部諸人要其濫觴之始不至是也十人遺集已不盡傳傳者亦不盡可錄此編採擷菁華存其梗概猶可以見一時之風氣固宜存以備一格焉乾隆四十七年九月恭校上

臣等謹案元詩體要十四卷明宋緒編緒字公傳以字行餘姚人成祖時預修永樂大典時同邑被徵者五人及書成宋孟嶽趙膚迪朱德茂張廷皆授官緒獨辭不受是集錄元一代之詩凡爲體三十有六各體之中或以體分或以題分體例頗不畫一其以體分者選體別於五言古吟歎怨引之類別於樂府長短句別於雜古體未免治絲而棼其以題分者香奩無題詠物既各爲類則行役邊塞贈答諸門將不勝載更不免於挂漏又第八卷楊維楨出浴絕句實唐韓偓七言律詩後四句採錄亦間有疎舛然去取頗有鑒裁自明以來傳本頗稀此本爲秀水曹溶家所藏書中間有缺葉既無別本可校今亦姑仍其舊焉

乾隆四十七年三月恭校上

滄海遺珠

臣等謹案滄海遺珠四卷舊本不載撰人名氏前有正統元年楊士奇序稱都督沐公所選又稱其字曰景顒黔寧王之仲子佐兄黔國公爲朝廷鎭撫西南

一方考明史黔寧王沐英子三人長春字景春次晟字景茂次昂字景高其正統元年爲黔國公鎭雲南者晟爲右都督領雲南都司者昂也序云黔寧王仲子則當爲晟又云佐兄黔國公則當爲昂又皆不字景顒豈史誤耶未之詳也所錄凡朱經方行朱𥿄曾烜周昉韓宜可王景彰樓璉王汝玉逯杲平顯胡粹中楊宗彛劉叔讓楊子善張洪范宗暉施敬僧天祥機先大用二十一人之作共三百餘首皆明初流寓遷謫于雲南者每人姓名之下各註其字號里居以其爲劉仔肩王偁諸家詩選所不及故曰遺珠其去取頗爲精審在明初總集之中猶可稱善本非萬歷以後諸選聲氣標榜珠礫混淆徒災棃棗者比也乾隆四十七年九月恭校上

中州名賢文表

臣等謹案中州名賢文表三十卷明劉昌編昌字欽謨吳縣人正統乙丑進士歷官河南提學副使遷廣東參政其在河南時蒐輯中州先哲許衡等六家之

文錄板行世凡許衡六卷姚燧八卷馬祖常五卷許有壬三卷王惲六卷富珠哩翀二卷又略依本集之體各以碑志銘傳等篇附錄於後其中姚燧本集五十卷富珠哩翀本集六十餘卷見於諸家著錄者已久佚不傳獨賴此僅存昌表章之功蓋不可泯每集末有昌所作跋語數則亦頗見考訂王士禎香祖筆記載其勸宋牧仲重刻文表且云欽讓諸跋當悉刻之以存其舊此本實康熙丙戌宋犖授錢塘江立名所重刊其附入原跋蓋本士禎之意也昌自序又謂此其內集尚有外集正集雜集若干卷今俱未見云乾隆四十七年三月恭校

上

明文衡

臣等謹案明文衡一百卷明程敏政編敏政有宋遺民錄已著錄是編首代言為詞臣奉勅撰擬之文次賦次騷次樂府次琴操次表箋次奏議次論次說次解次辨次原次箴次銘次頌次贊次七次策問次問對次書次記次序次題跋

次雜著次傳次行狀次碑次神道碑次墓碣次墓誌次墓表次哀誄次祭文次字說爲類凡三十有八悉從玉臺新詠之例題作者姓名惟方孝孺則書字蓋是時靖難文禁稍弛而尚未全解故存其文而隱其名也內琴操缺一首表缺四首奏議缺十首辨缺一首頌缺一首贊缺二首記缺十一首序缺十五首題跋缺四首雜著缺一首傳缺一首神道碑缺十一首墓碣缺四首墓誌缺八首墓表缺二首祭文缺二首皆有錄無書各註闕字于目中未喻其故所錄如吳訥文章辨體序題劉定之雜志之類皆非文體而袁忠徹瀛國公事實之類事既誣妄文尤鄙俚皆不免蕪雜之譏朱右攖寧生傳雜述醫案至以一篇占一卷亦乖體例然敏政本淹通賅博以文章名一時故鑒別持擇較明代他家選本終爲有法又其時在北地信陽之前文格未變雖尚沿平沿之風而無七子末流摹擬詰屈之僞體稽明初之文者固終以是編爲淵海矣乾隆四十七年八月恭校上

新安文獻志

臣等謹案新安文獻志一百卷明程敏政撰敏政字克勤休寧人幼以神童召試詔讀書翰林院中成化丙戌進士授編修歷官禮部右侍郎贈禮部尚書事蹟具明史儒林傳是書乃採錄南北朝以後文章事蹟之有關于新安者其六十卷以上爲甲集皆本郡先達詩文略依眞德秀文章正宗之例分類輯錄其六十一卷以下則皆先達行實不必盡出郡人所論撰分神蹟道原忠孝儒碩勳賢風節才望吏治遺逸世德寓公文苑材武列女方技十五目其中有應考訂者敏政復間以己意參核而附注之徵引繁博條理淹貫凡徽州一郡之典故薈萃極爲賅備遺文軼事咸得藉以考見大凡故自明以來推爲鉅製其中小小踳駁者如凡例稱朱子詩文錄其涉于新安者而通判泰州江君墓銘竟爾見遺又朱子所作其父松行狀松所作其父森行狀既已並收而松韋齋集中有錄曾祖父詩後序一篇又復不錄皆不免于脫略然司馬光資治通鑑已

稱牴牾不能自保是書卷帙繁重未可以稍有挂漏遂掩其蒐輯之功也乾隆四十七年三月恭校上

海岱會集

臣等謹案海岱會集十二卷明石存禮藍田馮裕劉澄甫陳經黄卿劉淵甫楊應奎八人唱和之詩也存禮字敬夫號來山益都人弘治庚戌進士官至知府田有北泉集已著錄裕字伯順號閭山臨朐人正德戊辰進士官至按察司副使澄甫字子静號山泉壽光人正德戊辰進士官至布政司參議經字伯常號東渚益都人正德甲戌進士官至兵部尚書卿字時庸號海亭益都人正德戊辰進士官至布政司參政淵甫字子深號范泉澄甫之弟正德戊午舉人應奎字文焕號澠谷益都人官至知府嘉靖乙未丙申間經以禮部侍郎丁憂里居田除名閒住淵甫未仕存禮等五人並致仕乃結詩社於北郭禪林後編輯所作成帙冠以社約同社姓氏及長至日五月五日九月九日上巳日七月七日

會集序五篇其詩凡古樂府二卷五言古詩二卷七言古詩一卷五言律詩三卷五言排律一卷七言律詩一卷五言絶句一卷七言絶句一卷計詩七百四十九首其編輯名氏原本未載惟卷首萬歷己亥魏允貞序稱友人馮用韞以海岱會集自遠寄至據王士禎古夫于亭雜録蓋馮裕曾孫琦所選也八人皆不以詩名而其詩皆清雅可觀無三楊臺閣之習亦無七子摹擬之弊故王士禎稱其各體皆入格非苟作者觀其社約中有不許將會内詩詞傳播達者有罰一條蓋山間林下自適性情不復以文壇名譽爲事故不隨風氣爲轉移而八人皆閒散之身自吟詠外别無餘事故互相推敲自少疵纇其斐然可誦良亦有由矣乾隆四十七年十一月恭校上

經義模範

臣等謹案經義模範一卷不著撰人名氏前有王廷表序稱嘉靖丁未訪楊升庵得經義模範一帙乃同年朱良矩所刻云云考廷表爲正德甲戌進士是科

題名碑有朱良朱敬朱裳朱節朱昭朱方六人未詳孰是以字義求之殆朱方

爲近乎方浙江永康人其仕履亦未詳所録凡宋張才叔姚孝寧吴師孟張孝

祥四人經義十六篇其弁首即才叔自靖人自獻于先王一篇吕祖謙録入文

鑑者也時文之變千態萬狀愈遠而愈失其宗亦愈工而愈遠於道今觀初體

明白切實乃如此考吴伯宗榮進集亦載其洪武辛亥會試中式之文是爲明

之首科其所作與此不甚相遠知立法之初惟以明理爲主不以修詞相尚矣

康熙中編修俞長城嘗輯北宋至　國初經義爲一百二十家稿然所録如王

安石蘇轍諸人之作不能盡知所自來世或疑焉此集雖篇帙寥寥然猶可見

經義之本始録而存之亦足爲黜浮式靡之助也乾隆四十七年九月恭校上

文編

臣等謹案文編六十四卷明唐順之撰即所撰八編之一種也取由周迄宋之

文分體彙編陳元素稱以眞德秀正宗爲稾本然德秀正宗僅釐四類而此分

目至三十所採文字亦較詳備其中如以莊韓孫子諸篇入之論中爲強立名目又史記漢書列傳既不錄一首而又取後漢書黃憲傳以冠唐宋文集諸傳之上進退亦多失據蓋彙收太廣義例太多踳駮往往不免然順之于古文固所稱深造自得者故其持擇實有精義觀平日嘗謂不能無文即不能無法是編者文之工匠而法之至也又云漢以前之文未嘗無法而未嘗有法法寓于無法之中故其爲法密而不可窺唐與宋之文不能無法而能毫釐不失乎法以有法爲法故其爲法也嚴而不可犯其立論皆以謹守法度爲主故本此意以爲選輯使讀者得窺見其開闔首尾經緯錯綜之法神明而變化之以蘄至于古人可謂確有矩矱者自王李之徒高語秦漢謂唐以後爲不足學於是競爲剽竊摹擬之習蕩然一廢其法餖飣決裂神明盡亡逮日久論定言古文者終以順之及歸有光王愼中三大家爲歸學者既不能捨筏以求則是編即其用意之所在矣同時茅坤作八大家文鈔其大旨亦多本於順之云乾隆四十

七年四月恭校上

古詩紀

臣等謹案古詩紀一百五十六卷明馮惟訥撰惟訥字汝言臨朐人嘉靖戊戌進士官至光祿寺卿其書前集十卷皆古逸詩正集一百三十卷則漢魏以下陳隋以前之詩咸在焉外集四卷旁采仙鬼之作別集十二卷則前人論詩之語也時代綿長采摭繁富其中眞僞錯雜以及牴牾舛漏所不能無故馮舒作詩紀匡謬以糾其失然上薄古初下迄六代有韻之作無不兼收溯詩家之淵源者不能外是書而他適固亦採珠之滄海伐木之鄧林矣厥後臧懋循古詩所張之象古詩類苑梅鼎祚八代詩乘相繼而出總以是書爲藍本然懋循書雖稱補惟訥之闕而捃拾繁猥珠礫混淆又割裂分體不以時代爲次使閲者茫無端緒不能得其正變源流之象書又以題編次竟作類書僅漢魏全錄晉宋以下皆從删節已非完備之觀而所載漢魏詩中如蘇武妻詩之類至今爲

藝林之笑故獨惟訥此編爲詩家圭臬初太原甄敬爲刋板於陝西一依惟訥原次而刋剟甚拙復間有舛譌此本爲吳琯等重刋雖去其前集正集外集別集之名合併爲一百五十六卷而次第悉如其舊校讐亦較甄本爲詳故今從吳本錄之不復別分門目惟訥別有風雅廣逸十卷核其所載即此編之前集葢初輯古逸諸篇先刋行世後乃續成漢魏以下併爲一編實非有二今惟別存其目而其書則不復錄焉乾隆四十七年四月恭校上

詩紀匡謬

臣等謹案詩紀匡謬一卷　國朝馮舒撰舒字已蒼號默庵常熟人舒因李攀龍詩删鍾惺譚元春詩歸所載古詩輾轉沿譌而其源總出於馮惟訥之古詩紀因作是書以糾之凡一百一十二條其中如於忽操三章爲宋王令詩兩頭纖纖青玉玦一章爲王建詩休洗紅二章爲楊愼詩一一辨之而楊愼石鼓文僞本全載卷中置不一詰何也又蘇伯玉妻盤中詩詩紀作漢人固謬宋本玉

臺新詠列於傅休奕詩後不别出伯玉妻名乃嘉定間陳玉父刻本偶佚其名觀滄浪詩話稱蘇伯玉妻有此體見玉臺集則嚴羽所見之本實題伯玉妻舒執宋刻駁惟訥惟訥無辭如執宋刻以駁羽則羽爲宋人凡所見無非宋刻乃於數百年後執一宋刻以傲之恐羽轉啞然笑矣然舒所抉摘多中其失考證之精實出惟訥之上原原本本證佐確然固於讀古詩者大有所裨不得議爲吹求也古詩全本明代凡有四家梅禹金之詩乘惟漢魏全錄而六朝則删節不完張之象之古詩類苑近於隸事之書但供剽掇不足見作者源流臧懋循之古詩所分體猥雜補綴冗脞義例尤不足觀惟惟訥書自古逸以至隋末沿革正變始末秩然號爲善本而不免小有疎漏得舒是書糾之俾讀者棄其瑕疵而挹其英華相輔而行雖謂之羽翼詩紀可矣乾隆四十七年九月恭校上

全蜀藝文志

臣等謹案全蜀藝文志六十四卷明周復俊編復俊有東吳名賢記已著錄初

宋慶元中四川安撫使袁説友屬知雲安縣程遇孫等八人裒成都文類五十卷中間尚有所未備嘉靖中復俊官四川按察司副使復博採漢魏以降詩文之有關于蜀者彙爲此書包括網羅極爲賅洽所載如宋羅泌姓氏譜元費著古器譜諸書多不傳于今又如李商隱重陽亭銘爲文苑英華所不録其本集亦失載徐炯徐樹穀箋注義山文集即據此書以補入如斯之類皆足以資考核諸篇之後復俊間附案語如漢初平五年周公禮殿記載洪适隸釋並載史子堅隸格詳略異同彼此互見亦頗有所辨證其中若曹丕告益州文與魏人檄蜀文僞詞虛煽顛倒是非于理可以不録然此志蒐羅故實例主全收非同編録總集有所去取善惡並載亦未足爲復俊病惟篇末不著駁正之詞以申公義是則義例之疎耳乾隆四十七年九月恭校上

古今詩删

臣等謹案古今詩删三十四卷明李攀龍編攀龍有滄溟集別著録是編爲所

錄歷代之詩每代各自分體始於古逸次以漢魏南北朝次以唐唐之後繼以明多錄同時諸人之作而不及宋元蓋自李夢陽倡不讀唐以後書之說前後七子率以此論相尙攀龍是選猶是志也昔江淹作雜擬詩上自漢京下至齊代古今咸列正變不遺其序有曰蛾眉詎同貌而俱動於魄芳草寧共氣而皆悅於魂又曰世之諸賢各滯所迷莫不論甘而忌辛好丹而非素豈所謂通方廣恕好遠兼愛然則文章派別不主一途但可以工拙爲程未容以時代爲限宋詩導黃陳之派多生硬杈椏元詩沿溫李之波多綺靡婉弱論其流弊誠亦多端然鉅製鴻篇亦不勝數何容删除兩代等之自鄶無譏王士禎論詩絶句有曰鐵崖樂府氣淋漓淵穎歌行格儘奇耳食紛紛說開寶幾人眼見宋元詩其殆爲夢陽輩發歟第以明季論詩之黨判於七子七子論詩之旨不外此編錄而存之亦足以見風會變遷之故是非蜂起之由未可廢也流俗所行别有攀龍唐詩選攀龍實無是書乃明末坊賈割出詩删中唐詩加以評註別立斯

名以其流傳既久今亦別存其目而不錄其書焉乾隆四十七年五月恭校上

唐宋元名表

臣等謹案唐宋元名表三卷明胡松編松有滁州志已著錄明史松本傳稱松幼嗜學嘗輯古名臣章奏今未見其本是編乃松督學山西時選爲士子程式之書雖所錄皆各集所有無奇祕未睹之篇而去取極爲不苟前有自序曰是學也昉於漢魏六朝盛於隋唐而極於宋其體不能盡同然其意同於宣上德而達下情明己志而述物則其後相沿日下競趨新巧爭尚衍博往往貪用事而晦其意務屬詞而滅其質蓋四六之本意失之遠矣其言頗爲明切自明代二場用表而表遂變爲時文久而僞體雜出或參以長聯如王世貞所作一聯多至十餘句如四書文之二小比或參以五七言詩句以爲源出徐庾及王駱不知徐庾王駱用之於賦賦爲古詩之流其體相近若以詩入文豈復成格至於全用成句每生硬而杈椏間雜俗語多鄙俚而率易冠冕堂皇之調剽襲者

陳膚飣餖割裂之詞小才者纖巧其弊尤不勝言松選此編挽頽波而歸之雅亦可謂有功於駢體者矣乾隆四十七年九月恭校上

文氏五家集

臣等謹案文氏五家集十四卷明長洲文氏三世五人之詩也文洪字功大成化乙酉舉人官淶水教諭著括囊稿詩一卷文一卷其孫徵明著甫田集詩四卷徵明長子彭字壽承官南京國子監博士著博士詩二卷次子嘉字休承官和州學正著和州詩一卷彭之子肇祉字基聖官上林苑錄事亦著詩五卷中惟徵明名最盛其家學之淵源則自洪始之如靜志居詩話所稱野猿窺落果林蝶戀殘花自得翻書趣渾忘對客言諸句饒有恬澹之致徵明詩格不高而意境自能拔俗至彭嘉肇祉亦能於耳濡目染之餘力承先緒所謂謝家子弟雖復不端正者亦奕奕有一種風氣也徵明甫田集已著錄然卷帙相連無容割裂且除此一集與五家之目亦不合尤無容改其舊名以五爲四故仍並錄

之而附著其互見之故焉乾隆四十七年十月恭校上

宋藝圃集

臣等謹案宋藝圃集二十二卷明李蓘編蓘字于田內鄉人嘉靖癸丑進士官至貴州提學副使是集選錄宋人之詩成於隆慶丁卯所列詩人凡二百三十有六人而核其名氏實二百三十有七人蓋編目時誤數一人末卷附釋衲三十三人宮閨六人靈怪三人妓流五人不知名四人通上當爲二百八十八人而註共二百八十四人則除不知姓名四人不數也書中編次後先最爲顛倒如以蘇軾蘇轍列張詠余靖范仲淹司馬光前陳與義呂本中曾幾列蔡襄歐陽修黃庭堅陳師道前秦觀列趙抃蘇頌前楊萬里列楊蟠米芾王令唐庚前葉采嚴粲列蔡京章惇前林京熙謝翶列陸游前者指不勝屈其最誕者莫若以徽宗皇帝與邢居實張栻劉子翬合爲一卷夫漢書藝文志以文帝列劉敬賈山之間武帝列蔡甲倪寬之間玉臺新詠以梁武帝及太子諸王列吳均等

九人之後蕭子顯等二十一人之前以時代相次猶爲有說至邢居實爲邢恕之子年十八早夭在徽宗以前劉子翬爲劉韐之子張栻爲張浚之子皆南宋高孝時人在徽宗以後乃君臣雜列尤屬不倫殆由選錄時隨手雜鈔未遑銓次他若江爲孟賓于之屬則上涉南唐馬定國史肅之屬則旁及金朝衡以斷限亦屬未宜特其殫十三年之功蒐采成編網羅頗富宋人之本無專集行世與雖有專集而已佚者往往賴此編以傳過而存之亦不棄菅蒯之意也乾隆四十七年四月恭校上

元藝圃集

臣等謹案元藝圃集四卷明李蓘編蓘有宋藝圃集已著錄此集即續宋詩而選者也所錄凡一百九人詩六百二十五首自序稱地僻少書籍無以盡括一代之所長今觀所錄有虞集范梈揭傒斯而無楊載即一代名人號爲四家者已闕其一是漏略誠所不免又劉辰翁乃宋人王庭筠高克恭元好問乃金人

僧來復乃明人一例載入頗失斷限其編次如倪瓚宋无余闕等皆元末人而名在最前戴表元白珽等皆元初人而名在最後其他亦多先後顛倒頗無倫序似乎隨見隨鈔未經勘定之本殆因慵於排纂遂用唐無名氏搜玉小集不拘時代之例歟然其自序謂宋詩病於理元詩鄰于詞則深中兩代作者之弊故其去取之間頗爲不苟以云備一代之詩誠爲不足以云鑒别則較之泛濫旁收務盈卷帙者其精審勝之多矣乾隆四十七年十月恭校上

唐宋八大家文鈔

臣等謹案唐宋八大家文鈔一百六十四卷明茅坤編坤有徐海本末已著錄明史文苑傳稱坤善古文最心折唐順之順之所著文編唐宋人自韓柳歐三蘇曾王八家外無所取故坤選入大家文鈔考明初朱右已採錄韓柳歐陽曾王三蘇之作爲八先生文集實遠在坤前然右書今不傳惟坤此集爲世所傳習凡韓愈文十六卷柳宗元文十二卷歐陽修文三十二卷附五代史鈔二十

卷王安石文十六卷曾鞏文十卷蘇洵文十卷蘇軾文二十八卷蘇轍文二十
卷每家各爲之引說者謂其書本出唐順之坤據其稿本刊板以行攘爲己作
如郭象之于向秀然坤所作序例明言以順之及王慎中評語標入實未諱所
自來則稱爲盜襲者誣矣其書初刊于杭州歲久漫漶萬歷中坤之孫著復爲
訂正而重刊之始以坤所批五代史附入歐文之後今所行者皆著重訂本也
自李夢陽空同集出以字句摹秦漢而秦漢爲窠臼自坤白華樓稿出以機調
摹唐宋而唐宋又爲窠臼故坤嘗以書與唐順之論文順之復書有尙以眉髮
相山川而未以精神相山川之語又謂繩墨布置奇正轉摺雖有專門師法至
于中間一段精神命脈則非具今古隻眼者不足與比云云蓋頗不以能爲古
文許之今觀是集大抵亦爲舉業而設其所評論疎舛尤不可枚舉黃宗羲南
雷文定有答張自烈書謂其韓文內孔司勳誌不曉句讀貞曜先生誌所云來
弔韓氏謂不知何人柳文內與顧十郎書誤疑十郎爲宗元座主歐文內薛簡

肅舉進士第一讓王巖疑其何以得讓又以張谷墓表遷員外郎知陽武縣爲當時特重令職又孫之翰誌學究出身進士及第爲再舉進士皆不明宋制而妄爲之説然八家全集浩博學者徧讀爲難書肆選本又漏略過甚坤所選録尚得煩簡之中一二百年以來家絃戸誦固亦有由矣乾隆四十七年十月恭校上

吳都文粹

臣等謹案吳都文粹續集五十六卷補遺二卷明錢穀撰穀字叔寶長洲人明史文苑傳附見文徵明傳中但稱其能畫朱彝尊靜志居詩話則稱穀貧無典籍遊文徵明之門日取插架書讀之手鈔異書最多至老不倦倣鄭虎臣吳都文粹輯成續編聞有三百卷其子功甫繼之吳中文獻藉以不墜云云功甫錢與治之字也所稱卷數與此本不符疑合與治續編言之或穀初蒐羅原有此數後復加删汰以成今本彝尊乃據其舊稿言之歟此本第五十三卷五十四

卷俱佚第五十卷亦殘缺檢勘他本並同蓋流傳既久不免脫遺已非完本其中所標二十一門分類亦多未確蓋能博而未能精者然自説部類家詩編文稾以至遺碑斷碣無不甄錄其採輯之富視鄭書幾增至十倍吳中文獻多藉是以有徵亦未可以蕪雜棄矣乾隆四十七年九月恭校上

石倉歷代詩選

臣等謹案石倉歷代詩選五百六卷明曹學佺編學佺有周易可説别著錄是編所選歷代之詩上起古初下迄於明者也凡古詩十三卷唐詩一百卷拾遺十卷宋詩一百七卷金元詩五十卷明詩初集八十六卷次集一百四十卷舊一名十二代詩選然漢魏晉宋南齊梁陳魏北齊周隋實十一代既錄古逸乃綴於八代之末又併五代於唐併金於元於體例名目皆乖剌不合故從其板心所題稱歷代詩選於義爲諧所選雖卷帙浩博不免傷於糅雜然上下二千年間作者皆略存梗槩又學佺本自工詩故所去取大都不乖風雅之旨固猶

勝貪多務得細大不捐者金代惟錄元好問一人頗爲疎漏意其時毛晉所刊中州集河汾諸老詩猶未盛行故學佺未見歟其列於元詩之首亦以一代祇一人不能成集也據千頃堂書目學佺所錄明詩尚有三集一百卷四集一百三十二卷五集五十二卷六集一百卷今皆未見殆已散佚然明自萬歷以後繁音側調愈變愈遠於古論者等諸自鄶無譏是本止於嘉隆正爲明詩之極盛其三集以下之不存抑亦不足惜矣乾隆四十七年五月恭校上

四六法海

臣等謹案四六法海十二卷明王志堅編志堅字弱生崑山人萬歷庚戌進士累官湖廣提學僉事駢偶之詞實由古文而漸變猶之漢魏五言至唐代而爲近體面目各別神理不殊後人沿其末流遂但成雕繪志堅是集獨上溯魏晉以來初變儷詞之散體使學者窮源達委所見獨深每篇之末閒載作者爵里及文章本事考證亦皆精詳雖自稱科舉之書實非他選本所及也乾隆四十

七年二月恭校上

古樂苑

臣等謹案古樂苑五十二卷明梅鼎祚撰鼎祚有才鬼記已著錄是編因郭茂倩樂府詩集而增輯之郭本止於唐末此本止於南北朝則用左克明古樂府例也其所補者如琴曲歌詞龐德公之於忽操見宋文鑑中乃王令擬作非眞龐所自作也雜歌曲詞之劉勳妻其詩藝文類聚稱文帝作邢凱坦齋通編稱曹植作然總爲五言詩不云樂府亦不以劉勳妻三字爲樂府題也左思嬌女詩自詠其二女嬉戲之事亦不云樂府也溫子昇之擣衣本詠閨情亦强名曰樂府柳惲謝惠連曹毗所作亦同此題何又見遺乎又開卷爲古歌詞以斷竹之歌爲首迄於秦始皇祀洛水歌已不及郭本之託始郊廟爲得體而雜歌謠詞中又出古歌一門始於擊壤歌迄於甘泉歌不知其何以爲別他如隋煬帝之望江南採摭僞撰之小說絕不考唐段安節樂府雜錄至李德裕始有此調

則益糅雜矣然其捃拾遺佚頗足補郭氏之闕其解題亦頗有所增益雖有絲麻無棄菅蒯存之亦可資考證也其衍錄四卷記作者爵里及諸家評論蓋剟馮惟訥詩紀別集而稍爲附益多採楊慎等之説今亦並錄之備參訂焉乾隆四十七年十一月恭校上

皇霸文紀

臣等謹案皇霸文紀十三卷明梅鼎祚編鼎祚輯陳隋以前之文編爲文紀以配馮惟訥詩紀此編上起古初下迄于秦故曰皇霸文紀乃其書之一集也洪荒以降書契莫詳事尚無徵況其文字傳于後者非漢代緯書之依託即戰國諸子之寓言一槩裒存遂不免一眞百僞至集古錄博古圖考古圖所列諸銘名姓時代半屬臆求點畫偏旁多緣附會劉楊異釋薛鄭殊音而確定爲某商某周編之簡牘實爲失于闕疑甚至遵磬銘六十三字惟錄篆文尤乖體例他如穆天子傳詩序之類本自爲書亦入之文集則錄所不當錄屈原楚辭惟載

三篇則刪所不當刪何致之僞岣嶁碑楊愼之僞石鼓文並出近代漫無考證大槓庚庚之兆且以漢文誤入之皆輯錄之疎不可據爲典要然網羅繁富周秦以前之作莫備於斯蕪雜之中菁英不乏陸機所謂雖榛楛之勿翦亦蒙茸于集翠者也故病其濫而終取其博焉乾隆四十七年十一月恭校上

西漢文紀

臣等謹案西漢文紀二十四卷明梅鼎祚編鼎祚作皇霸文紀眞僞糅雜頗有衒博之譏其作是編則一以史記漢書爲主而雜采他書附益之所據爲根本者視諸子雜言較爲典實故所收於班馬二史之外者亦可藉以參校是非不至如皇霸文紀之濫如飛燕奏牋成帝答詔張良四皓往返書孔臧與子弟書東方朔寶甕銘李陵蘇武往返書劉向上關尹子子華子於陵子奏揚雄潤州牧箴卓文君司馬相如誄諸篇依託顯然者皆能辨之其他如西京雜記東方朔別傳搜神記博物志佛藏辨正論所載諸篇及孔安國尚書序孔衍家語序

等文雖未能一一釐正要其所漏不過百中之一矣惟新書節錄數篇則新語春秋繁露之類以例推之何不並載列女傳及揚雄諸賦並節錄其序以例推之其他亦將多不勝收殊無義例其於詔制既以各帝分編又往往隨事附各篇前後端緒厖雜於編次之體亦乖然三代以下文章莫盛於西漢西漢莫備於此編含英咀華固著作之驪淵也乾隆四十七年二月恭校上

東漢文紀

臣等謹案東漢文紀三十二卷明梅鼎祚編鼎祚西漢文紀根據史漢故多爲典確是編雖亦以正史爲宗而雜書之作始盛于東漢即劉珍張璠諸記著錄正史者亦逾八家沿及六代小說繁興其時去雒京最近故依託附會尤較西漢爲多至于集古金石諸錄博古考古諸圖以迨隸釋隸續而下搜括舊刻爭奇炫博者彌不一家而西漢自五鳳甎數事以外寥寥無多其碑碣文詞器物銘識亦往往惟稱東漢鼎祚蒐羅既富義取全收其間眞贋互陳異同蠭起而

訂訛正舛亦不及西漢文紀之詳固其所也至如曹全一碑近代始出乃復捃摭不遺其采輯亦云勤矣若夫永和裴岑破呼衍王碑遠在西域自我皇上天威耆定儒者始獲睹其文鼎祚生明季衰微之時嘉峪關外即爲絶域其佚而不載固未可以爲疎漏焉乾隆四十七年四月恭校上

西晉文紀

臣等謹案西晉文紀二十卷明梅鼎祚編西晉相傳四葉爲日無多何晏王弼之徒以莊老清言轉相倡導浸淫不返遂至於南渡偏安然觀鼎祚所編一代之文則討論典故崇厲風俗者猶居其半蓋東漢以來老師宿儒之遺訓越三國而猶有存焉非鼎祚裒而輯之不知建業以還猶能立國爲禮教未殄之故也其中多采詩賦之序以足篇帙特較他代爲繁殊嫌割裂又司馬懿以及師昭雖晉書本紀三祖並登而揆以史法終乖限斷鼎祚既通編八代之文自宜附之魏末使名號不舛時代靡差乃因仍晉書之失存其帝號以冠篇是亦失

於糾正者矣乾隆四十七年四月恭校上

宋文紀

臣等謹案宋文紀十八卷明梅鼎祚編鼎祚所輯八代文紀卷溢三百其版行者自皇覇至西晉而止鼎祚没後應天巡按御史張煊寧國知府周維新始爲次第開雕獨此集先成行世宋之文上承魏晉清儁之體猶存下啟齊梁纂組之風漸盛於八代之内居文質升降之關雖涉雕華未全綺靡觀鼎祚所録可以見風氣轉移日趨日變之故焉其編纂之體略同漢晉中間如廬山公九錫文和香方之類鉅細兼收義取全備猶之鯫表頭責子羽諸作咸登前牒不能以蕪累爲譏惟宋公册封九錫禪代諸文既爲晉人所撰自當附之於晉紀移而入宋於例殊乖又司馬越女銘詞雖發之宋年而撰由晉代附之簡末尤無取義是則編次之疎矣乾隆四十七年四月恭校上

南齊文紀

臣等謹案南齊文紀十卷明梅鼎祚編是集於酬荅之文參錯附錄及誤載前代冊誥與諸集略同而體例尤爲叢脞如永明五年九月詔乃齊書撮敍其事而以爲詔詞高祖與周盤龍第二勅明帝手詔王思遠皆只常言五字但可存爲故實豈宜目以文章無姓名之文例附於末而魚復侯子響還本奏獨列於前代擬諸作例歸操觚之人而褚淵禪齊詔江淹築壘敎獨不晝一曹景宗與弟義宗書沈約荅陸厥樂藹書猶曰人雖入梁事關齊代至於宋順帝荅誅黃回詔則宋文紀自爲一集何以隔代闌入若劉虬荅蕭子良書已見二卷又見六卷失檢抑又甚矣其間如高祖與王彥之書尺牘誤以爲世祖崔覺與妹書尺牘誤以爲崔恭祖亦間有小小駁正然如黃回一人隔數頁而重注曹虎一人前注見北魏而七卷之中乃別出曹虎之名詳注爵里矛盾者正復不少徒以一代之文彙收全備而存之耳乾隆四十七年五月恭校上

臣等謹案梁文紀十四卷明梅鼎祚編是集採梁一代之文多取之梁書南史及諸家文集故所錄不甚繁碎考證亦頗精核惟以後梁蕭巋退附外國之後不與諸王同列殊乖次序又侯景矯詔入於簡文帝文内亦非事實他若梁武帝請謚答詔不著其人稍爲疎漏江淹集作於齊代者割以入齊齊文紀旣已發例何侈之之文乃云以上作於齊朝以下作於梁世但爲分注而全入此集亦未免自亂其例然較他集終爲有條理也梁代沿永明舊製競事浮華故裴子野撰雕蟲論以砭其失簡文帝與湘東王書曰六典三禮所施則有地吉凶嘉賓用之則有所未聞吟詠性情反擬内則之篇操筆寫志更摹酒誥之作遲遲春日反學歸藏湛湛江水遂同大傳又曰時有效謝康樂裴鴻臚文者亦頗有惑焉謝客吐言天拔出於自然時有不拘是其糠粕裴氏乃良史之才無篇什之美謝故巧不可階裴亦拙不宜慕一代帝王持論如是宜其風靡波蕩文體日趨華縟也然古文至梁而絕駢體乃以梁爲極盛殘膏賸馥沾溉無窮唐

代沿流取材不盡譬之晚唐五代其詩無非側調而其詞乃爲正聲寸有所長

四六既不能廢則梁代諸家亦未可屏斥矣乾隆四十七年三月恭校上

陳文紀

臣等謹案陳文紀八卷明梅鼎祚編南朝六代至陳而終文章亦至陳而極敝其時能自成家者詩惟陰鏗張正見文則陵徐沈炯以外惟江總所傳稍多而或久仕梁朝上承異代或晚歸隋主尙署前銜鼎祚兼其前後諸作劃併於陳以足卷帙揆以所編他集未免自亂其例然鼎祚既取南北朝文通爲編次苟闕其一代則源流始末有所未詳不得以泛濫譏也況永明天監相去未遥江左餘風往往而在韓柳未出以前王楊之麗製燕許之鴻篇多有取材於是者亦不能以其少而廢之矣乾隆四十七年九月恭校上

北齊文紀

臣等謹案北齊文紀三卷明梅鼎祚編北齊著作邢魏居首其餘零篇短札取

備卷帙而已所采自正史以來不過文苑英華藝文類聚通鑑諸書蓋流傳本少蒐輯爲難非其網羅之未備也其首列高歡高澄亦同西晉之編濫登三祖他如侯景報高澄書史明言王偉文宣即位告天文史明言魏收天保元年大赦詔藝文類聚明言邢劭而不歸操筆之人竟冒署其所代核以事實未睹其安又顔氏家訓各自爲書史志相沿著錄設使全文載入已于體例有乖乃僅錄其序致一篇而一篇之中又僅錄其首四五行豈非以篇頁無多忽而不檢致是疎漏歟乾隆四十七年五月恭校上

後周文紀

臣等謹案後周文紀八卷明梅鼎祚編按東漢東晉之名所以別于西南齊之名所以別于北若周則豐鎬舊京年祀綿遠中原江左別無國號相同盧思道作興亡論題曰後周殊爲無義故令狐德棻所撰國史但曰周書鼎祚仍以後題未免失于刋正所錄宇文氏一代之文不過八卷而庾信一人乃居五卷次

則王褒撰著二十一篇使非借材異國其寂寥更甚于高齊然宇文泰爲丞相

時干戈擾攘之中實獨能尊崇儒術釐正文體大統五年正月置行臺學十一

月命周惠達唐瑾制禮樂大統十一年六月患晉氏以來文章浮華命蘇綽作

大誥宣示羣臣仍命自今文章咸依此體今觀其一代詔令大抵温醇雅令有

漢魏之遺風即間有稍雜俳偶者亦摛詞典重無齊梁綺艷之習他如庾信集

中春賦鐙賦之類大抵在梁舊作其入北以後諸篇亦皆華實相扶風骨不乏

故杜甫有庾信文章老更成淩雲健筆意縱横語豈非黜雕尚樸導之者有漸

歟無平不陂無往不復六朝靡麗之風極而將返實至周而一小振未可以流

傳之寡而忽之也乾隆四十七年八月恭校上

隋文紀

臣等謹案隋文紀八卷明梅鼎祚編隋氏混一南北凡齊周之故老梁陳之舊

臣咸薈稡一朝成文章之總匯而人沿舊習風尚未殊故著作之林不名一格

四十餘載竟不能自爲體裁又世傳小説唐代爲多而仁壽大業去唐最近遺篇瑣語眞贋相參不能無所附會故鼎祚所錄此集又最糅雜其中如開河記迷樓記尤爲迂怪不經搜神異苑之末流睽車夷堅之先路豈可登之總集自穢其書又如甲秀堂帖載煬帝跋曹子建墨迹唐以來收藏賞鑒皆所未聞詞旨凡庸顯出近代而一概闌入未免失於鑒裁至於唐高祖太宗褚亮李靖陳叔達溫大雅魏徵諸人不繫於隋無煩擬議乃以其文作於隋末遂爾兼收而李德林代靜帝之詔作於周時顔之推請考樂之奏上於梁代前則文隨人編後則人隨文列揆以斷限厥例安居若文帝復姓令之誤采史文李德林之修定五禮詔題爲文帝祖君彦移郡縣書與袁子幹書魏徵與郇王慶書皆題爲李密孔德紹遺秦王書題爲竇建德以及罪狀蜀王秀文已見一卷復見二卷戴逵皇太子箴已見五卷復見七卷又諸集之通病在所不論矣八卷之末載梁神溶等十二人蓋鼎祚文紀以此集爲終神溶等時代未詳故統附於此合

觀所錄雖牴牾罅漏卷卷有之然上起古初下窮八代旁搜博釆薈合成編使唐以前之文章源委相承粲然可考斯實藝苑之大觀其功亦不爲過掩矣乾隆四十七年四月恭校上

釋文紀

臣等謹案釋文紀四十五卷明梅鼎祚編是書成于崇禎辛未裒輯歷代名僧之文以及諸家之文爲釋氏而作者冠以經典所譯西域梵書一卷溯其源也二卷以迄四十三卷爲東漢至陳隋之作四十四卷四十五卷則無名氏時代者然皆唐以前人所著也採摭實爲繁富每人名之下各注爵里每篇題之下各注事實亦頗便檢閱其中如王屮頭陀寺碑載在文選人人習讀而蒐遠略近失之眉睫之前又如智永題右軍樂毅論後與月儀獻歲帖其人雖釋氏之徒而其文實不爲釋氏作一槩收之亦嫌泛濫皆不免于小疵然六代以前之異學則已斑斑然矣又其時文士競以藻麗相高即緇流亦具有詞釆故大抵

吐屬嫺雅論說亦皆根據經典尤不類唐以後諸方語錄徒以俚語掉弄機鋒即論其文章亦不失爲斐然可觀也乾隆四十七年九月恭校上

文章辨體彙選

臣等謹案文章辨體彙選七百八十卷明賀復徵編復徵字仲來丹陽人是書首無序目書中有復徵自著道光和尚述云先憲副昔宦夔門時爲天啟甲子六月越歲乙丑予入蜀悉其事先憲副爲郎南都嗣後入粤歸吳又云先宮保中泠公請師演說金剛經又吳吟題詞云辛未秋家大人粤西命下予以病侍行考丹陽賀氏一家登科名者邦泰嘉靖己未進士邦泰孫世壽萬曆庚戌進士官總督倉場戶部尚書世壽子王盛崇禎戊辰進士按之復徵所序祖父官階年月俱不相合又每冊首有晉江黃氏父子藏書印記而千頃堂書目乃不載是編均莫詳其故也復徵以吳訥文章辨體所收未廣因別爲蒐討上自三代下逮明末經史諸子百家山經地志靡不收採分別各體爲一百三十二類

七百八十卷每體之首多引劉勰文心雕龍及吴訥徐師曾之言間參以己説以爲凡例其甄録之繁富爲從來總集所罕見但其中有一體而兩出者如祝文後既附致語後復有致語一卷是也有一體而强分爲二者如既有上書復有上言僅收賈山至言一篇既有墓表復有阡表僅收歐陽修瀧岡阡表一篇記與紀事之外復有紀雜文之外復有雜著是也有一文而重見兩體者如王褒僮約一見約再見雜文沈約修竹彈甘焦文一見彈事再見雜文孔璋請代李邕表一見表再見上書孫樵書何易于事一見表再見紀事是也又於金元之文所收過略而後人擬仿僞撰之作如黄帝金人銘張桓侯新都縣眞多山銘之類乃槩爲收入未免失於别裁意其卷帙既繁稿本初脱未經刊定不能盡削繁蕪然其别類分門搜羅廣博殆積畢生心力鈔撮而成故墜典祕文亦往往有出人耳目之外者且其書祇存鈔本傳播甚稀録而存之固未始非操觚家由博返約之一助爾乾隆四十七年五月恭校上

古詩鏡　唐詩鏡

臣等謹案古詩鏡三十六卷唐詩鏡五十四卷明陸時雍編時雍字仲昭桐鄉人家貧篤學能文工詩崇禎癸酉貢入太學太僕卿戴某延爲幕客會戴坐累事連時雍下鎮撫獄長繫卒所著有離騷新疏盛行於時茲乃所選自漢魏以迄晚唐之詩分爲二集前有總論一篇其大旨以神韻爲宗情境爲主持論皆極允當如云詩須觀其自得古人佳處不在言語間又云氣太重意太深聲太宏色太厲佳而不佳反以此病又云詩不患無材而患材之揚不患無情而患情之肆不患無言而患言之盡不患無景而患景之煩所言與嚴羽不涉理路不落言詮之說足相證明深爲有見其間如孔雀東南飛一詩譏其情詞之紕繆而於儲光羲孟浩然輩亦俱有微詞蓋其時當王李餘波未息之時學者方以呑剝爲工故於蹊逕易尋者往往加之排斥其意固欲鍼砭流俗而不免於懲羹而吹虀然其採摭精博評擇詳審凡運會升降一一皆可考見其源流在

明末選家中可謂卓然能得門逕者或以其書中評語間涉纖仄疑其漸染楚風不知總論中所指晉人華言是務巧言是標中晚唐人專尋好意不理聲格之失實皆以隱刺竟陵故立論殊相涇渭其批點中尖新字句特一時習尚使然要之大端既正此固不足爲其病也乾隆四十七年十月恭校上

漢魏六朝百三家集

臣等謹案漢魏六朝百三家集一百十八卷明張溥編溥有詩經注疏大全合纂已著錄自馮惟訥輯詩紀而漢魏六朝之詩匯于一編自梅鼎祚輯文紀而漢魏六朝之文匯于一編自張燮輯七十二家集而漢魏六朝之遺集匯于一編溥以張氏書爲根柢而取馮氏梅氏書中其人著作稍多者排比而附益之以成是集卷帙既繁不免務得貪多失於限斷編錄亦往往無法考證亦往往未明有本係經說而入之集者如董仲舒集錄春秋陰陽劉向劉歆集錄洪範五行傳之類是也有本係史類而入之集者如褚少孫集全錄補史記荀悦集

全錄漢紀論之類是也有本係子書而入之集者如諸葛亮集錄心書蕭子雲集錄淨住子是也有牴牾顯然而不辨者如張衡集錄周天大象賦稱魏武黃星之類是也有是非疑似而臆斷者如陳琳傳中有袁紹使掌書記一語遂以三國志註紹冊烏桓單于文錄之琳集是也有僞妄無稽而濫收者如東方朔集錄眞仙通鑑所載與友人書及十洲記序之類是也有移甲入乙而不覺者如庾信集錄楊炯文二篇之類是也有采摭未盡者如束晳集所錄餅賦寥寥數語不知祝穆事文類聚所載尚多之類是也有割裂失次者如鍾會集成侯命婦傳三國志註截載兩處遂分其首尾各爲一篇之類是也有可以成集而遺之者如枚乘七發忘憂館柳賦諫吳王書及玉臺新詠所載古詩可成一卷左思三都賦白髮賦髑髏賦及文選所載詠史詩亦可成一卷而擯落不載之類是也然州分部居以文隸人以人隸代使唐以前作者遺篇一一略見其梗概雖因人成事要不可謂之無功也乾隆四十七年八月恭校上

古今禪藻集

臣等謹案古今禪藻集二十八卷明釋正勉性通同編其裒輯則釋普文也普文字理安正勉字道可並嘉興人性通字蘊輝應天人所錄皆釋子之作而不必其有關於佛理曰禪藻者猶曰僧詩云爾所載上起晉支遁下訖性通所自作以朝代編次每代之中又自分諸體中間如宋之惠休唐之無本後皆冠巾仕宦與宋之道潛老而遘禍官勒歸俗者不同一概收之未免泛濫又宋倚松老人饒節後爲僧名如璧陸游老學菴筆記稱爲南渡詩僧之冠與葛天民卒返初服者亦不同乃遺而不載亦爲疎漏至寶月行路難鍾嶸詩品明言非其所作載搆訟納賂事甚悉而仍作僧詩皆未免失於考訂他如卷一之末獨附讚銘誄賦蓋以六朝篇什無多借盈卷帙以此推之則諸方偈頌孰非有韻之文正恐累牘連篇汗牛難載於例亦爲不純特其上下千年網羅頗富較李龏唐僧宏秀集惟取一朝之作者較爲完具存之亦可備採擇焉乾隆四十七年

四月恭校上

三家宮詞

臣等謹案三家宮詞三卷明毛晉編晉有毛詩草木鳥獸蟲魚疏廣要已著錄三家者一爲唐王建一爲蜀花蘂夫人一爲宋王珪各七言絶句一百首建集別著錄其宮詞百首舊刻雜入王昌齡長信秋詞一首劉禹錫魏宮詞二首白居易後宮詞一首張籍宮詞二首杜牧秋夕作一首出宮人一首晉並考舊本釐正花蘂夫人蜀孟昶妃費氏也宋熙寧五年王安國檢校官書始得其手書於敝紙中以語王安石又語王珪馮京始傳於世珪所撰華陽集明代已佚今始以永樂大典所載裒輯成帙惟宮詞以別行之本僅存而流俗傳寫誤以其中四十一首竄入花蘂夫人詩中而移花蘂夫人詩三十九首屬之於珪又摭唐詩二首足之顚舛殊甚此本亦一一校改建贈王守澄詩有不是當家親向說九重爭得外人知句雖一時刦制之詞而宮禁深嚴流傳瑣事亦未必不出

於若輩其語殆不盡誣費氏身備掖庭述所聞見珪出入禁闥歷仕四朝不出國門而至宰相耳濡目染亦異乎草野傳聞晉裒而編之皆足以考當日之軼事不但取其詞之工也乾隆四十七年九月恭校上

二家宮詞

臣等謹案二家宮詞二卷明毛晉編凡宋徽宗皇帝三百首寧宗楊皇后五十首徽宗卷末有帝姬長公主跋稱自建中靖國二年至宣和六年緝熙殿所收藏御製宮詞共三百首命左昭儀孔禎同嬪御章安愷等收輯類而成書云云考蔡京改公主爲帝姬各有封號此旣云帝姬又云長公主非當時之制又禎字爲仁宗廟諱當時改文貞爲文正改魏徵爲魏證嫌名猶避之甚嚴豈有宮中昭儀敢以此字爲名者此跋殆出于依託楊后卷末有潛夫跋不著名字毛晉謂不知何許人考劉克莊字潛夫跋稱癸酉仲春爲度宗咸淳九年時代亦合或克莊所題耶毛晉跋徽宗卷末稱坊刻或二百八十首或二百九十二首

或三百首或三百首有奇多混入鄙俚贋作後從雲間得一元本止缺二首則其書已屢經竄亂即所謂雲間元本亦未必舊觀又跋楊后卷末稱今本止三十首餘二十首從未之見乃天啟丁卯得胡應麟家祕本所載云云蓋此三百五十首者皆後人裒輯得之眞僞參半不盡可憑姑以流傳已久存之耳乾隆四十七年十月恭校上

欽定四庫全書提要卷一百九

欽定四庫全書提要卷一百十

集部三十二

總集類五

御選古文淵鑑

臣等謹案古文淵鑑六十四卷　聖祖仁皇帝御選內閣學士臣徐乾學等奉旨編注康熙二十四年　製序頒行始自春秋左傳迄於宋臣之作千有四百餘首按代爲次以散體爲主而間及排偶去取謹嚴凡有關於垂世立教及指陳事勢切於身心國家者以理則醇以詞則茂而後登選注亦徵引簡切務在考覈人地出處而不徒以字句爲訓洵可謂綜百代之風會垂萬古之典則者至於篇端　御評文簡義精往往片言居要即所採前人評論及　本朝儒臣所評亦皆擇要取精立義正大非徒以標賞文格品目詞句而已也乾隆四十七年五月恭校上

御定歷代賦彙

臣等謹案　御定歷代賦彙正集一百四十卷外集二十卷逸句二卷補遺二十二卷康熙四十五年　御定詹事臣陳元龍編校自周秦而下迄於前明凡文選文苑英華諸書所載及各家專集靡不搜採參互校勘因題分類按代編次有一題而前後數篇者如月賦則漢有公孫乘劉宋有謝莊趙宋有汪莘楊簡明有馮時可雲賦則周有荀卿晉有楊乂陸機明有朱同之類亦皆依題類次義例秩然伏讀　聖祖仁皇帝御製序文特標班固登高能賦可以爲大夫之語而又推本于舜典敷奏以言之義往復　垂訓俾學者體察物情而鋪陳事理以務爲有用則是書固非徒以資博贍也至其門類次第及正外分集之指詳見凡例茲不復贅云乾隆四十七年五月恭校上

御定全唐詩

臣等謹案全唐詩九百卷康熙四十六年　聖祖仁皇帝御定所採二千二百

餘家得詩四萬八千餘首一代之作全備無遺人各載其世次爵里間有未詳者亦各以時代爲次或相比附多者數卷少則單篇上自郊廟樂詞下逮民謠里諺靡所不錄然於諸帝則始太宗而删册府元龜所載僞託高祖之作於詩人則删向來傳訛之高密慕容承等名於體裁則删道家章呪釋氏偈頌之作於極博之中見謹嚴之至自來彙輯唐人詩者在當時已有篋中才調國秀搜玉中興間氣河岳英靈諸選卷帙殊少至宋初英華所錄較廣而分别事類於一代風會遷轉之間未能綜覽若王安石之選去取任意尤不足論而高棅品彙之强分初盛中晚胡震亨統籤之搜採汎濫均無當於雅正之指詳繹是集不獨有唐之風雅具見於此而崇文尚論之道亦昭萬古矣乾隆四十七年九月恭校上

御定詠物詩選

臣等謹案詠物詩選　聖祖仁皇帝御定排類別體條分縷晰凡爲類四百八

十有六合古今體詩萬四千五百九十首　製序於康熙四十五年夏六月刻成於四十六年春三月上自古逸漢魏下逮元明之作長篇短韻無不搜載而採擇彌精竊考詠物之體肇於周代若荀況之賦雲屈平之頌橘實惟權輿唐李嶠所作多至百二十題而中有脱佚自後間有專集然亦寥寥數卷而已是編廣博精微上追多識之學旁通名物之訓而大含細入體裁雅正尤足以昭式藝林原刻不編卷次但分爲六十四冊而篇頁頗多今依類分析爲四百八十六卷以合於全書體例云乾隆四十七年三月恭校上

御定歷代題畫詩類

臣等謹案歷代題畫詩類一百二十卷康熙四十六年　御定編修臣陳邦彦編校自天文地理至人事雜題爲三十類一類之中又各以題爲次如天文之雲雨陰晴地理之山川城郭不相參雜所收之詩幾九千首可云極博矣前有聖祖仁皇帝御製序謂可流觀山川險易之形考鏡往代留遺之蹟於昔人

豳風無逸之圖有互相發明者於此見　聖人之心鉅細一貫雖流覽藝詠而志存觀省固非和鉛染翰之末所得仰窺矣向來纂集繪事題詠者若孫紹遠之聲畫集范迂之題畫詩李日華之竹嬾畫賸墨君題語等書多或數帙少不過一二卷擬於是書奚啻爝火之於曜靈哉乾隆四十七年五月恭校上

御選四朝詩

臣等謹案宋金元明四朝詩康熙四十八年　聖祖仁皇帝御選右庶子臣張豫章等編錄宋詩七十八卷金詩二十五卷元詩八十一卷明詩一百二十卷每一代卷前詳列詩家姓氏爵里其次第則首以帝製次四言詩次樂府歌行次古體次律詩次絕句次六言次雜體其家數則宋凡八百八十二金凡三百二十一元凡一千一百九十七明凡三千四百採之極博選之至精蔚爲鉅觀矣詩莫盛於唐而中晚以來非流於率易即入於佻纖逮宋歐蘇諸大家力起而振之自餘西崑江西流派不一互有短長南渡以還愈趨薄弱中原學者風

氣既厚宗法亦醇故金詩爲盛若趙秉文元好問可以追唐躒宋矣元既混一文學日興而詩亦蒨雅密麗無麤獷滑易之習明詩凡數變或高言漢魏或遠襲三唐入主出奴齗齗相勝於文藝之中亦持門戶之見論詩雖不乏專家而世道之替因可識矣茲選總萃八百餘年之風雅於中盛衰升降之故源流同異之槩可考而覩學者潛心涵泳豈徒爲學詩津逮已哉乾隆四十七年九月恭校上

御定全金詩增補中州集

臣等謹案　御定全金詩七十四卷因元好問中州集而增補之康熙五十年取郭元釪所進稾本更加搜緝而成好問原本中州集已別著錄其書人系以傳詳其行履兼評其詩格高下或摘論佳句又或附論他文他事大槩因詩以存人義例特搠頗爲論詩家推重而所登未廣爲卷合樂附僅十有一爲人二百四十有奇詩千九百八十首有奇是編所增補者卷六倍之人幾三倍之詩

倍之一代之作乃苞括無遺矣其間徵事論人取諸劉祁歸潛志者標曰補兼採金史及諸家文集稗野記載者標曰附網羅羣籍纖悉備載而元釪之說亦具見焉終編即列入元好問劉祁二家題曰遺獻部次井然覘好問原本不啻大輅椎輪之喻也伏讀聖祖仁皇帝御製序文知是編實經薈萃排擇成書而目錄之首猶標臣郭元釪補緝一條有以仰見大聖人善與人同一長必錄之盛心焉乾隆四十七年三月恭校上

御選唐詩

臣等謹案御選唐詩三十二卷聖祖仁皇帝選定命儒臣纂輯注釋仍悉奉睿裁鑒訂故典核詳盡無纖悉之憾其例別體分類凡五言古六卷七言古三卷五言律七卷七言律七卷排律二卷五言絶句二卷七言絶句五卷於作者姓氏略載其爵里行歷于詩則逐句箋釋分注行間悉引他書旁推互證不加疏解並用李善注文選例也乾隆四十七年十一月恭校上

御定千叟宴詩

臣等謹案千叟宴詩四卷康熙六十一年奉　勅編欽惟　聖祖仁皇帝昌運膺圖　沖齡踐祚削平三蘗砥屬四瀛　聖德懋其緝熙　神功昭乎啟祐用能欽崇永保無逸延年　壽考康强符薄海無疆之祝而　深仁厚澤涵育龐洪堪堪春祺桐生茂豫所謂　皇建有極斂時五福用敷錫厥庶民者驗以箕疇允符古義是以丕格之瑞翊運者咸登淳固之氣飲和者靡算鮐背黃髮駢聯相屬既　俯允臣民之請肇舉　萬壽盛典驩心普洽陬澨嵩呼業已恭勒鴻編昭垂奕禩復　詔舉高年宏開嘉讌申　延洪之慶表仁壽之徵酒醴笙簧賡歌颺拜彬彬焉郁郁焉自攝提合雒以來未有如斯之盛也爰　命裒集詩篇通為一集首以　聖製與伊耆神人暢曲曠代齊光繼以羣臣和章與周京天保諸什雅音接響其餘諸作亦與豳風稱觥之文堯民擊壤之詠後先一軌焉伏而讀之如華鯨奏威鳳儀鏗鍧震耀八音會而五色彰也　化國之日

舒以長　盛世之音安以樂具見於斯允宜襲璵函而貯石渠矣乾隆五十四年四月恭校上

御選唐宋文醇

臣等謹案唐宋文醇五十八卷乾隆三年　御選製序頒行自明茅坤取唐韓愈柳宗元宋歐陽修蘇洵蘇軾蘇轍曾鞏王安石之文爲八大家而初學之士人奉一編用爲楷法逮　國朝儲欣乃頗爲增損又益以李翺孫樵之文爲十大家學者見聞稍廓矣而持擇去取未能盡當則欣譏坤以便於舉業而流弊在是者欣之所輯弊亦如之夫文自昌黎起八代之衰爲其去排偶茶弱之習而返之於先秦兩漢之遺法也唐宋文人林立而獨取此十家意亦良是　我皇上幾餘典學文參訓詁復以操觚之士鮮所嚮方乃取欣所選本芟其猥雜補其遺漏於是十家之菁華盡顯而爲文之榘矱悉正矣其文有經　聖祖仁皇帝御評者則用黃色書載篇首　皇上御評則朱書篇後至古今人評跋及

詩文論説於文有所發明者亦别色附錄於後而姓名事蹟有資考核者間亦及之用以　昭示藝林洵足爲萬世學者之正鵠矣乾隆四十七年三月恭校

上

御選唐宋詩醇

臣等謹案唐宋詩醇乾隆二十五年　御選唐四家李白八卷杜甫十卷白居易八卷韓愈五卷宋二家蘇軾十卷陸游六卷都四十七卷　製序頒行唐宋詩家指不勝屈六家實爲大成而六家之中又以李杜爲準的故登選尤詳每篇標其警策　親加評隲或引及前人論議間有援據他書用資疏訂者皆别色書之朗若列眉不特承學之士於古今格律足以資津逮而定指歸其别擇大醇出入風雅洵合乎溫柔敦厚之教矣乾隆四十七年四月恭校上

皇清文穎

臣等謹案　皇清文穎一百二十四卷　聖祖仁皇帝命大學士陳廷敬編輯

世宗憲皇帝復　詔廷臣隨時增益我　皇上申命輯成自乾隆甲子以前悉爲甄萃首二十四卷恭載　列聖宸章　皇上御製其一百卷則凡臣工經進之作散行駢體韻語分門采輯擇其尤雅以備一代矞皇之製非若前人總集雜取小言徒誇博綜者比也乾隆四十七年九月恭校上

欽定四書文

臣等謹案　欽定四書文乾隆元年　命學士臣方苞選評明文凡四集曰化治文曰正嘉文曰隆萬文曰啓禎文而　國朝文別爲一集集各以題爲次每篇皆抉其精要評隲於後卷首恭載　諭旨次苞奏摺又次爲凡例八則亦苞所述以發明持擇之指蓋經義帖括始於唐宋至前明始專以此取士約束文人之心力一歸於聖賢之遺訓較之爭妍於音律競巧於偶儷者華實逈殊而求其闡發奧窔苞函細大者殊不易得伏讀　御製詩所云言孔孟言大是難眞　一言以蔽之矣其間風會所趨文體自別有明三百年間自洪永以迄化

治風氣初開文多簡樸逮於正嘉號爲極盛隆萬以機法爲貴漸趨薄弱至啟
禎時警闢奇傑之氣日勝而駮雜不醇剛很自恣者錯出於其間於是啟橫議
之風長傾詖之習文體盭而士習彌壞士習壞而國運亦隨之矣我　國家文
教聿新人才輩出於凡前明作者皆能取其長而萃其媺彬彬乎洵有以副
作人之雅化焉茲選所登悉稟　聖裁尤皆理醇詞正可以傳世行遠者承學
之士於前明諸集可以考風格之高下以端其趨嚮於　國朝之文可以識運
會之隆盛而定其指歸且由是以窺聖賢之旨而勉然於言行相顧之道則明
經致用具本於是矣至於諸家文稿選本不啻充棟而或各成一格或擇焉不
精未敢多錄錄是編以備門類而制義之體格菁英已稱大備原編不分卷第
今約其篇帙分爲四十一卷云乾隆四十七年五月恭校上

欽定千叟宴詩

臣等謹案千叟宴詩三十六卷乾隆五十年奉　勅編洪惟我　皇上斟元陳

樞體乾行健會歸有極德合無疆　曼壽延洪固預卜億萬斯年　康強逢吉
而品彙含生得沐　盛朝之涵育亦𡨋與盛長百昌蕃秀熙熙然弗異華胥在
廷紱珮既多符君奭之銘即蔀屋茅簷歲以百齡蒙　賜者春官之籍亦縷
指不能殫數豈但東都者舊僅有潞公晉邑老人惟傳絳縣而已哉斯誠太平
至治之徵也昔我　聖祖仁皇帝以海甸承平咸登仁壽曾以康熙壬寅　詔
開嘉宴以千叟爲名我　皇上揚　烈覲　光克繩　祖武歲乙巳正月六日
親臨賜宴式繼　前規一時龐眉皓首扶鳩杖瞻　龍顏者計三千餘人仍
以千叟　賜名舉成數也亦循　舊典也燕飲歡洽　錫賚便蕃　睿藻先頒
頌聲競作儒臣排次成編凡得三十六卷既恭呈　御覽剞劂　頒行謹恭錄
入四庫全書以昭　久道化成之盛美夫草木滋榮根柢盤深人知草木之滋
榮不知天之功也川嶽流峙亙古貞固人知川嶽之流峙不知地之力也然則
四海恬熙高年耆耇非臣民之自能壽惟　皇上之深仁厚澤培養而致此壽

此臣等所以拜手稽首爲　聖人頌也抑　德侔天地者　壽亦必符於天地
臣等能勿拜手稽首爲　聖人祝哉乾隆五十四年四月恭校上

明文海

臣等謹案明文海四百八十二卷　國朝黃宗羲編宗羲有易學象數論明儒學案諸書已別著錄宗羲於康熙乙卯以前嘗選明文案二百卷既復得崑山徐氏所藏明人文集因更輯成是編分體二十有八每體中各爲子目分類甚爲繁碎又頗錯互不倫如議已別立一門而奏疏內復出此體既立諸體文一門而卻巧瘞筆放雀諸篇復別爲一類而止目爲文尤爲無謂考閻若璩潛邱箚記辨此書體例謂必非黃先生所編乃其子主一所爲若璩嘗游宗羲之門其說當爲可據蓋晚年未定之本也明代文章自何李盛行天下相率爲沿襲剽竊之學逮嘉隆以後其弊益甚宗羲之意在於掃除摹擬空所倚傍以情至爲宗又欲網羅三百年典章人物俱藉以考見大凡故其蒐羅極富所閲明人

集幾至二千餘家亦可謂一代文章之淵藪考明人著作者當必以是編爲極備矣其書卷帙繁重傳鈔甚稀四百八十一及八十二卷内文十二篇有録無書乃原本所缺今並仍之云乾隆四十七年十一月恭校上

唐賢三昧集

臣等謹案唐賢三昧集三卷　國朝王士禛編士禛有古懽録已著録初士禛少年嘗與其兄士禄撰神韻集見所作居易録中然其書爲人改竄已非其舊故晚定此編皆録盛唐之作名曰三昧取佛經自在義也詩自太倉歷下以雄渾博麗爲主其失也膚公安竟陵以清新幽渺爲宗其失也詭學者兩途並窮不得不折而入宋其弊也滞而不靈直而好盡語録史論皆可成篇于是士禛等重申嚴羽之説獨主神韻以矯之蓋亦救弊補偏各明一義其後風流相尚光景流連趙執信等遂復操二馮舊法起而相爭所作談龍録排詆是書不遺餘力其論雖非無見然兩説相濟其理乃全殊途同歸未容偏廢今仍並録存

之以除門戶之見又閻若璩潛邱箚記有與趙執信書詆此集所錄如張旭四絕句本宋蔡襄詩而誤收又詆其祖詠詩誤以京水爲涇水孟浩然詩誤以涔陽爲潯陽王維詩誤以御亭爲卸亭蔡洲爲蔡州高適燕歌行誤以渝關爲榆關全不講于地理之學引據精詳皆切中其病然士禎自品詩格原不主于考證若璩所云不必爲是集諱亦不必爲是集病也乾隆四十七年十一月恭校

上

二家詩選

臣等謹案二家詩選二卷　國朝王士禎刪錄明徐禎卿高叔嗣二人詩也明自弘治以迄嘉靖前後七子軌範略同惟禎卿叔嗣雖名列七子之中而泊然於聲華馳逐之外其人品本高其詩亦上規陶謝下摹韋柳清微婉約寄託遙深於七子爲別調越一二百年李何爲衆口所攻而二人則物無異議王世懋之所論其言竟果驗焉語詳蘇門集條下豈非務外飾者所得淺具內心者所造深乎

士禎之詩實沿其派故合二人所作簡其菁華編爲此集禎卿詩多取迪功集其少年之作見於外集別集者十不存一叔嗣惟取其五言詩其七言則闕焉取所長而棄所短二人佳什亦約略備於是矣乾隆四十七年十月恭校上

唐人萬首絕句選

臣等謹案唐人萬首絕句選七卷　國朝王士禎編洪邁唐人萬首絕句務求盈數踳駁至多宋倉部侍郎福清林清之眞父鈔取其佳者得七言一千二百八十首五言一百五十六首六言十五首勒爲四卷名曰唐絕句選見於陳振孫書錄解題蓋十分之中汰其八分有奇然其書不傳無由知其善否士禎此編刪存八百九十五首作者二百六十四人更十分而取其一矣其書成於康熙戊子距士禎之沒僅三年最爲晚出又當田居閒暇之時得以從容校理故較他選爲精審然其序謂以當唐樂府則不盡然樂府主聲不主詞其采詩入樂亦不專取絕句士禎此書實選詞而非選聲無庸務爲高論也乾隆四十七

年九月恭校上

明詩綜

臣等謹案明詩綜一百卷　國朝朱彝尊編彝尊有經義考已著錄明之詩派始終三變洪武開國之初人心渾樸一洗元季之綺靡作者各抒所長無門戶異同之見永樂以迄弘治沿三楊臺閣之體務以春容和雅歌詠太平其弊也冗沓膚廓萬喙一音形模徒具興象不存是以正德嘉靖隆慶之間李夢陽何景明等崛起於前李攀龍王世貞等奮發於後以復古之說遞相唱和導天下無讀唐以後書天下嚮應文體一新七子之名遂竟奪長沙之壇坫漸久而摹擬剽竊百弊俱生厭故趨新別開蹊徑萬歷以後公安倡纖詭之音竟陵標幽冷之趣幺弦側調嘈囋爭鳴佻巧蕩乎人心哀思關乎國運而明社亦於是乎屋矣大抵二百七十年中主盟者遞相盛衰偏袒者互相左右諸家選本亦遂皆堅持畛域各尊所聞至錢謙益列朝詩集出以記醜言僞之才濟以黨同伐

異之見逞其恩怨顚倒是非黑白混淆無復公論彝尊因衆情之弗協乃編纂此書以糾其謬每人皆略敘始末不横牽他事巧肆譏彈里貫之下各備載諸家評論而以所作靜志居詩話分附於後雖隆萬以後所收未免稍繁然世遠者篇章易佚時近者部帙多存當亦隨所見聞不盡出於標榜其所評品亦頗持平於舊人私憎私愛之談往往多所匡正六七十年以來謙益之書已澌滅無遺而彝尊此編獨爲詩家所傳誦亦人心秉彝之公有不知其然而然者矣

乾隆四十七年八月恭校上

宋詩鈔

臣等謹案宋詩鈔一百六卷　國朝吳之振編之振有黄葉村莊詩集已著録是編以宋詩選本叢雜因蒐羅遺集共得百家其本無專集及有集而所選不滿五首者皆不錄每集之首繫以小傳略如元好問中州集例而品評考證其文加詳蓋明季詩派最爲蕪雜其初厭太倉歷下之剽襲一變而趨清新其繼

又厭公安竟陵之佻巧一變而趨眞朴故　國初諸家頗以出入宋詩矯鉤棘塗飾之弊之振是選即成於是時以其人自爲集故甫刋一帙即摹印行世所傳之本往往多寡不同此本有錄無書尚有劉弇鄧肅黄榦魏了翁方逢辰宋伯仁馮時行岳珂嚴羽裘萬頃謝枋得吕定鄭思肖王柏葛長庚朱淑眞十六家蓋剞劂未竣故竟無完帙也近時曹庭棟病其未備因又有宋人百家詩存之刻以補其闕皆之振之所未錄然之振於遺集散佚之餘搜羅使學者得見兩宋詩人之崖略不可謂之無功與庭棟之書互相補苴相輔而行固未可偏廢其一矣乾隆四十七年四月恭校上

宋元詩會

臣等謹案宋元詩會一百卷　國朝陳焯編焯字默公桐城人順治壬辰進士選庶吉士以耳聾告歸不復出覃思著述取所見宋元詩人之作輯爲此編每人各紀其爵里本末于下以備考訂雖甄錄篇什無多而摭拾家數頗爲廣備

王士禎香祖筆記稱康熙甲子奉使南海次桐城焯過其客署二從者背負巨囊挕罷即呼具案顧從者取囊書數十大册羅列指示士禎曰此吾二十年來所輯宋元詩會若干卷將待君決擇之然後出而問世云云蓋即指是書而言是其卷帙本極繁富而今刊行之本僅止此數或經士禎鑒別之後焯重加釐定而復爲删繁以就簡者然上下數百年間詩家林立其源流姓氏一一燦然以視吴之振顧嗣立兩家雖浩博不及之而梗概亦已略具矣乾隆四十七年四月恭校上

粤西詩載　粤西文載　粤西叢載

臣等謹案粤西詩載二十五卷粤西文載七十五卷粤西叢載三十卷　國朝汪森撰森嘉興人官廣西桂林府通判其在粤時以廣輿志缺略殊甚考據難賫因取歷代詩文之有關典故者詳搜博採歸田後復借朱彝尊家藏書薈萃訂補共成詩載二十四卷附詞一卷文載七十五卷又以纖小諸類不獲入文

者更輯爲叢載三十卷其蒐採殊見廣備中間如錄謝朓詩誤爲晉人又唐鄭愚蔡京授嶺南節度使二制本文苑英華所引玉堂遺範之文初未有撰人姓名乃訛玉堂爲王堂此類亦頗有舛誤然其體例明整所錄碑版題詠之作多志乘所未備其文載中所分山川城郭官署學校書院宫室橋梁祠廟軍功平蠻諸子目皆取其事之絶有關係者故所收于形勢扼塞控置得失興廢利弊諸大端紀錄尤詳洵能得其要以視曹學佺全蜀藝文志贍富不及而謹嚴殆爲勝之至叢載分爲二十目所錄雖頗近瑣碎而遺文軼事有裨考證者悉已採輯無遺于一方文獻亦有可藉以徵信者焉乾隆四十七年四月恭校上

元詩選

臣等謹案元詩選初集六十八卷二集二十六卷三集十六卷　國朝顧嗣立編嗣立有溫飛卿詩註已著錄是選凡三集每集之中又以十干分爲十集而所爲癸集實有錄無書故皆止于九集蓋其例以甲集至壬集分編有集之人

以癸集總收零章斷什不成卷帙之作其事浩繁故欲爲之而未成也所錄自帝王别爲卷首外初集凡元好問以下一百家二集所錄凡段克己兄弟以下一百家三集所錄凡麻革以下一百家每人下各存原集之名前列小傳兼品其詩雖去取不必盡當而網羅浩博一一採自本書具見崖略非他家選本餖飣綴合者可比有元一代之詩要以此本爲巨觀矣嗣立稱所見元人之集約四百餘家方今詔採遺書海内祕藏大都輻輳中間爲嗣立所未見者固指不勝屈而嗣立所見今不著錄者亦往往而有蓋相距五六十年隱者或顯而存者亦或偶佚殘膏賸馥轉賴是集以傳正未可以不備爲嫌也乾隆四十七年十一月恭校上

御定全唐詩錄

臣等謹案全唐詩錄一百卷國朝徐倬編倬字方虎號蘋村德清人康熙癸丑進士官至翰林院侍讀致仕歸是編以唐詩卷帙浩繁乃採擷菁華輯爲一

集每人各附小傳又閒附詩話詩評以備考證康熙丙戌恭逢　聖祖仁皇帝
聖駕南巡倬在籍繕錄進　呈得　旨嘉奬　特擢授禮部侍郎銜以旌好學
併　御製序文　賜帑金刋板儒臣榮遇至今傳焉謹案　御定全唐詩用胡
震亨統籤之例或分體或不分體各因諸家原集以存其舊倬是編惟仙鬼之
詩仍不分體餘皆以古體近體分編全唐詩以上官昭容宋若昭姊妹列帝后
之後倬則以長孫皇后徐賢妃江采蘋附於帝王而以上官昭容等別入宫闈
又聯句隨人類附不另爲門韓愈效玉川子月蝕詩不入愈本集而附於盧仝
詩下香山九老詩不人自列名而附於白居易詩下體例與全唐詩亦殊蓋全
唐詩編纂成書在康熙四十六年丁亥倬是書則先一年成雖以全唐詩錄爲
名實尚未見　頒行之本故編次稍有異同云乾隆四十七年四月恭校上

甬上耆舊詩

臣等謹案甬上耆舊詩三十卷　國朝胡文學撰而其友人李鄴嗣爲之敍傳

者也文學字道南鄮嗣號杲堂俱鄞縣人輯明州詩文者宋有鄞江集已失傳王應麟四明文獻集亦多漏略至明宋士弘之四明雅集二十家戴鯨之續集六十家張時徹之四明風雅一百二十家于作者採綴稍廣而源流未備鄮嗣嘗撰甬上耆舊傳紀其鄉先哲行事頗詳文學因即其傳中之人搜録遺詩論定編次而各以原傳系之始自周文種漢大黄公終于明季諸家凡四百三十人得詩三千餘首本四十卷甫授梓而文學即世其子德邁因以前三十卷先刊行之每卷之首俱有小序略依其才品名位高下爲次使各以類從而不盡以時代爲斷于支派極爲詳晰中如宋袁燮之絜齋集袁甫之蒙齋集亡佚已久今始得于永樂大典中裒集成編文學等固宜目所未睹至樓鑰攻媿全集尚有遺本流傳而僅據其選集鈔存亦爲搜羅未至然其體例精審于部居州次之中寓論世知人之義徵文考獻條理秩然固非世之釣名悦俗瓦礫雜陳者所得而相比矣乾隆四十七年五月恭校上

檇李詩繫

臣等謹案檇李詩繫四十二卷　國朝沈季友撰季友有學古堂詩集已著錄是編輯嘉興一郡之詩自漢晉以迄　本朝凡縉紳韋布閨秀方外士著流寓有吟詠傳世者皆錄之而以仙鬼題詠謠諺附焉姓氏之下又各爲小傳略敍梗概其山川古蹟土風物產亦間加附注以備考據初明景泰中嘉興朱翰嘗詮次洪永以來郡人之詩爲檇李英華一書所收不盡雅馴崇禎末秀水蔣之翹復續爲檇李詩乘其卷帙之富什倍英華而遺稿散佚遂無傳本季友此書踵二家之後而更加詳博殘章賸句蒐訪靡遺擴摭之勤殊爲不苟其間若趙孟堅小傳沿山房隨筆之誤以爲卒於元時吳鎮歿於至正間與嘉木揚喇勒智迴不相及而謂智發諸墳不及鎮墓此類皆爲疎於考核然其甄綜頗備一鄉文獻亦藉以有所徵焉乾隆四十七年四月恭校上

古文雅正

臣等謹案古文雅正十四卷　國朝蔡世遠編世遠有二希堂集已別著錄是集選錄自漢至元之文凡二百三十六篇前有自序曰名之曰雅正者其辭雅其理正也案詩大雅小雅及爾雅古註疏皆訓爲正然史記五帝本紀稱百家言黄帝其文不雅馴司馬相如傳稱從車騎雍容嫻雅甚都顧野王玉篇亦曰雅儀也嫻雅也是自漢以來雅正已分兩訓世遠葢用此義也考總集之傳惟文選盛行于歷代殘膏賸馥沾溉無窮然潘勗九錫之文阮籍勸進之箋名教有乖而簡牘並列君子恆譏焉是雅而不正也至眞德秀文章正宗金履祥濂洛風雅其持論一準于理而藏弆之家但充插架固無人起而攻之亦無人嗜而習之豈非正而未雅歟夫樂本于至和然五音六律之不具不能嘔呀吟唱以爲和禮本于至敬然九章五采之不備不能袒裼跪拜以爲敬也文質相輔何以異茲世遠是集以理爲根柢而體雜語錄者不登以辭爲羽翼而語傷浮豔者不錄劉勰所謂扶質立榦垂條結繁者殆庶幾焉數十年傳誦藝林不虛

也或疑姚鉉删英華爲文粹駢體皆所不收而此集有李諤論文體書張説宋公遺愛碑頌諸篇似乎稍濫不知散體之變駢體猶古詩之變律詩但當論其辭義之是非不必論其格律之今古杜甫一集近體强半論者不謂其格卑于古體也獨于文則古文四六判若鴻溝是亦不充其類矣兼收儷偶正世遠深明文章正變之故又何足爲是集累乎乾隆四十七年十月恭校上

鄱陽五家集

臣等謹案鄱陽五家集十五卷　國朝史簡編簡字文令鄱陽人是編輯其鄉人之詩自宋末至明初凡五家一曰芳洲集三卷黎廷瑞撰廷瑞字祥仲宋咸淳辛未進士授廸功郎肇慶府司法參軍二曰樂菴遺稿二卷吳存撰存字仲退延祐元年舉于鄉官至饒州路鄱陽縣主簿三曰松巢漫稿三卷徐瑞撰瑞字山玉號松巢宋末元初人嘗爲鄱邑書院山長集末附其從子玟詩三十六首曰仰山集四曰寓菴詩集二卷葉蘭撰蘭字楚庭號醉漁元太常寺禮儀院

奉禮郎明太祖召之投水卒末附葉德新僅存詩一卷德新名懋蘭之父也元時官嘉興路總管五曰春雨軒集四卷劉炳撰炳字彦昺明初任中書典籤出爲大都督府掌記所録以詩爲主間亦載詩餘及雜賦考五家之中惟彦昺全集有傳本已著于録其餘四家及所附録則刊本殊稀頗賴此刻以存其詩大都諧雅可誦非誇飾風土濫盈卷帙者比也葉懋爲葉蘭之父而其詩附刻蘭詩後蓋用黄庭堅集附刻伐檀集之例今亦姑仍之焉乾隆四十七年三月恭校上

南宋雜事詩

臣等謹案南宋雜事詩七卷國朝沈嘉轍吳焯陳芝光符曾趙昱厲鶚趙信等仝撰嘉轍字樂城焯字尺鳧曾字幼魯鶚字太鴻皆錢塘人芝光字蔚九昱字功千信字意林皆仁和人惟曾以薦舉官至戶部郎中鶚以康熙庚子舉於鄉餘皆終於諸生是書以其鄉爲南宋故都故捃摭軼聞每人各爲詩百首而

以所引典故註於每首之下意主紀事不在修詞故警句頗多而牽綴塡砌之處亦復不少然援據浩博所引書幾及千種一字一句悉有根柢萃説部之菁華采詞家之腴潤一代故實巨細兼該頗爲有資於考證蓋不徒以文章論矣

乾隆四十七年八月恭校上

宋百家詩存

臣等謹案宋百家詩存四十卷　國朝曹庭棟編庭棟有逸語别著録初潘訒叔有宋元詩陳言揚有宋十五家詩皆不甚行吳之振宋詩鈔雖盛行于世而闕略尚多且刊刻未竟往往有録無書庭棟因搜采逸佚續爲是編所録凡一百家皆有本集傳世者始于魏野東觀集終于僧斯植採芝集賀鑄本南宋人而升以弁首置于魏野之前自云少時所最愛然選六朝詩者陶謝不先于潘陸選唐詩者李杜不先于沈宋以甲乙而移時代此庭棟之創例古所無也其中如穆修以古文著傳察以忠節傳林亦之陳淵以道學顯于詩家皆非當行

許樂張至龍施樞諸人載于江湖小集者王士禎居易錄詆爲概無足取庭棟取盈卷帙務足百家亦不免有所牽就然宋人遺集徐乾學傳是樓二十八家之本朱彝尊曝書亭五十家之本皆未刊刻輾轉傳鈔恐或散佚其餘專集行世者又各自爲帙未能匯合于一庭棟裒輯成編各存崖略雖非宋詩之大全要亦不可謂之無功矣乾隆四十七年四月恭校上

欽定四庫全書提要卷一百十

欽定四庫全書提要卷一百十一

集部三十三

詩文評類一

文心雕龍

臣等謹案文心雕龍十卷梁劉勰撰其書原道以下二十五篇論文章體製神思以下二十四篇論文章工拙合序志一篇爲五十篇據序志篇稱上篇以下下篇以上本止二卷然隋志已作十卷蓋後人所分又據程材篇所言此書實成於齊代此本署梁通事舍人劉勰撰亦後人追題也是書自至正乙未刻於嘉禾至明弘治嘉靖萬歷間凡經五刻其隱秀一篇皆有缺文明末常熟錢功甫稱得阮華山宋槧本鈔補四百餘字然其書晚出別無顯證其詞亦頗不類如嘔心吐膽似攟李賀小傳語鍛歲煉年似攟六一詩話論周朴語稱班姬爲匹婦亦似攟鍾嶸詩品語皆有可疑況至正去宋未遠不應宋本已無一存三

百年後乃爲明人所得又考永樂大典所載舊本闕文亦同其時宋本如林更不應內府所藏無一完刻阮氏所稱殆亦影撰何焯等誤信之也至字句舛訛自楊愼朱謀瑋以下遞有校正而亦不免於妄改如哀誄篇賦憲之謚句皆云賦憲當作議德蓋以賦形近議憲形近悳悳古德字也然考王應麟玉海曰周書謚法惟三月既生魄周公旦太公望相嗣王發既賦憲受臚於牧之野將葬乃制作謚文心雕龍云賦憲之謚出於此然則二字不誤古人已言以是例之其以意雌黄者多矣乾隆四十七年五月恭校上

文心雕龍輯註

臣等謹案文心雕龍輯註十卷　國朝黄叔琳撰叔琳有研北易鈔已著録考宋史藝文志有辛處信文心雕龍註十卷其書不傳明梅慶生註麤具梗概多所未備叔琳因其舊本重爲删補以成此編其譌脱字句皆據諸家校本改正惟宗經篇末附註極論梅本之舛誤謂宜從王維儉本而篇中所載乃仍用梅

本非用王本殊自相矛盾所駐如宗經篇中書實紀言而訓詁茫昧過乎爾雅則文義曉然句謂爾雅本以釋詩無關書之訓詁案爾雅開卷第二字郭註即引尙書哉生魄爲證其他釋書者不一而足安得謂與書無關詮賦篇中拓字於楚辭句拓宇字出顏延年宋郊祀歌而改爲括宇引西京雜記所載司馬相如賦家之心包括宇宙語爲證割裂牽合亦爲未協史傳篇中徵賄鬻筆之愆公理辨之究矣句公理爲仲長統字此必所著昌言中有辨班固徵賄之事今原書已佚遂無可考觀劉知幾史通亦載班固受金事與此書同蓋昌言唐時尙存故知幾見之也乃不引史通互證而引陳壽索米事爲註與前漢書何預乎其他如註宗經篇三墳五典八索九邱不引左傳而引僞孔安國書序註諧讔篇荀卿蠶賦不引荀子賦篇而引明人賦苑尤多不得其根柢然較之梅註則詳備多矣乾隆四十七年十月恭校上

文章緣起

臣等謹案文章緣起一卷舊本題梁任昉撰考隋書經籍志載任昉文章始一卷稱有錄無書是其書在隋已亡唐書藝文志載任昉文章始一卷註曰張績補續不知何許人然在唐已補其亡則唐無是書可知矣宋人修太平御覽所引書一千六百九十種摯虞文章流別李充翰林論之類無不備收亦無此名今檢其所列引據頗疎如以表與讓表分爲二類騷與反騷別立兩體挽歌云起繆襲不知薤露之在前玉篇云起凡將不知蒼頡之更古崔駰達旨即揚雄解嘲之類而別立旨之一名崔瑗草書勢乃論草書之筆勢而强標勢之一目皆不足據爲典要至於謝恩曰章文心雕龍載有明釋乃直以謝恩兩字爲文章之名尤屬未協疑爲依託明陳懋仁嘗爲之註　國朝方熊更附益之凡編中題註字者皆懋仁語題補註字者皆熊所加其註每條之下蔓衍論文多掊拾摯虞李充劉勰之言而益以王世貞藝苑巵言之類未爲精要於本書間有考證而失於糾駁者尚多議論亦往往紕謬以原本所有姑附存之云爾乾隆

四十七年九月恭校上

本事詩

臣等謹案本事詩一卷唐孟棨撰棨字初中爵里未詳王定保摭言稱孟棨年長於小魏公放榜日棨出行曲謝則棨於崔沆下及第書中韓翃條內稱開成中余罷梧州亦不知爲梧州何官新唐書藝文志載此書題曰孟棨毛晉津逮祕書因之然諸家稱引並作棨字疑唐志誤也是書皆采歷代詞人緣情之作敘其本事分情感事感高逸怨憤徵異徵咎嘲戲七類所記惟樂昌公主宋武帝二條爲六朝事餘皆唐人其中士人代妻答詩一首韋穀才調集作葛鴉兒二人相去不遠蓋傳聞異詞薔薇花落一詩乃賈島刺裴度作棨所記不載緣起疑傳寫脫誤其李白飯顆山頭一詩論者頗以爲失實然唐代詩人軼事頗賴以存亦談藝者所不廢也晁公武讀書志載五代有處常子者嘗續棨書爲二卷仍依棨例分爲七章皆唐人之詩今佚不傳惟棨書僅存云乾隆四十七

年九月恭校上

詩品

臣等謹案詩品三卷梁鍾嶸撰嶸字仲偉潁川長社人與兄岏弟嶼並好學有名齊永明中爲國子生王儉舉本州秀才起家王國侍郎入梁仕至晉安王記室卒於官嶸學通周易詞藻兼長所品古今五言詩自漢魏以來一百有三人論其優劣分爲上中下三品每品之首各冠以序皆妙達文理可與文心雕龍並稱近時王士禎極論其品第之間多所違失然梁代迄今邈踰千祀遺篇舊製什九不存未可以掇拾殘文定當日全集之優劣惟其論某人源出某人若一一親見其師承者則不免附會耳史稱嶸嘗求譽於沈約約弗爲奬借故嶸怨之列約中品案約列之中品未爲排抑惟序中深詆聲律之學謂蜂腰鶴膝僕病未能雙聲疊韻里俗已具是則攻擊約說顯然可見史言亦不盡無因也又一百三人之中惟王融稱王元長不著其名或疑其有所私尊然徐陵玉臺

新詠亦惟融書字蓋齊梁之間避齊和帝之諱故以字行實無他故今亦姑仍原本以存其舊焉乾隆四十七年九月恭校上

六一詩話

臣等謹案六一詩話一卷宋歐陽修撰前有自題一行稱退居汝陰時集之以資閒談陳師道後山詩話謂修不喜杜甫詩葉夢得石林詩話謂修力矯西崑體而此篇載論蔡都尉詩一條劉子儀詩一條殊不盡然毛晉後跋所辨亦公論也其中如風暖鳥聲碎日高花影重一聯今見杜荀鶴唐風集而修誤作周朴詩又九僧之名遺其八司馬光續詩話乃爲補之是則記憶偶疎耳乾隆四十七年三月恭校上

續詩話

臣等謹案續詩話一卷宋司馬光撰光有易說已著錄是編題曰續詩話者據卷首光自作小引蓋續歐陽修六一詩話而作也光傳家集中具載雜著乃不

錄此書惟左圭百川學海收之然傳家集中亦不錄切韻指掌圖或二書成于
編集之後耶光德行功業冠絶一代非斤斤于詞章之末者而品第諸詩乃極
精密如林逋之疎影横斜水清淺暗香浮動月黄昏魏野之數聲離岸櫓幾點
别州山韓琦之花去曉叢蝴蝶亂雨餘春圃桔槹閒耿仙芝之草色引開盤馬
地簫聲吹暖賣餳天寇準之江南春詩陳堯佐之吴江詩暢當王之渙之鸛雀
樓詩及其父行邑詩相沿傳誦皆自光始表出之其論魏野詩誤改藥字及説
杜甫國破山河在一首尤妙中理解非他詩話所及惟梅堯臣病死一條與詩
無涉乃載之是書則不可解考光别有涑水記聞一書載當時雜事豈二書並
修偶以欲筆于彼册者誤筆于此册歟乾隆四十七年十一月恭校上

中山詩話

臣等謹案中山詩話一卷宋劉攽撰攽字貢父新喻人敞之弟也與敞同舉慶
歷六年進士歷官祕書少監出知蔡州後終于中書舍人所著公非先生集嵗

久散佚已非完帙惟詩話猶爲舊本攷素稱博洽而于花蕊夫人宮詞百首僅見三十餘篇豈當攷之時全稿未盡出耶其論李商隱錦瑟詩以爲令狐楚青衣之名頗爲影撰其論赫連勃勃蒸土一條亦頗不確論陸機黃犬一條尤爲迂闊不但晁公武所摘蕭何功曹一事至開卷第二條所引劉子儀詩誤以論語師也辟爲師也達攷漫無駁正亦不可解所載嘲謔之詞彌多冗雜攷好詼諧嘗坐是爲馬默所彈殆性之所近不覺濫收耶北宋詩話惟歐陽修司馬光及攷三家號爲最古此編較歐陽修司馬光二家雖似不及然攷在元祐諸人之中學問最有根柢所考證議論可取者多究非南宋江湖末派鉤棘字句以空談說詩者比也乾隆四十七年九月恭校上

後山詩話

臣等謹案後山詩話一卷舊本題宋陳師道撰師道有後山叢談已著錄是書文獻通考作二卷此本一卷疑後人合併也陸游老學菴筆記深疑後山叢談

及此書且謂叢談或其少作此書則必非師道所撰今考其中於蘇軾黄庭堅秦觀俱有不滿之詞殊不類師道語且謂蘇軾詞如教坊雷大使舞極天下之工而終非本色案蔡絛鐵圍山叢談稱雷萬慶宣和中以善舞隸教坊軾卒於建中靖國元年六月師道亦卒於是年十一月安能預知宣和中有雷大使借爲譬況其出於依託不問可知矣至謂陶潛之詩切於事情而不文謂韓愈元和聖德詩於集中爲最下而裴說寄邊衣一首詩格柔靡殆類小詞乃極稱之尤爲未允其以王建望夫石詩爲顧況作亦間有舛誤疑南渡後舊稿散佚好事者以意補之耶然其謂詩文寧拙毋巧寧朴毋華寧麤毋弱寧僻毋俗又謂善爲文者因事以出奇江河之行順下而已至其觸山赴谷風摶物激然後盡天下之變持論間有可取其解杜甫同谷歌之黄獨百舌詩之讒人解韋應物詩之新橘三百駁蘇軾戲馬臺詩之玉鉤白鶴亦間有考證流傳既久固不妨存備一家爾乾隆四十七年十一月恭校上

臨漢隱居詩話

臣等謹案臨漢隱居詩話一卷宋魏泰撰泰有東軒筆錄已著錄泰爲曾布婦弟故嘗託梅堯臣之名撰碧雲騢以詆文彥博范仲淹諸人及作此書亦黨熙寧而抑元祐如論歐陽修則恨其詩少餘味而於行人仰頭飛鳥驚之句始終不取論黃庭堅則譏其自以爲工所見實僻而有方其拾璣羽往往失鵬鯨之題論石延年則以爲無大好處論蘇舜欽則謂其以奔放豪健爲主論梅堯臣則謂其乏高致惟於王安石則盛推其佳句蓋堅執門戶之私而甘與公議相左者至草草杯柈供笑語昏昏燈火話平生一聯本王安石詩而以爲其妹長安縣君所作尤傳聞失實然如論梅堯臣贈鄰居詩不如徐鉉則亦未嘗不確他若引韓愈詩證國史補之不誣引漢書證劉禹錫稱衞綰之誤以至評韋應物白居易楊億劉筠諸詩考王維詩中顚倒之字亦頗有可采略其所短取其所長未嘗不足備考證也乾隆四十七年九月恭校上

優古堂詩話

臣等謹案優古堂詩話一卷宋吳幵撰幵字正仲滁州人紹聖丁丑中宏詞科靖康中官翰林承旨與耿南仲力主割地之議卒誤國事又爲金人往來傳道意旨立張邦昌而事之建炎後竄謫以死其人本不足道而所作詩話乃頗有可采其書凡一百五十四條多論北宋人詩亦間及唐人惟卷末載楊萬里一條時代遠不相及疑傳寫有訛或後人有所竄亂歟所論惟卷末吏部文章二百年一條裹飯非子來一條荷囊一條陽燧一條陽關圖一條珠還合浦一條黃金臺一條以玉兒爲玉奴一條東坡用事切一條妓人出家詩一條蒸壺似蒸鴨一條望夫石一條落梅花折楊柳一條兼涉考證其餘則皆論詩家用字煉句相承變化之由夫奪胎換骨翻案出奇作者非必盡無所本實則無心闇合亦多有之必一句一字求其源出某某未免于求劍刻舟即如李賀詩桃花亂落如紅雨句劉禹錫詩搖落繁英墮紅雨句幵知二人同時必不相襲岑參

與孟浩然亦同時乃以參詩黄昏爭渡字爲用浩然夜歸鹿門詩不免强爲科配又知張耒詩夕陽外字本于楊巨源而不知夕陽西字本于薛能可知輾轉相因亦復搜求不盡然互相參考可以觀古今人運意之異同與遣詞之巧拙使讀者因端生悟觸類引申要亦不爲無益也乾隆四十七年十一月恭校上

詩話總龜

臣等謹案詩話總龜前集四十八卷後集五十卷宋阮閲撰閲有郴江百詠已著録案胡仔苕溪漁隱叢話序曰舒城阮閲昔爲郴江守嘗編詩總頗爲詳備蓋因古今詩話附以諸家小説分門增廣獨元祐以來諸公詩話不載焉考編此詩總乃宣和癸卯是時元祐文章禁而弗用故阮因以略之云云據其所言則此書本名詩總其改今名不知出誰手也此本爲明宗室月窗道人所刊併改其名爲阮一閲尤爲踈舛其書前集分四十五門所采書凡一百種後集分六十一門所采書亦一百種摭拾舊文多資考證惟分類瑣屑頗有乖于體例

前有郴陽李易序乃曰阮子舊集頗雜月窗條而約之彙次有義棼結可尋然則此書已經改竄非其舊目矣乾隆四十七年九月恭校上

彦周詩話

臣等謹案彦周詩話一卷宋許顗撰顗襄邑人彦周其字也生平始末無可考見觀其與惠洪面論冷齋夜話評李商隱之誤蓋宣和間人猶及見元祐諸老宿故議論多有根柢所盛稱者蘇軾黄庭堅陳師道數其宗人旨可想見也其引司馬光告程子語謂辨正古人説處當兩存之勿加詆訾又謂韓愈齊梁及陳隋衆作等蟬噪語不敢議亦不敢從又謂論道當嚴取人當恕其言皆可取惟譏杜牧赤壁詩爲不説社稷存亡惟説二喬不知大喬孫策婦小喬周瑜婦二人入魏即是吳亡又以適怨清和解李商隱錦瑟詩亦未爲確中多雜以神怪夢幻尤近於小説家言然其間精當之語爲多讀者採其菁華去其蕪纇其大旨固猶不詭於正也乾隆四十七年八月恭校上

紫薇詩話

臣等謹案紫薇詩話一卷宋呂本中撰本中有春秋集解已著錄本中歷官中書舍人權直學士院故詩家稱曰呂紫薇而所作詩話亦以紫薇爲名其中如李鼎祚易解諸條偶涉經義秦觀黃樓賦諸條頗及雜文吳儔倒語諸條亦間雜諧謔而大致以論詩爲主其學出于黃庭堅嘗作江西宗派圖以庭堅爲祖而以陳師道等二十四人序列于下宋詩之分門別戶實自是始然本中雖得法于豫章而是編稱述庭堅者惟范元實一條從叔知止一條晁叔用一條潘邠老二條晁无咎一條皆因他人而及之其專論庭堅詩者惟歐陽季默一條而已餘皆述其家世舊聞及友朋新作如橫渠張子伊川程子之類亦備載之實不專于一家又極稱李商隱重過聖女祠詩一春夢雨常飄瓦盡日靈風不滿旗一聯及嫦娥詩嫦娥應悔偸靈藥碧海青天夜夜心二句亦不主于一格蓋詩體始變之時雖自出新意未嘗不兼採衆長自方回等一祖三宗之說興

而西崑江西二派乃判如冰炭不可復合元好問題中州集末因有北人不拾江西唾未要曾郎借齒牙句實末流相訴有以激之觀于是書知其初實不盡然也乾隆四十七年十一月恭校上

四六話

臣等謹案四六話二卷宋王銍撰銍有默記已著錄是書皆評論宋人表啟之文六代及唐詞雖駢偶而格取渾成唐末五代漸趨工巧如羅隱代錢鏐賀昭宗更名表所謂右則虞舜之全文左則姬昌之半字者當時以爲警策是也宋代沿流彌競精切故銍之所論亦但較勝負於一聯一字之間至周必大等承其餘波轉加細密終宋之世惟以隸事切合爲工組織繁碎而文格日卑皆銍等之論導之也然就其一時之法論之則亦有推闡入微者如詩家之有句圖未可廢也上卷之末載其父素爲滕甫辨謗乞郡箚子誤刻蘇軾集中銍據素手迹殆必不誣今軾集仍載此文蓋失於釐正此亦足以資考訂焉乾隆四十

七年九月恭校上

珊瑚鉤詩話

臣等謹案珊瑚鉤詩話三卷宋張表臣撰表臣字正民里貫未詳官右承議郎通判常州軍州事紹興中終於司農丞是編名曰珊瑚鉤者取杜甫詩文采珊瑚鉤句也其書雖以詩話爲名而多及他文間涉雜事不盡論詩之語又好自載其詩務表所長器量亦殊淺狹其論杜甫遊龍門奉先寺詩改天闕爲天閲引據支離已爲前人所駁又如論杜牧欲把一麾江海去句以爲誤用顏延年語以麾斥之麾爲麾旄然考崔豹古今注曰麾者所以指麾也武王執白旄以麾是也乘輿以黃諸公以朱刺史二千石以纁據其所說則刺史二千石乃得建麾牧將乞郡故有欲把一麾之語未可云誤表臣所論亦非也然表臣生當北宋之末猶及與陳師道游與晁說之尤相善故其論詩往往得元祐諸人之餘緒在宋人詩話之中固與惠洪冷齋夜話在伯仲之間矣乾隆四十七年五

月恭校上

石林詩話

臣等謹案石林詩話一卷宋葉夢得撰夢得有石林春秋傳已著錄是編論詩推重王安石者不一而足而於歐陽修詩一則摘其評河豚詩之誤一則摘其語有不倫亦不復改一則譏其疑夜半鐘聲之誤於蘇軾詩一則譏其繫懣割愁之句爲險諢一則譏其捐三尺字及亂蛙兩部句爲歇後一則譏其失李廌一則譏其不能聽文同一則譏其石建牏廁之誤皆有所抑揚於其間蓋夢得出蔡京之門而其壻章沖則章惇之孫本爲紹述餘黨故於公論大明之後尙陰抑元祐諸人然夢得詩文實南北宋間之巨擘其所評論往往深中窾會終非他家聽聲之見隨人以爲是非者比略其門戶之私而取其精核之論分別觀之瑕瑜固兩不相掩矣乾隆四十七年十月恭校上

藏海詩話

臣等謹案藏海詩話載于永樂大典中不著撰人名氏自明以來諸家亦不著錄考永樂大典載有宋吳可藏海居士集已裒輯成編別著于錄與此書名目相合又集中有爲王詵題春江圖詩又多與韓駒論詩之語所載宣和政和年月及建炎初避兵南竄流轉楚粤與此書卷末稱自元祐至今六十餘年者時代亦復相合則是書其可所作歟其論詩每故作不了了語似乎禪家機鋒頗不免于習氣他如引徐俯之説以杜甫天棘蔓青絲句爲見柳而憶馬頗病支離訛渝陰爲陰淪併訛廣雅爲爾雅亦小有舛誤然及見元祐舊人學問有所授受所云詩以用意爲主而附之以華麗寧對不工不可使氣弱足以救西崑穠艷之失又云凡看詩須是一篇立意乃有歸宿處又云學詩當以杜爲體以蘇黃爲用杜之妙處藏于內蘇黃之妙處發于外又云絕句如小家事句中著大家事不得若山谷蟹詩用虎爭及支解字此家事大不當入詩中又云七言律詩極難作蓋易得俗所以山谷別爲一體皆深有所見所論有形之病無形

之病尤抉擇入微其他評論考證亦多可取而胡仔苕溪漁隱叢話魏慶之詩人玉屑網羅繁富俱未及採錄則在宋代已不甚顯固宜表而出之俾談藝者有考焉乾隆四十五年九月恭校上

風月堂詩話

臣等謹案風月堂詩話二卷宋朱弁撰弁有曲洧舊聞已著錄是編多記元祐中歐陽修蘇軾黃庭堅陳師道梅堯臣及諸晁遺事首末兩條皆發明鍾嶸思君如流水既是即目明月照積雪羌無故實之義蓋其宗旨所在其論黃庭堅用崑體工夫而造老杜渾成之地尤爲窺見深際後來論黃詩者皆所未及前自序題庚申閏月考庚申爲紹興十年當金熙宗天眷三年弁以建炎元年使金留十七年乃還則在金時所作也末有咸淳壬申月觀道人跋稱得於永城人朱伯玉家蓋北方所傳之本意弁使金時遺其稿於燕京度宗時始傳至江左故晁陳二家皆不著錄觀元好問中州集收錄弁詩知其著作散落北方者

多固不得以晚出疑之矣其序但題甲子不著紹興紀年殆亦金人傳寫不用
敵國之號爲之削去歟乾隆四十七年九月恭校上

歲寒堂詩話

臣等謹案歲寒堂詩話一卷宋絳縣張戒撰歷論古今詩人自宋蘇黄上溯風
騷分爲五等又别論杜甫詩三十五條大旨尊李杜而推陶阮始明言志之義
而終之以無邪之旨可謂不詭於正矣其論唐諸臣詠楊太眞事皆爲無禮獨
杜甫立言爲得體尤足以維世教而正人心此持論之大者考外間學海類編
鈔本所收不過三四頁此本猶屬完書然有二條此本遺去而學海類編有之
今謹增入庶爲全璧云乾隆三十八年四月恭校上

庚溪詩話

臣等謹案庚溪詩話二卷宋陳巖肖撰巖肖字子象金華人紹興八年以任子
中詞科仕至兵部侍郎此編紀其於靖康間遊京師天淸寺事猶及北宋之末

而書中稱高宗爲太上皇帝孝宗爲今上皇帝光宗爲當今皇太子則當成於

淳熙中上溯靖康已六十六年蓋其晚年之筆也卷首先載宋累朝御製附以

漢高帝唐文皇宣宗三條次即歷敘唐宋詩家各爲評隲而於元祐諸人徵引

尤多蓋時代相接頗能得其緒餘故所論皆具有矩矱其山谷詩派一條深斥

當時學者未得其妙而但使聲韻拗捩詞語艱澀以爲江西格尤爲切中後來

之病至遺章佚句綴述見聞亦有宋人詩集所未及者宋末左圭嘗輯入百川

學海中但題西郊野叟述而佚其名氏明胡應麟據中間論皇太子作詩一條

自題其名始考定爲巖肖所作云乾隆四十七年二月恭校上

韻語陽秋

臣等謹案韻語陽秋二十卷宋葛立方撰立方字常之自號嬾眞子丹陽人紹

興戊午進士官至吏部侍郎是編雜評諸家之詩不甚論句格工拙而多論其

意旨之是非故曰陽秋用晉人語也其中如偏重釋氏謂歐陽修夢見十王得

知罪福後亦信佛之類未免虚誣議屈原自沈爲不知命之類未免偏駁論李杜蘇黄皆相輕相詆未免附會以江淹雜擬赤玉隱瑶溪句爲謝靈運之作蘇軾老身倦馬河隄永踏盡黄榆綠槐影句爲杜甫之詩以李白解道澄江淨如練令人長憶謝元暉句爲襲鄭谷之語亦未免小有舛誤然大旨持論甚正而不至于劉履諸人以理談詩之迂闊在宋人詩話中猶爲善本也乾隆四十七年八月恭校上

碧溪詩話

臣等謹案碧溪詩話十卷宋黄徹撰徹字常明陳振孫書録解題作莆田人八閩通志作邵武人意振孫時去徹未遠當得其眞也朱彝尊曝書亭集有是書跋厲鶚宋詩紀事亦載徹詩彝尊但據八閩通志稱爲紹興十五年進士鶚亦但據此書自序言其嘗官辰州皆不詳具始末惟鮑氏知不足齋藏本前有乾道四年陳俊卿序又有徹子廓徹孫燾及黄永存聶棠四跋燾跋載楊邦弼所

作墓誌稱徹登宣和甲辰第授辰州辰溪縣丞就升令在任五年辟差沅州軍事判官攝倅事繼權麻陽縣尋辟鄂之嘉魚令復權岳之平江越半歲即眞後忤權貴棄官歸張俊欲辟之入幕不肯就遂終老于家又稱其在沅州定猺賊之亂在麻陽擒巨寇曹成在平江佐征楊幺運饟亦有功而卒以不善諧俗罷所敘徹之生平尚可概見彝尊及鶚蓋均未見此本故所言或略也徹論詩大抵以風教爲本不尚雕華然徹本工詩故能不失風人之旨非務以語錄爲宗使比興之義都絕者在宋人詩話之中固不失爲善本焉乾隆四十七年九月

恭校上

唐詩紀事

臣等謹案唐詩紀事八十一卷宋計有功撰有功字敏夫其始末未詳李心傳建炎以來繫年要錄載紹興五年秋七月戊子右承議郎新知簡州計有功提舉兩浙西路常平茶鹽公事有功安仁人張浚從舅也又考郭印雲溪集有和

計敏夫留題雲溪詩曰知君絕學謝芸編語默行藏不礙禪親到雲溪重說偈
天開地闢見純全則敏夫爲南渡時人詳印詩意蓋耽味禪悅之士而是集乃
留心風雅採摭繁富于唐一代詩人或錄名篇或紀本事兼詳其世系爵里凡
一千一百五十家唐人詩集不傳於世者多賴是書以存其某篇爲某集所取
者如極玄集主客圖之類亦一一詳註令姚合之書猶存張爲之書獨藉此編
以見梗槩猶可考其孰爲主孰爲客孰爲及門孰爲升堂孰爲入室則其輯錄
之功亦不可沒也惟其中多委巷之談如李白微時曾爲縣吏併載其牽牛之
謔溺女之篇俳諧猥瑣依託顯然則是榛楛之勿翦耳乾隆四十七年三月恭
校上

觀林詩話

臣等謹案觀林詩話一卷宋吳聿撰聿字子書自署楚東人楚東地廣莫能知
其邑里陳振孫書錄解題載此書亦云不知何人案書中稱衣冠中有微時爲

小吏者作三角亭詩有夜欠一簷雨春無四面花之語獻其所事異之使學果
後登第今爲郎矣云云案曾三異因話錄載此事稱爲余子清之祖仁廓則子
書蓋南宋初人故所稱引上至蘇軾黄庭堅賀鑄下至汪藻王宣而止也其中
如辨陸厥中山王孺子妾歌誤用安陵君一條李善文選註已先有此論聿抒
爲新得蓋偶未及檢又引摭言趙牧學李長吉歌詩一條摭言無此文蓋記杜
牧之語而誤杜爲趙又誤增學李長吉歌詩一句亦爲疎舛卷末録謝朓事三
條不加論斷殊無所取核其詞意似乎欲解王安石歐陽修倡和詩中吏部文
章二百年句而其文未畢或傳寫有所佚脱又誤分一則爲三則歟乾隆四十
七年十月恭校上

四六談麈

臣等謹案四六談麈一卷案此書爲左圭百川學海所刊舊本卷首但題靈石
山藥寮字不著撰人書録解題載爲謝伋撰考書中時自稱伋則其説是也伋

字景思上蔡人官至太常少卿參政克家之子良佐之從孫所稱逍遙公即良佐也其論四六多以命意遣詞分工拙視王銍四六話所見較深其謂四六施於制誥表奏文檄本以便宣讀多以四字六字爲句宣和間多用全文長句爲對習尚之久至今未能全變前輩無此格又謂四六之工在於翦裁若全句對全句何以見工尤切中南宋之弊其中所摘名句雖與他書互見者多然實自具別裁不同勦襲如王銍四六話載廖明略賀安厚卿張丞相諸啓凡數聯伋皆不取而別取其爲厚卿舉掛功德疏一篇知非隨人作計者矣費衮梁溪漫志曰謝景思四六談麈甚新奇然載陳去非草義陽朱丞相制有語忌令貼改事又載謝顯道初不入黨籍朱震乞依黨籍例命官事皆誤朱制乃有旨令綦處厚貼麻非令其自貼改謝顯道崇寧元年實曾入黨籍景思記當時所見偶爾差舛恐作史者采取故爲是正之云云是疎漏之處亦所不免然不能以微瑕掩也乾隆四十七年十月恭校上

環溪詩話

臣等謹案環溪詩話一卷不著撰人名氏皆品評吳沆之詩及述沆論詩之語卷首稱沆爲先環溪又註其下曰此集非門人所編只稱先生爲環溪蓋其後人所追記趙與旹賓退錄稱爲吳德遠環溪詩話似乎沆所自著者誤也沆所著有三墳訓義易璇璣論語發微易禮圖說老子解環溪集諸書今惟易璇璣僅存已著于錄其經術頗有足取而詩亦戛戛自爲不囿於當時風氣其大旨以杜甫爲一祖李白韓愈爲二宗亦間作黃庭堅體然非所專主其與張右丞論杜詩旌旗日暖龍蛇動句爲一句能言五物乾坤日夜浮句爲一句能滿天下一條賓退錄嘗駁之曰若以句中事物之多爲工則必皆如陳無已椒檜枏櫨楓柞樟之句而後可以獨步雖杜子美亦不能專美若以乾坤日夜浮爲滿天下句則凡言天地宇宙四海者皆足以當之矣何謂無也張輔喜司馬子長五十萬言紀三千年事張右丞喜杜子美一句談五物識趣正同云云其掊擊

頗當蓋宋詩多空疏率易故沆立多用實字則健之說而主持太過遂至於偏又所舉白間黃裏殺青生白素王黃帝小烏大白竹馬木牛玉山銀海諸偶句亦小巧細碎頗于雅調有乖所自爲詩如草迷花徑煩調護水汨蓮塘欠節宣之類自謂摹仿豫章實僅得其不佳處尤不可訓然其取法終高宗旨終正在宋人詩話之中不能不存備一家也乾隆四十六年九月恭校上

竹坡詩話

臣等謹案竹坡詩話一卷宋周紫芝撰紫芝有太倉稊米集已著錄周必大二老堂詩話辨金鎖甲一條稱紫芝詩話百篇此本惟存八十條又山海經詩一條稱竹坡詩話第一卷則必有第二卷矣此本惟存一卷葢殘缺也必大嘗譏其解綠沈金鎖之疎失又議其論陶潛刑天舞干戚句勦襲曾紘之說又譏其論譙國集一條皆中其失他如論王維襲李嘉祐詩尚沿李肇國史補之誤論柳宗元身在刀山之類亦近於惡譚然如辨嘲䡖睡非韓愈作辨留春不住詞

非王安石作辨韓愈調張籍詩非爲元稹作皆有特見其餘亦頗多可采惟其中李白柳公權與文宗論詩一條時代殊不相及此非僻人僻事紫芝不容舛謬至此殆傳寫者之誤歟乾隆四十七年十月恭校上

漁隱叢話

臣等謹案漁隱叢話前集六十卷後集四十卷宋胡仔撰仔字元任績溪人舜陟之子以蔭授迪功郎兩浙轉運司幹辦公事官至奉議郎知常州晉陵縣後卜居湖州自號苕溪漁隱其書繼阮閱詩話總龜而作前有自序稱閱所載者皆不錄二書相輔而行北宋以前之詩話大抵略備矣然閱書多錄雜事頗近小說此則論文考義者居多去取較爲謹嚴閱書分類編輯多立門目此則惟以作者時代爲先後能成家者列其名瑣聞軼句則或附錄之或類聚之體例亦較爲明晰閱書惟采摭舊文無所考正此則多附辨證之語尤足以資參訂故閱書不甚見重於世而此書則諸家援據多所取資焉新安文獻志引方回

漁隱叢話考曰元任寓居霅上謂阮閱閎休詩總成於宣和癸卯遺落元祐諸公乃增纂集自國風漢魏六朝以至南渡之初最大家數特出其名餘入雜紀以年代爲後先回幼好之學詩實自此始元任以閎休分門爲未然有湯巖起者閎休鄉人著詩海遺珠又以元任爲不然回聞之吾州羅任臣毅卿所病者元任紀其自作之詩不甚佳耳其以歷代詩人爲先後於諸家詩話有去有取間斷以己意視皇朝類苑中槩而並書者豈不爲優云云雖鄉曲之言要亦不失公論也乾隆四十七年四月恭校上

文則

臣等謹案文則二卷宋陳騤撰騤有南宋館閣錄已著錄案太平御覽引摯虞文章流別論曰古詩之四言者振鷺于飛是也漢郊廟歌多用之五言者誰謂雀無角何以穿我屋是也樂府用之六言者我姑酌彼金罍是也樂府亦用之七言者交交黃鳥止于桑是也於俳諧倡樂用之九言者泂酌彼行潦挹彼注

茲是也不入歌謠之章故世稱爲之文章句法推本六經茲其權輿也劉知幾史通特出模擬一篇於貌同心異貌異心同辨析特精是又不以句法求六經矣駁此書所列文章體式雖該括諸家而大旨皆準經以立制其不使人根據訓典鎔精理以立言而徒較量于文字之增減未免逐末而遺本又分門別類頗嫌于太瑣太拘亦不免舍大而求細然取格法于聖籍終勝摹機調于後人其所標舉神而明之存乎其人固不必以定法泥此書亦不必以定法病此書也乾隆四十五年十月恭校上

二老堂詩話

臣等謹案二老堂詩話一卷宋周必大撰必大所著益公大全集已別著錄此書乃後人於集中摘出別行者凡四十六條必大學問博洽又熟於掌故所論多主於考證如王禹偁不知貢舉一例劉禹錫淮陰行一條歐陽修詩報班齊一條又陸游說蘇軾詩一條周紫芝論金鎖甲一條司空山李白詩一條杜甫

詩閑殷闐韻一條其辨論考核皆極精審至於奚斯作誦一條偏主揚雄之説梅葩墜素一條牽合韓愈之語則未免於偏執又辨縹眇字一條知引蘇軾詩而不知出王延壽靈光殿賦辨一麾江海一條知不本顏延之詩而不知出於崔豹古今注是皆援據偶疎然其大旨詳洽究非學有本原者不能作也乾隆四十七年八月恭校上

楊誠齋詩話

臣等謹案楊誠齋詩話一卷宋楊萬里撰萬里有誠齋易傳已著錄此篇題曰詩話而論文之語乃多於詩又頗及諧謔雜事蓋宋人所著往往如斯不但萬里也萬里本以詩名故其所論往往中理而萬里爲詩好用文句及俚語故以李師中之山如仁者壽水似聖之清爲善用經以蘇軾之避謗詩尋醫畏病酒入務僧顯萬之探支春色牆頭朶闌入風光竹外梢爲善用字與自稱其立岸風大壯還舟燈小明以詩篇名對易卦者均非定論又李商隱夜半宴歸宮漏

永蘚王沈醉壽王醒暴揚國惡至爲無禮萬里以爲微婉顯晦盡而不汚尤宋人作詩好爲訐激之習氣矣至於萬里時代距南渡初不遠乃以隆祐太后布告中外手詔爲勸進高宗手書於考論典故亦爲紕繆殆所謂瑕瑜不掩利鈍互陳者歟全書已編入誠齋集中此乃别行之本今亦别著於錄焉乾隆四十七年十月恭校上

餘師錄

臣等謹案餘師錄四卷宋王正德撰正德宋史無傳其爵里皆未詳此書前有自序稱紹熙四年則光宗時人也其書輯前代論文之語自北齊下迄于宋雖習見者較多而當時遺籍今不盡傳者亦往往而在宋人論文多區分門戶務爲溢美溢惡之辭是錄采集衆説不參論斷而去取之間頗爲不苟尤足尚也徵引時有小誤蓋傳寫之訛序稱疲于酬答錄此以代口述故時代先後略不詮次此書宋志不著錄亦久無傳本惟載於永樂大典中首尾雖完具而不分

卷數今約略篇頁定爲四卷各考其譌缺注于句下序次則仍其舊云乾隆四十五年十月恭校上

滄浪詩話

臣等謹案滄浪詩話一卷宋嚴羽撰羽有詩集已著錄此書或稱滄浪吟卷蓋閩中刊本以詩話置詩集之前爲第一卷故襲其詩集之名實非其本名也首詩辨次詩體次詩法次詩評次詩證凡五門末附與吳景僊論詩書大旨取盛唐爲宗主於妙悟故以如空中音如象中色如鏡中花如水中月如羚羊掛角無迹可尋爲詩家之極則明胡應麟比之達摩西來獨闢禪宗而馮班作嚴氏糾謬一卷至詆爲囈語要其時宋代之詩競涉論宗又四靈之派方盛世皆以晚唐相高故爲此一家之言以救一時之弊後人輾轉承流漸至於浮光掠影初非羽之所及知譽者太過毁者亦太過也錢曾讀書敏求記又摘其九章不如九歌九歌哀郢尤妙之語以爲九歌之內無哀郢詆羽未讀離騷然此或一

時筆誤或傳寫有訛均未可定曾遽加輕詆未免佻薄如趙宧光於六書之學固爲弇陋然說文長箋引虎兕出於柙句誤稱孟子其過當在鈔胥顧炎武作日知錄遽謂其未讀論語豈足以服其心乎乾隆四十七年十月恭校上

詩人玉屑

臣等謹案詩人玉屑二十卷宋魏慶之編慶之字醇甫號菊莊建安人是編前有淳祐甲辰黄昇序稱其有才而不屑科第惟種菊千叢日與騷人佚士觴詠於其間蓋亦宋末江湖一派也宋人喜爲詩話裒輯成編者至多傳于今者惟阮閲詩話總龜蔡正孫詩林廣記胡仔苕溪漁隱叢話及慶之是編卷帙爲富然總龜蕪雜廣記挂漏均不及胡魏兩家之書仔書作于高宗時所錄北宋人語爲多慶之書作于度宗時所錄南宋人語較備二書相輔宋人論詩之槩亦略具矣慶之書以格法分類與仔書體例稍殊其兼采齊已風騷旨格僞本詭立句律之名頗失簡擇又如禁體之中載蒲鞋詩之類亦殊猥陋論韓愈精衛

銜石塡海人皆識造次我獨賞專精二句爲勝錢起曲終人不見江上數峯靑二句之類是非亦未平允然采摭旣繁菁華斯寓鍾嶸所謂披沙簡金往往見寶者亦庶幾焉固論詩者所必資也乾隆四十七年十月恭校上

娛書堂詩話

臣等謹案娛書堂詩話一卷宋趙與虤撰虤字集韻音牛閑切說文訓爲虎怒故其字爲威伯以宋史宗室表連名次第考之蓋太祖十世孫也書中多稱陸游楊萬里樓鑰晚年之作又稱宗人紫芝是寧宗以後人矣其論詩源出江西而兼涉於江湖宗派故所稱述如羅隱范仲淹釣臺詩高端叔雨詩又桂子梅花一聯毛國英投岳飛詩羅隱繡詩沙門遊雁宕詩唐宣宗百丈山詩姜夔潘轉庵贈答詩黃景說賀周必大致仕詩無名氏澋亭詩危稹送柴中行致仕詩徐得之明妃曲黃居萬瀑布詩無名氏龜峯詩周鎬將雨詩壽趙倅詩劉詠八月十四夜詩雙柏句撲滿子句寓興詩楊萬里所稱劉應時詩白居易周公恐

懼流言日一首及作詩用法語一條大抵皆凡近之語評品殊爲未當蓋爾時風氣類然然名章俊句軼事逸文亦絡繹其間頗足以資聞見失於蕪雜則有之要其精華不可棄也乾隆四十七年十月恭校上

後村詩話

臣等謹案後村詩話前集二卷後集二卷續集四卷新集六卷宋劉克莊撰克莊有後村集已著錄所撰詩話惟前集有本别行其餘皆編入文集中共十四卷末有自跋稱前後二集爲六十至七十歲時所作續集四卷爲八十歲時所作新集六卷則八十二歲時作也克莊晚節頹唐詩亦漸趨潦倒如髮脱詩之論爲城日寧非恕度作沙彌亦自佳老吏詩之只恐閻羅難抹過鐵鞭他日鬼臀紅殆足資笑噱然論詩則具有條理眞德秀作文章正宗以詩歌一門屬之克莊克莊所取如漢武帝秋風詞及三謝之類德秀多删之克莊意不謂然其説今載前集第一卷中蓋克莊于詩爲專門而德秀于詩則未能深解宜其方

柟而圓鑿也前集後集續集統論漢魏以下而唐宋人詩爲多新集六卷則詳論唐人之詩皆採摘菁華品題優劣往往連錄全篇較他家詩話兼涉考證者爲例稍殊蓋用唐詩紀事之例所載宋代諸詩其集不傳於今者十之五六亦皆賴是書以存可稱善本固迥在南宋諸家詩話上也乾隆四十七年十月恭校上

林下偶談

臣等謹案林下偶談四卷不著撰人名氏以所載文字好駡一條知其姓吳書中推重葉適不一而足姚士粦跋謂以水心集考之惟有即事兼謝吳民表宣義詩六首及答吳明輔一書不知即其人否案元無名氏南溪詩話引此書一條稱爲吳子良荆溪林下偶談又陳櫟勤有堂隨錄曰陳筠窗名耆卿字壽老吳荆溪名子良字明輔二人皆宗水心爲文然則此書確爲子良作矣子良臨海人寶慶二年進士官至湖南運使太府少卿别著有荆溪集今已佚惟陳景

沂全芳備祖前集載其葵花一絕句此書皆其論詩評文之語所見頗多精確所記葉適作徐道暉墓誌王木叔詩序劉潛夫詩卷跋皆有不取晚唐之説蓋其暮年自悔之論獨詳錄之其識高于當時諸人遠矣舊本八卷此本四卷姚士粦所合併也乾隆四十七年十月恭校上

草堂詩話

臣等謹案草堂詩話二卷宋建安蔡夢弼撰篇首題曰名儒嘉話凡二百餘條蓋夢弼曾著杜工部草堂詩箋其本久佚存者惟此而已宋史藝文志云方道醇集諸家老杜詩評五卷方銓續老杜詩評五卷陳振孫書錄解題則云莆田方道深集諸家老杜詩評五卷續一卷又載杜詩發揮一卷今書皆不傳則此爲最舊矣近代註杜詩者引夢弼詩話不過十餘則未有能見此本者也杜詩至宋而大行故篇中皆宋人評語而取於韻語陽秋者尤多云乾隆四十七年四月恭校上

文章精義

臣等謹案文章精義世無傳本諸家書目亦皆不載惟永樂大典有之但題曰李耆卿撰而不著時代亦不知耆卿何許人考焦竑經籍志有李塗文章精義二卷書名及李姓皆與此本相合則耆卿或塗之字歟載籍無徵其爲一爲二蓋莫之詳矣其論文多原本六經不屑屑于聲律章句而於工拙繁簡之間源流得失之辨皆一一如別白黑具有鑒裁其言蘇氏之文不離乎縱橫程氏之文不離乎訓詁持平之論破除洛蜀之門戸尤南宋人所不肯言又世傳韓文如海蘇文如潮及春蠶作繭之說皆習用而昧其出處今檢核斯語亦具見于是書蓋其初本爲世所傳誦故其遺文賸語口授至今嗣以卷帙寥寥易于散佚沈晦者遂數百年今逢聖代右文得以復見于世亦其名言至理有不可磨滅者歟乾隆四十五年十月恭校上

竹莊詩話

臣等謹案竹莊詩話二十四卷舊本不著撰人名氏錢曾讀書敏求記曰竹莊居士不知何時人徧蒐古今詩評雜錄其說於前而以全首附於後乃詩話中之絕佳者考宋史藝文志有何谿汶竹莊詩話二十七卷蓋即此書惟今本二十四卷其數少異或傳寫佚其三卷或後人有所合併或宋史誤四爲七均未可知然出自宋人則無疑也是書與蔡正孫詩林廣記體例略同皆名爲詩評實如總集使觀者即其所評與原詩互相考證可以見作者之意旨併可以見論者之是非視他家詩話但拈一句一聯而不睹其詩之首尾或渾稱某人某篇而不知其語云何者固爲勝之惟正孫書以評列詩後此以評列詩前爲小變耳其所引證如五經詩事歐公餘話洪駒父詩話潘子眞詩話桐江詩話筆墨閒錄劉次莊樂府集邵公序樂府後錄之類今皆未見傳本而呂氏童蒙訓論詩之語今世所行重刊本皆削去不載此書所錄尚見其梗槩又此書作於宋末所見詩集猶皆古本如焦仲卿妻詩明人活字板玉臺新詠妄增賤妾留

空房相見嘗日稀二句謬傳至今實則郭茂倩左克明兩家樂府及舊本玉臺新詠皆無之此書亦無此二句足相證明即其所載習見之詩亦有資考校也

乾隆四十七年五月恭校上

浩然齋雅談

臣等謹案浩然齋雅談宋周密撰密所著書凡數種其癸辛雜識新識後識續識齊東野語皆記宋末之事雲煙過眼錄皆記書畫古器今並有刊版其澄懷錄續錄則採輯清談志雅堂雜鈔則博徵瑣事今惟鈔本僅存千頃堂書目載密所著尚有浩然齋視聽鈔浩然齋意鈔及此書而皆無卷數藏弆之家亦並無傳本惟此書散見永樂大典中其書體近說部而所載實皆詩文評今搜輯排纂以考證經史評論文章者爲上卷以詩話爲中卷以詞話爲下卷各以類從尚裒然成帙密本南宋遺老多識舊人故事其所記佚篇賸闋什九爲他書所不載朱彝尊編詞綜厲鶚編宋詩紀事又與符曾等七人編南宋雜事詩皆

博採羣書號爲繁富而是書所載故實亦皆未嘗引據則希覯可知矣其中考證經義如解詩巧笑倩兮疑口輔當爲笑靨而不知類篇面部已有此文解易井谷射鮒以鮒爲鯽不知説文鯽字本訓烏鰂後世乃借以名鮒羅願爾雅翼辨之已明如斯之類於訓詁皆未免稍疎然密本詞人考證乃其旁涉不足爲譏若其品隲詩詞則固具有深識非如阮閱諸人漫然蒐輯不擇精觕者也宋人詩話傳者如林大抵陳陳相因輾轉援引是書頗具鑒裁而沈晦有年佚而復出足以新藝苑之耳目是冝亟廣其傳者矣乾隆四十七年五月恭校上

對牀夜語

臣等謹案對牀夜語五卷宋范晞文撰晞文字景文號藥莊錢塘人太學生咸淳丙寅同葉李蕭規等上書劾賈似道似道文致其泥金飾齋匾事竄瓊州元世祖時程鉅夫薦晞文及趙孟頫于朝孟頫應詔即出晞文迄不受職流寓無錫以終是篇成于景定中皆論詩之語其間如論曹植七哀詩但知古者未拘

音韻而不能通古韻之所以然故轉以魏文帝詩押横字入陽部阮籍詩押嗟字入歌部爲疑論杜甫律詩拗字謂執以爲例則盡成死法不知唐律雙拗單拗平仄相救實有定規非以意爲出入至于譏王安石誤以皇甫冉詩爲杜詩而李端蕪城懷古詩則誤執才調集删本指爲絶句王維送邱爲下第詩則誤以爲沈佺期作亦不能無所舛訛其推重許渾而力排李商隱尤非公論然當南宋季年詩道陵夷之日獨能排習尚之乖如曰今之以詩鳴者不曰四靈則曰晚唐文章與時高下晚唐爲何時耶其所見實在江湖諸人之上故沿波討源頗能推衍漢魏六朝唐人舊法于詩學有所發明云乾隆四十七年五月恭校上

詩林廣記

臣等謹案詩林廣記前集十卷後集十卷宋蔡正孫撰正孫字粹然自號蒙齋野逸前有自序題歲在屠維赤奮若蓋己丑年作考黄庭堅寄蘇轍詩條引熊

禾語則當爲元太祖至元二十六年時宋亡十年矣謝枋得集附錄贈行諸篇中有正孫詩一首蓋即其人也其書前集載陶潛至元微之共二十四人而九卷附錄薛能三人十卷附錄薛道衡等五人後集載歐陽修至劉攽二十八人止于北宋其目錄之末稱編選未盡者見于續集刊行今續集則未見焉兩集皆以詩隸人而以詩話隸詩各載其全篇于前而所引諸說則下詩二格條列于後體例在總集詩話之間　國朝厲鶚作宋詩紀事實用其例然此書凡無所評論考證者即不空錄其詩較鶚書之兼用唐詩紀事例者又小異爾乾隆四十七年十月恭校上

欽定四庫全書提要卷一百十二

集部三十四

詩文評類二

文說

臣等謹案文說一卷元陳繹曾撰繹曾字伯敷元史附見儒學傳作處州人而吳興續志亦載其名蓋家本括蒼而後居苕水者也至順中官至國子監助教嘗從學于戴表元而與陳旅友善師友淵源具有所自故所學頗見根柢是書乃因延祐復行科舉爲程試之式而作書中分列八條論行文之法時五經皆以宋儒傳註爲主懸爲功令莫敢異趨故是書大旨皆折衷于朱子吳興續志稱繹曾嘗著文筌譜論科舉天階使學者知所向方人爭傳錄焦竑經籍志又載繹曾古今文矜式二卷今考繹曾所著文筌八卷附詩小譜二卷元時麻沙坊刻附列于策學統宗之首今尙有傳本其文與此編迥殊惟科舉天階與古

今文矜式今未之見疑此編即二書之一但名目錯互莫能證定今姑仍永樂

大典舊題以文說著録用闕所疑卷首所稱陳文靖公蓋即元翰林學士東平

陳儼亦以文名至其自稱先尙書者則已失其世系無可考矣乾隆四十五年

九月恭校上

修辭鑑衡

臣等謹案修辭鑑衡二卷元王構撰構字肯堂東平人官至翰林學士承旨謚

文肅事迹具元史本傳據至順四年王理序是編乃構官濟南總管時以授其

門人劉氏而理爲刻于集慶路者舊本殘蠹闕其前頁其劉氏之名則不可考

矣上卷論詩下卷論文皆采宋人詩話及文集說部爲之構所附論者惟下卷

結語一條而已所録雖多習見之語而去取頗爲精核元史稱構弱冠以詞賦

中選至元十一年爲翰林國史院編修草伐宋詔書爲世祖所賞又稱構練習

臺閣故事凡祖宗謚議冊文皆所選定又稱其子士熙士默皆能以文學世其

家則構在當時實以文章名世宜是編所錄具有鑒裁矣其中所引如詩文發源詩憲蒲氏漫齋錄之類今皆亡佚不傳賴此書存其一二又世傳呂氏童蒙訓非其全帙此書所採凡三十一條皆今本所未載亦頗足以資考證較詩話總龜之類浩博而傷猥雜者實爲勝之固談藝家之指南也此書久無刊本傳寫多訛而卷中不著書名者凡十條又上卷佚其第五頁亦時有缺字今檢其可考者補之其無考者則姑仍原本以存其舊焉乾隆四十七年十一月恭校

上

金石例

臣等謹案金石例十卷元潘昂霄撰昂霄有河源記已著錄是書一卷至五卷述銘誌之始於品級塋墓羊虎德政神道家廟賜碑之制一一詳考六卷至八卷述唐韓愈所撰碑誌以爲括例於家世宗族職名妻子死葬日月之類咸條列其文標爲程式九卷則雜論文體十卷則史院凡例然昂霄是書以金石例

爲名所述宜止於碑誌而泛及雜文之格與起居注之式似乎不倫又雜文之中其目載有郝伯常先生編類金石八例蒼崖先生十五例二條皆有錄無書九卷之末有跋云右先生金石例皆取韓文類輯以爲例大約與徐秋山括例相去不遠若再備錄似爲重複故止記其目於此然則最後二卷其始必別自爲編附之金石例後後人刋板乃併爲一書又知六卷至八卷所謂韓文括例者皆全採徐氏之書非昂霄所自撰矣其書敘述古制頗爲典核雖所載括例但舉韓愈之文未免舉一而廢百然明以來金石之文往往不考古法漫無矩度得是書以爲依據亦可謂尙有典型愈於率意妄撰者多矣書在元代板凡三刻此本乃其子詡至正五年刋於鄱陽者也乾隆四十七年四月恭校上

作義要訣

臣等謹案作義要訣一卷元倪士毅撰士毅有四書輯釋已著錄是編皆當時經義之體例自宋神宗熙寧四年始以經義試士元太宗從耶律楚材之請以

三科選舉經義亦居其一至仁宗皇慶二年酌議科舉條制乃定蒙古色目人第一場經問五條漢人南人第一場經疑二問限三百字以上不拘格律元統以後蒙古色目人亦增經義一道明以來科舉之文實因是而引伸者也是書所論雖規模淺狹未究文章之本源然如云第一要識得道理透徹第二要識得經文本旨分曉第三要識得古今治亂安危之大體又云長而轉換新意不害其爲長短而曲折意盡不害其爲短務高則多涉乎僻欲新則類入乎怪下字惡乎俗而造作太過則語澀立意惡夫同而搜索太甚則理背皆後來制藝之龜鑑也　國家設科取士仍以經義爲先我　皇上聖訓諄諄釐正文體操觚之士皆知以先正爲步趨是書又在明前法雖小異而理則相通錄而存之或亦先河後海之義歟原序稱兼采謝氏張氏之說永樂大典註其說已載舉業筌蹄卷中故不復錄今是卷適佚姑仍舊本闕之然大旨則已具于此矣乾隆四十五年九月恭校上

墓銘舉例

臣等謹案墓銘舉例四卷明王行撰行字止仲長洲人洪武初辟爲本郡文學行以墓誌銘書法有例其大要十有三事曰諱曰字曰姓氏曰鄉邑曰族出曰治行曰履歷曰卒日曰壽年曰妻曰子曰葬日曰葬地其序次或有先後要不越此十餘事而已取唐韓愈李翺柳宗元宋歐陽修尹洙曾鞏王安石蘇軾朱子陳師道黄庭堅陳瓘晁補之張耒吕祖謙一十五家之文所載碑誌錄其目而舉其例以補元潘昂霄金石例之遺墓誌之興或云宋顔延之或云晉王戎或云魏繆襲或云漢杜子夏其原不可詳考由齊梁以至隋唐諸家文集傳者頗多然詞皆駢偶不爲典要惟韓愈始以史法作之後之文士率祖其體故是編所述以愈爲始焉乾隆四十七年四月恭校上

懷麓堂詩話

臣等謹案懷麓堂詩話一卷明李東陽撰東陽有東祀錄已著錄李何未出以

前東陽實以臺閣耆宿主持文柄其論詩主於法度音調而極論剽竊摹擬之非當時奉以爲宗至李何既出始變其體然贗古之病適中其所詆訶故後人多抑彼而伸此此編所論多得古人之意雖詩家三昧不盡于是要亦深知甘苦之言矣林炫卮言餘錄曰成化間姑孰夏宏集句有聯錦集懷麓堂詩話載其客醉已無言秋蛩自相語爲高季迪詩宏揑寫他人姓名今考集中無之云云聯錦集今未見然炫與東陽均正德間人所見之本不應有異或東陽偶誤記歟近時鮑氏知不足齋刻此編於浦源雲邊路遶巴山色樹裏河流漢水聲句下注曰案二句宋詩紀事以爲鬼詩今考宋詩紀事所載吳簡詩誠有此聯惟上句稍異一二字然厲鶚所據乃荆門紀略其書爲康熙戊戌己亥間胡作柄所撰䭾飣龐雜頗無根據似未可執以駁東陽況浦源此事都穆南濠詩話亦載之知當時必有所據安知非荆門紀略反撫源此聯僞撰鬼詩耶是尤不當輕信新文遽疑舊記矣乾隆四十七年十月恭校上

頤山詩話

臣等謹案頤山詩話一卷明安磐撰磐字公石頤山其號也嘉定州人弘治乙丑進士官至兵科給事中嘉靖初以爭大禮廷杖除名事迹具明史本傳其論詩以嚴羽爲宗其中如以海棠爲杜甫母名尚沿小說之誤又以朝扣富兒門四句譏杜甫致君堯舜之妄亦失之固所載譏陳循詩嘲裁傳奉官詩亦皆近乎小說無關詩法然其議莊景溪邊鳥共天機語杖上梅挑太極行句論梅堯臣歌欲論長恨人將問少君句及排周紫芝論林逋梅詩則固公論也磐亦能詩王士禎池北偶談嘗載其數篇深許其工故其評論古人多中窾會蓋深知其甘苦而後可定其是非天下事類如是也乾隆四十七年十月恭校上

詩話補遺

臣等謹案詩話補遺三卷明楊慎撰慎嘗作升菴詩話其門人楊達之刻之此其戍雲南後所作其門人曹命編次者也慎在戍所無文籍可稽著書惟憑腹

筍中如稱宋本杜甫集麗人行中有足下何所有紅蕖羅韈穿鐙銀二句之類已爲前人之所糾至于稱渤海北海之地今哈密扶餘中國之滄州景州名渤海者蓋僑稱以張休盛云云不知哈密在西扶餘在東絕不相及滄景一帶地皆瀕海故又有瀛州瀛海諸名謂曰僑置殊非事實又香雲香雨並出王嘉拾遺記而引李賀元稹之詩又以盧象雲氣杳流水句誤爲香字如斯之類亦多引據疎舛然其賅博淵通究在明人諸家之上去瑕存瑜可采者固不少也乾隆四十七年九月恭校上

藝圃擷餘

臣等謹案藝圃擷餘一卷明王世懋撰世懋有卻金編已著錄是編雜論詩格大旨宗其兄世貞之說而成書在藝苑卮言之後已稍覺摹古之流弊故雖盛推何李而一則曰我朝越宋繼唐正以豪傑數輩得使事三昧第恐數十年後必有厭而掃除者則其濫觴末弩爲之也一則曰李于鱗七律俊傑響亮余兄

推轂之海內爲詩者爭事剽竊紛紛刻鶩至使人厭一則曰嘗謂作詩初命一題神情不屬便有一種供給應付之語畏難怯思即以充數能破此一關沈思忽至種種眞相見矣一則曰徐昌穀高子業皆巧于用短徐能以高韻勝高能以深情勝更千百年李何尙有廢興二君必無絶響皆能不爲黨同伐異之言其論鄭繼之亦平允未可與七子夸談同類而觀也乾隆四十七年十月恭校

上

唐音癸籤

臣等謹案唐音癸籤三十三卷明胡震亨撰震亨字孝轅海鹽人萬歷丁丑舉人官定州知州擢兵部員外郎所撰唐音統籤凡十集此其第十集也九集皆錄唐詩此集則錄唐詩話舊無刻板至　國朝康熙戊戌江寧書肆乃得鈔本刊行爲目有七一曰體凡凡一卷論詩體二曰法微凡三卷分二十四子目自格律以及字句聲調無不備論三曰評彙凡七卷集諸家之評論四曰樂通凡

四卷論樂府五曰詁箋凡九卷訓釋名物典故六曰談叢凡五卷採摭逸事七曰集錄凡三卷首錄唐集卷數次唐選各總集次金石墨蹟震亨蒐括唐詩用力最勴九籤之中惟戊籤有刻而所錄不出御定全唐詩之外亦不甚行獨詩話採摭大備爲全唐詩所未收雖多錄明人議論未可盡爲定評而三百年之源流正變犂然可按實於談藝有裨特錄存之庶不沒其蒐輯之勤焉乾隆四十七年二月恭校上

金石要例

臣等謹案金石要例一卷國朝黄宗羲撰宗羲有明儒學案已别著錄是書櫽括古人金石之例凡三十六則後附論文管見九則自序謂潘蒼崖有金石例大段以昌黎爲例顧未嘗著爲例之義與壞例之始亦有不必例而例之者如上代兄弟宗族姻黨有書有不書不過以著名不著名初無定例故摘其要領稍爲辨正所以補蒼崖之缺云云蒼崖者元潘昂霄之號此書蓋補其金石

例之所遺者也所收如比干銅槃銘出王俅嘯堂集古録乃宋人僞作夏侯嬰石槨銘出吴均西京雜記亦齊梁人影撰引爲證佐未免失考又據孫何碑解論碑非文章之名不知劉勰文心雕龍已列此目如樂府本官署之名而相沿既久無不稱歌詞爲樂府者宗義必繩以古義亦未免太拘然宗義於文律本嫻其所考證實較昂霄原書爲精密講金石之文者固不能不取裁于斯焉乾隆四十七年五月恭校上

歷代詩話

臣等謹案歷代詩話八十卷　國朝吴景旭撰景旭字旦生歸安人是書前後無序跋而中有塗乙之處蓋猶初定之稿分爲十集以十干爲目甲集六卷皆論三百篇乙集六卷皆論楚辭丙集九卷皆論賦丁集六卷皆論古樂府戊集六卷皆論漢魏六朝詩己集十二卷前九卷論杜詩後三卷爲杜陵譜系庚集九卷皆論唐詩辛集七卷皆論宋詩壬集十卷前三卷論金詩後七卷論元詩

癸集九卷皆論明詩其體例仿陳耀文學林就正每條各立標題先引舊說于前後雜采諸書以相考證或辨其是非或參其異同或引伸其未竟或補綴其所遺皆下一格書之有舊說所無而景旭自立論者則惟列本詩于前而以己意發揮之雖皆採自詩話說部不盡根柢于原書又嗜博貪多往往借題曼衍失于芟薙然取材繁富能以衆說互相鉤貫以參考其得失于雜家之言亦可謂淹貫者矣較以古人固不失苕溪漁隱叢話之亞也乾隆四十七年五月恭校上

漁洋詩話　師友詩傳錄附

臣等謹案漁洋詩話三卷　國朝王士禎撰士禎論詩之語散見于所著池北偶談諸書中未有專帙張潮輯　昭代叢書載漁洋詩話一卷實所選古詩凡例非士禎意也是編乃康熙乙酉士禎歸田後所作應吳陳琰之求者初止六十條戊子又續入一百六十餘條裒爲一集付其門人蔣景祁刻之士禎論詩

主于神韻故所標舉多流連山水點染風景之詞蓋其宗旨如是其中多自譽之辭未免露才揚己又名爲詩話實兼說部之體如記其弟士祜論焦竑字徐潮論蟹價或又稱其兄弟尺牘冶源馮氏別業天竺二僧訢誶劉體仁倩人代畫諸事皆與詩渺不相關至如石谿橋埾書絶句乃晚唐儲嗣宗詩點易數字士禎不辨而盛稱之亦疎于考證然其中清詞佳句採掇頗精亦足資後學之觸發故于近人詩話之中終爲翹楚焉

臣等謹案師友詩傳錄一卷　國朝郎庭槐編續錄一卷　國朝劉大勤編二人皆學詩于新城王士禎各述其師說以成書以郎錄在前故劉錄稱續焉郎雖以士禎爲主而亦兼質于平原張篤慶鄒平張實居故每一問而三答其稱歷友者篤慶之號稱蕭亭者實居之號也篤慶于士禎爲中表所著有崑崙山房集實居于士禎爲婦兄所著有蕭亭詩集士禎皆嘗論次之故三人所答或共明一義或各明一義大旨皆不甚相遠新城詩派以盛唐爲宗而不甚考究

漢魏六朝以神韻爲主而不甚考究體製故持論出入往往不免然其談詩宗旨具見于斯較諸家詩話所見終爲親切固不以一眚掩全璧也郎錄中士禎之語或鈔出別行名漁洋定論劉錄亦有本別行名古夫于亭詩問實皆一書今附存其名不別著錄焉乾隆四十七年十一月恭校上

聲調譜　談龍錄附

臣等謹案聲調譜三卷　國朝趙執信撰執信字仲符號秋谷晚號飴山老人益都人康熙己未進士官右春坊右贊善執信嘗問聲調於王士禎士禎靳不肯言執信乃發唐人諸集排比鉤稽竟得其法因著爲此書其例古體詩五言重第三字七言重第五字而以上下二字消息之大抵以三平爲正格其四平切腳如李商隱之詠神聖功書之碑兩平切腳如蘇軾之白魚紫蟹不論錢者謂之落調柏梁體及四句轉韻之體則不在此限焉律詩以本句平仄相救爲單拗出句如杜甫之清新庾開府對句如王維之暮禽相與還是也兩句平仄

相救爲雙拗如許渾之溪雲初起日沈閣山雨欲來風滿樓是也其他變例數條皆本此而推之而起句結句不相對偶者則不在此限焉其說頗爲精密惟所刊李賀十二月樂府所標平仄不可解卷末附以古韻通轉其說尤謬蓋其門人所妄增者今特加刊削焉

臣等謹案談龍錄一卷　國朝趙執信撰執信爲王士禎甥壻初甚相得後以求作觀海集序不得遂至相失因士禎與門人論詩謂當如雲中之龍時露一鱗一爪遂著此書以排之大旨謂詩之中當有人在其謂士禎祭告南海都門留別詩盧溝河上望落日風塵昏萬里自茲始孤懷誰與論四句爲類羈臣遷客之詞又述吳修齡語謂士禎爲清秀于鱗雖忿悁著書持論不無過激然神韻之說不善學者往往易流于浮響施閏章華嚴樓閣之喩汪琬西川錦匠之戒士禎亦嘗自記之則執信此書亦未始非預防流弊之切論也乾隆四十七年五月恭校上

宋詩紀事

臣等謹案宋詩紀事一百卷　國朝厲鶚撰鶚有遼史拾遺已著錄昔唐孟棨作本事詩所錄篇章咸有故實後劉攽呂居仁等諸詩話或僅載軼事而不必皆詩計敏夫唐詩紀事或附錄軼詩而不必有事揆以體例均嫌名實相乖然猶偶爾泛登不為定式鶚此書裒輯詩話亦以紀事為名而多收無事之詩全如總集旁涉無詩之事竟類說家未免失于斷限又采摭既繁牴牾不免如四卷趙復送晏集賢南歸詩隔三卷而重出七十二卷李珏題湖山類稿絕句隔兩卷而重出九十一卷僧惠渙送王山人歸隱詩隔一卷而重出二卷楊徽之寒食詩二句至隔半頁而重出他如西崑體江西派既已別編月泉吟社乃分析于各卷而不改其前題字以致八十一卷之姚潼翔于周暕送僧歸蜀詩後標前題字八十五卷之趙必范于趙必象避地惠陽詩後標前題字皆不免于蠭疎又三十三卷載陳師道而三十四卷又出一潁州教授陳復常竟未一檢

後山集及東坡集訂復字爲履字之訛四十七卷載鄭伯熊三十一卷已先出
一鄭景望竟未一檢止齋集證景望即伯熊之字五十九卷據齊東野語載曹
豳竿伎詩作刺趙南仲九十六卷又載作無名子刺賈似道八十四卷花蕊夫
人奉詔詩不以句延慶錦里耆舊傳互勘八十六卷李煜歸宋渡江詩不以馬
令南唐書參證八十七卷永安驛題柱詩不引後山集本序而稱名媛璣囊又
華春娘寄外詩不知爲唐薛濤十離之一陸放翁妾詩不知爲劍南集七律之
半皆失于考證然全書網羅賅備嘗自謂閲書三千八百一十二家今江南浙
江所採遺書中經其簽題自某處鈔至某處以及經其點勘題識者往往而是
則其用力亦云勤矣考有宋一代之詩話者終以是書爲淵海非胡仔諸家所
能比較短長也乾隆四十七年四月恭校上

全閩詩話

臣等謹案全閩詩話十二卷　國朝鄭方坤撰方坤字則厚號荔鄉侯官人寄

籍建安雍正癸卯進士官至兗州府知府平生鋭意著述著有經稗歷代文鈔

本朝文鈔　本朝詩鈔嶺海文編嶺海叢編讀書箚記杜箋評本五代詩話

四六談柄詩話醍醐古今詞選蕉尾集郤掃齋唱和集諸書而尤邃于詩是編

皆薈萃閩人詩話及他詩之有關于閩者閩士著名始于唐初薛令之盛于歐

陽詹故六朝以上惟載郭璞謝朓到溉江淹四人而郭璞地識爲三山志所載

者亦能辨其出于依託頗爲謹嚴唐以後則彬彬矣凡六朝唐五代一卷宋元

四卷明三卷　國朝一卷附無名氏及宫閨一卷方外一卷神仙鬼怪雜綴一

卷所採諸書計四百三十八種摭拾繁富未免細大不捐而上下千餘年間一

方文獻犂然有徵舊事遺文多資考證固亦談藝之淵藪矣乾隆四十七年八

月恭校上

五代詩話

臣等謹案五代詩話十卷　國朝鄭方坤撰初王士禎欲作五代詩話僅草創

而未成其門人務尊師說遂以未成之本傳鈔闕陋實甚體例尤疎宋弼嘗補其闕遺而刊之仍多未備方坤得士禎傳稿于歷城朱氏乃採摭諸書重爲補正凡所增入仿宋庠國語補音吳師道補正戰國策之例各以一補字冠之使不相混其中有尤而效之者如原本載羅隱謝表殷文圭啟事本爲四六駢詞無關吟詠他若李氏藏書太原草檄和凝之詒癡符桑維翰之鑄鐵硯徐寅之獻過大梁賦直成雜事無預于詩一概從删殊有廓清之功而李後主跋懷素書亦無關詩事乃錄之不遺原本方干鄭谷唐球諸人上連唐代方坤既已刊削而司空圖之不受梁官韓偓之未食閩祿例以陶潛稱晉仍是唐人列之五代亦乖斷限至潘慎修獻宋太宗詩劉兼長春節詩宋事宋人一併闌入尤泛濫矣又如蘇軾演陌上花晁補之撰芳儀曲李淑題周恭帝陵宋徽宗書白居易句雖詠五代之事實非五代之人一概增入則詠明妃者當列之漢詩賦雀臺者應入之魏集自古以來無斯體例貪多務得方坤亦自言之矣乾隆四十

七年十月恭校上

欽定四庫全書提要卷一百十二

欽定四庫全書提要卷一百十三

集部三十五

詞曲類一

珠玉詞　六一詞

臣等謹案珠玉詞一卷宋晏殊撰殊有類要別著錄馬端臨經籍考載殊詞有珠玉集一卷此本爲毛晉所刻與端臨所記合蓋猶舊本名臣錄亦稱殊詞名珠玉集張子野爲之序子野張先字也今卷首無先序蓋傳寫佚之矣殊賦性剛峻而詞語特婉麗故劉攽中山詩話謂元獻善馮延己歌詞其所自作亦不減延己趙與旹賓退錄記殊幼子幾道嘗稱殊詞不作婦人語今觀其集綺艷之詞不少蓋幾道欲重其父名乃故作是言非確論也浣溪沙春恨詞無可奈何花落去似曾相識燕歸來二句乃殊示張寺丞王校勘七言律中腹聯復齋漫錄嘗述之今復塡入詞內豈自愛其造語之工故不嫌複用許渾集中一罇

酒盡靑山暮千里書回碧樹秋二句亦前後兩見知古人嘗有此例矣

臣等謹案六一詞一卷宋歐陽修撰修有詩本義別著錄其詞陳振孫書錄解題作一卷此本爲毛晉所刻亦止一卷而於六十家詞總目中注原本三卷蓋廬陵舊刻兼載樂語分爲三卷晉删去樂語仍併爲一卷也曾慥樂府雅詞序有云歐公一代儒宗風流自命詞章窈眇世所矜式乃小人或作艶曲謬爲公詞蔡絛西淸詩話云歐陽詞之淺近者謂是劉煇僞作名臣錄亦謂修知貢舉爲下第舉子劉煇等所忌以醉蓬萊望江南詞誣之則修詞中已雜他人之作又元豐中崔公度跋馮延巳陽春錄謂其間有誤入六一詞者則修詞又或竄入他集當在宋時已無定本矣晉此刻亦多所釐正然諸選本中有梅堯臣少年遊闌干十二獨凭春一首吳曾能改齋漫錄獨引爲修詞且云不惟聖俞君復二詞不及雖求之唐人溫李集中殆難與之爲一則堯臣已別有詞此詞斷當屬修晉未收此詞尙不能無所闕漏又如越溪春結語沈麝不燒金鴨玲瓏

月照梨花係六字二句集內尚沿坊本誤玲爲冷瓏爲籠遂以七字五字爲句是校讐亦未盡無訛然終較他刻爲稍善故今從其本焉乾隆四十七年九月恭校上

樂章集

臣等謹案樂章集一卷宋柳永撰永初名三變字耆卿崇安人景祐元年進士官至屯田員外郎故世號柳屯田馬端臨經籍考載其樂章集三卷今止一卷蓋毛晉刊本所合幷也宋詞之傳於今者惟此集最爲殘缺晉此刻亦殊少勘正訛不勝乙其分調之顯然舛誤者如留家別久二字小鎭西久離闕三字小鎭西犯路遼遶三字臨江仙蕭條二字皆係後段換頭今尚界作前段結句字句之顯然舛誤者如尾犯之一種芳心力芳字當作勞浪淘沙慢之幾度飮散歌闌闌字當作闋如何時如字當作知浪淘沙令之有一箇人人一字屬衍促盡隨紅袖舉促字下尚缺拍字破陣樂之各明珠各字下脫採字定風波之拘

東教吟詠詠字當叶韻作和字鳳歸雲之霜月夜夜字下脫明字如魚水之蘭芷汀洲望中中字當作裏望遠行之亂飄僧舍密灑歌樓二句上下倒置紅窗睡之如削肌膚紅玉瑩句已屬叶韻下文誤增峯字河傳之露清江芳交亂清江二字當作淨江塞鴻之漸西風緊緊字屬衍訴衷情之不堪更倚木蘭木蘭二字當作蘭棹夜半樂之嫩紅光數光字當作無金斂爭笑賭斂字當作釵萬樹作詞律嘗駁正之今並從其說其必不可通者則疑以傳疑姑仍其舊焉乾隆四十七年九月恭校上

安陸集

臣等謹案安陸集一卷宋張先撰考仁宗時有兩張先皆字子野其一博州人樞密副使張遜之孫天聖三年進士官至知亳州卒于寶元二年歐陽修爲作墓誌銘者是也其一烏程人天聖八年進士官至都官郎中即作此集者是也道山清話誤以博州張先爲此張先誤之甚矣張鐸湖州府志稱先有文集一

百卷惟樂府行于世宋史藝文志載先詩集二十卷陳振孫十詠圖跋稱偶藏子野詩一帙名安陸集舊京本也鄉守楊嗣翁見之因取刻之郡齋云云案此跋載周密齊東野語則振孫時其集尚存然振孫作直齋書錄解題乃惟載張子野詞一卷而無其詩集殊不解其何故也自明以來併其詞集亦不傳故毛晉刻六十家詞獨不及先此本乃近時安邑葛鳴陽所輯凡詩八首詞六十八首併以先事迹始末及諸家贈答附錄于後其編次雖以詩列詞前而爲數無幾今從其多者爲主錄之于詞曲類中考蘇軾集有題張子野詩集後曰子野詩筆老妙歌詞乃其餘技耳華州西溪詩云浮萍破處見山影野艇歸時聞草聲案石林詩話瀛奎律髓草聲並誤作棹聲近時安邑葛氏刋本據漁隱叢話改正今從之與余和詩云愁似鰥魚知夜永嬾同蝴蝶爲春忙若此之類皆可以追配古人而世俗但稱其歌詞昔周昉畫人物皆入神品而世但知有周昉士女皆所謂未見好德如好色者歟云云然軾所舉二聯皆涉纖巧自此二聯外今所傳者惟吳江一首稍可觀然欲圖江色不上筆靜

覓鳥聲深在蘆一聯亦有纖巧之病平心而論要爲詞勝于詩當時以張三影得名殆非無故軾所題跋當由好爲高論未可據爲定評也乾隆四十七年九月恭校上

東坡詞

臣等謹案東坡詞一卷宋蘇軾撰軾有易傳已著録宋史藝文志載軾詞一卷書録解題則稱東坡詞二卷此本乃毛晉所刻後有晉跋云得金陵刊本凡混入黄晁秦柳之作俱經芟去然刊削尚有未盡者如開卷陽關曲三首已載入詩集之中乃餞李公擇絶句其曰以小秦王歌之者乃唐人歌詩之法宋代失傳惟小秦王調近絶句故借其聲律以歌之非别有詞調謂之陽關曲也使當時有陽關曲一調則必自有本調之宫律何必更借小秦王乎以是收之詞集未免泛濫至集中念奴嬌一首朱彝尊詞綜據容齋隨筆所載黄庭堅手書本改浪淘盡爲浪聲沈多情應笑我早生華髮爲多情應是我笑生華髮因謂浪

淘盡三字于調不協多情句應上四下五然考毛幵此調如算無地閬風項皆作仄平仄豈可俱謂之未協石孝友此調云九重頻念此衮衣華髮周紫芝此調云白頭應記得尊前傾蓋亦何嘗不作上五下四句乎又趙彥衞雲麓漫鈔辨賀新涼詞板本乳燕飛華屋句眞迹飛作棲水調歌詞板本但願人長久句眞迹願作得指爲妄改古書之失然二字之工拙皆相去不遠前人著作時有改定何必定以眞迹爲斷乎晉此刻不取洪趙之說則深爲有見矣乾隆四十七年十月恭校上

山谷詞

臣等謹案山谷詞一卷宋黄庭堅撰庭堅有全集別著錄此其別行之本也宋史藝文志載庭堅樂府二卷馬端臨經籍考載山谷詞一卷世傳庭堅詞有琴趣外篇二卷當即是此一卷耳陳振孫書錄解題於晁无咎詞條下引補之語曰今代詞手惟秦七黄九他人不能及也山谷詞條下又引補之語曰魯直間

作小詞固高妙然不是當行家語自是著腔子唱好詩二說自相矛盾今考其
詞如沁園春望遠行千秋歲第二首江城子第二首兩同心第二首第三首少
年心第一首第二首醜奴兒第二首鼓留令第四首好事近第三首皆褻諢不
可名狀至於鼓留令第三首之用䠇字第四首之用𡱁字皆字書所不載尤不
可解不止補之所云不當行已也顧其佳者則妙脫蹊徑迥出慧心觀其兩同
心第二首與第三首玉樓春第一首與第二首醉蓬萊第一首與第二首皆改
本與初本並同則當時以其名重不問美惡而一槩收拾故至於是是固宜分
別觀之矣陸游老學菴筆記辨其念奴嬌詞老子平生江南北愛聽臨風笛句
俗本不知其蜀中方音改笛爲曲以叶竹音今考此本仍作笛字則猶舊本之
未經竄亂者矣乾隆四十七年九月恭校上

淮海詞

臣等謹案淮海詞一卷宋秦觀撰觀有淮海集別著錄馬氏經籍考載淮海詞

一卷而傳本俱稱三卷此本爲毛晉所刻僅八十七調裒爲一卷乃雜採諸書而成其總目尙注原本三卷存其舊也晉跋雖稱訂譌搜遺而校讐尙多疎漏如集內長相思鐵甕城高一闋乃用賀方回韻尾句作鴛鴦未老否詞匯所載則作鴛鴦未老綢繆考當時揚无咎亦有此調與觀同賦注云用方回韻其尾句乃佳期永卜綢繆知詞匯爲是矣又河傳一闋尾句作悶損人天不管考黃庭堅亦有此調尾句作好殺人天不管自注云因少游詞戲以好字易瘦字是觀原詞當是瘦殺人天不管悶損二字爲後人妄改也至喚起一聲人悄一闋乃在黃州詠海棠作調名醉鄉春詳見冷齋夜話此本乃缺其題但以三方空記之亦爲失考今並釐正稍還其舊觀詩格不及蘇黃而詞則情韻兼勝在蘇黃之上流傳雖少要爲倚聲家一巨擘也蔡絛鐵圍山叢談記觀壻范溫常預貴人家會貴人有侍兒喜歌秦少游長短句坐間略不顧溫酒酣懽洽始問此郎何人溫遽起叉手對曰某乃山抹微雲女壻也聞者絕倒云云絛蔡京子而

所言如是則觀詞爲當時所重可知矣乾隆四十七年十月恭校上

書舟詞

臣等謹案書舟詞一卷宋程垓撰垓字正伯眉山人其家有擬舫名書舟見本集詞注古今詞話謂號虛舟蓋字之誤馬氏經籍考載垓書舟詞一卷傳本或作書舟雅詞二卷而宋史藝文志乃作陳正伯書舟雅詞十一卷則又誤程爲陳誤二爲十一矣此本爲毛晉所刻仍作一卷前有王偁序與陳振孫書錄解題所載合序云尚書尤袤嘗稱其文過於詩詞今其詩文無可考而詞頗有可觀楊慎詞品最稱其酷相思四代好折秋英數闋蓋垓與蘇軾爲中表耳濡目染有自來也集內攤破江神子娟娟霜月又侵門一闋諸刻多作康與之江城梅花引詞僅字句小有異同按此調相傳爲前半用江城子後半用梅花引故合爲江城梅花引今前半自首句至花又惱爲江城子後全不似梅花引至過變以下更與兩調俱不合考詞譜載江城子一名江神子應以名攤破江神子

爲是詳其句格亦屬坡本色其題爲康作當屬傳譌又卷末毛晉跋云意難忘一翦梅等闋俱定爲蘇作悉行删正今考東坡詞内已增入意難忘一首而一翦梅尚未載入其詞亦仍載此集中未嘗刋削然數詞語意淺俚在坡亦非佳製可信其必非軾作晉之所云未詳其何所據也乾隆四十七年八月恭校上

小山詞

臣等謹案小山詞一卷宋晏幾道撰幾道字叔原號小山殊之幼子嘗監潁昌許田鎮熙寧中鄭俠上書下獄悉治平時所往還厚善者幾道亦在數中從俠家搜得其詩裕陵稱之始令放出事見侯鯖錄黄庭堅小山集序曰其樂府可謂狹邪之大雅豪士之鼓吹其合者高唐洛神之流其下者豈減桃葉團扇哉又古今詞話載程叔微之言曰伊川聞人誦叔原詞夢魂慣得無拘檢又踏楊花過謝橋曰鬼語也意頗賞之然則幾道之詞固甚爲當時推挹矣馬端臨經籍考載小山詞一卷並錄黄庭堅全序此本佚去庭堅序惟存無名氏跋後一

篇又似幾道詞本名補亡以爲補樂府之亡單文孤證未敢遽改姑仍舊本題之至舊本字句往往訛異如泛清波摘徧一闋暗惜光陰恨多少句此刻於光字上誤增花字衍作八字句詞匯遂改陰作飲再誤爲暗惜花光飲恨多少如斯之類殊失其眞今併訂正之焉乾隆四十七年九月恭校上

晁无咎詞

臣等謹案晁无咎詞六卷宋晁補之撰補之字旡咎鉅野人能改齋漫錄及復齋雜錄咸稱其元豐二年己未登第柳塘詞話謂爲元祐進士傳寫誤也元祐初爲著作郎紹聖末謫監信州酒稅起知泗州入黨籍有雞肋集别著錄是集陳振孫書錄解題作一卷但稱晁无咎詞柳塘詞話則稱其詞集亦名雞肋又稱補之嘗自銘其墓名逃禪詞考揚補之名无咎其詞集名曰逃禪不應名字相同集名亦復蹈襲或誤合二人爲一歟此本爲毛晉所刊題曰琴趣外篇其跋稱詩餘不入集中故名外篇又分爲六卷與書錄解題皆不合未詳其故卷

末洞仙歌一首爲補之大觀四年之絶筆則舊本不載晉撫黄昇花菴詞選補錄於後者也補之爲蘇門四學士之一集中如洞仙歌第二首塡盧仝詩之類未免效蘇軾檃括歸去來詞之纍然其詞神姿高秀與軾實可肩隨陳振孫於山谷詞下載補之之言曰魯直間作小詞固高妙然不是當行家語自是著腔子唱好詩又於淮海詞下記補之之言曰少游詞如斜陽外寒鴉數點流水繞孤村雖不識字人亦知是天生好言語觀所品題悉有神解知補之於此事特深不但詩文之擅長矣刊本多訛今隨文校正其引駕行一首證以柳永樂章集及集内春雲輕鎖一首實佚其後半無從考補今亦仍之至琴趣外篇宋人中如歐陽修黄庭堅晁端禮葉夢得四家詞皆有此名併補之此集而五殊爲淆混今從文獻通考仍題曰晁无咎詞庶有别焉乾隆四十七年十月恭校上

東堂詞

臣等謹案東堂詞一卷宋毛滂撰滂字澤民江山人宋史藝文志載滂有東堂

集十五卷闕佚已久今從永樂大典所載採輯成書已別著錄此詞一卷則毛
晉所刻本也馬端臨經籍考載東堂詞一卷併引百家詩序稱其爲杭州法曹
時以贈妓詞今夜山深處斷魂分付潮回去句見賞於蘇軾其詞爲惜分飛今
載集中然集中有太師生辰詞數首實爲蔡京作揮麈後錄又載其初附會㐲
後附蔡卞在卞席上賦鴛鴦詩有惟戀恩波不肯飛句致卞妻王氏有適從曾
相公池中飛來之誚則滂實非端人方回瀛奎律髓乃以爲守正之士蓋偶未
及考其詞則情韻特勝陳振孫謂滂他詞雖工終無及蘇軾所賞一首者亦隨
人作計之見非篤論也滂令武康時改盡心堂爲東堂集中驀山溪一闋自註
其事甚悉故因以名集傳寫頗多闕文無從考補今姑仍其舊焉乾隆四十七
年九月恭校上

姑溪詞　溪堂詞

臣等謹案姑溪詞一卷宋李之儀撰之儀有姑溪集別著錄馬氏經籍考又載

有姑溪詞一卷此本爲毛晉所刊凡四十調共八十有八闋之儀詩文當時傳誦其詞亦工而小令爲尤勝淸婉峭蒨殆不減秦觀晉跋謂花菴詞選未經採入有遺珠之歎不知黄昇所錄皆南渡以後之人故曰中興以來絶妙詞之儀時代在前晉殊未考至所稱鴛衾半擁空窗月步嬾恰尋牀臥看遊絲到地長時時浸手心頭熨受盡無人知處涼諸句亦不足盡其所長也其和陳瓘賀鑄黄庭堅諸詞皆列原作于前而已詞居後唱和並載蓋卽謝朓集中附載王融詩例使贈答之情彼此相應足以見措詞運意之故較他集體例爲善所載庭堅好事近後闋負十分蕉葉句今本山谷詞蕉葉誤作金葉亦足以互資考證也

臣等謹案溪堂詞一卷宋謝逸撰宋史藝文志載逸有集二十卷溪堂詩五卷今已從永樂大典中蒐輯著錄馬端臨經籍考又載溪堂詞一卷今刊本一卷末有毛晉跋稱旣得溪堂全集末載樂府一卷遂依其章次就梓蓋其集明末

尚未佚晉故得而見之也逸以詩名宣政間然復齋漫錄載其嘗過黄州杏花村館題江神子一闋於驛壁過者必索筆於驛卒卒苦之因以泥塗焉則其詞亦見重一時矣是作今載集中語意清麗良非虚美其他作亦極煅煉之工晉跋又載花心動一闋謂出近來吴門鈔本跋是贋筆乃沈天羽作續詞譜獨收此詞朱彝尊詞綜選逸詞因亦首登是闋考宋人詞集如史達祖周邦彦張元幹趙長卿高觀國諸人皆有此調其音律平仄如出一轍獨是詞隨意塡湊頗多失調措語尤鄙俚不文其爲贋作蓋無疑矣晉刋此集削而不載特爲有見今亦不復補入庶免魚目之混焉乾隆四十七年十月恭校上

片玉詞

臣等謹案片玉詞二卷補遺一卷宋周邦彦撰邦彦字美成錢塘人元豐中獻汴都賦召爲太樂正徽宗朝仕至徽猷閣待制出知順昌府徙處州卒自號淸眞居士宋史文苑傳云邦彦疎雋少檢不爲州里推重好音樂能自度曲製樂

府長短句詞韻清蔚宋史藝文志載清眞居士集十一卷蓋其詩文全集久已散佚其附載詩餘與否不可復考陳振孫書錄解題載其詞淸眞集二卷後集一卷此編名曰片玉據毛晉跋稱爲宋時刋本所題原作二卷其補遺一卷則晉採各選本成之疑舊本二卷卽所謂淸眞集晉所掇拾乃其後集所載也其詞多用唐人詩句檃括入調渾然天成長篇尤富艷精工善於鋪敘陳郁藏一話腴謂其以樂府獨步貴人學士市儈妓女皆知其詞爲可愛非溢美也又邦彥本通音律下字用韻皆有法度故方千里和詞一一按譜塡腔不敢稍失尺寸今以兩集互校如隔浦蓮近拍金丸驚落飛鳥句毛本注云按譜此處宜三字二句然千里詞作夷猶終日魚鳥則周詞本是金丸驚落飛鳥非三字二句又荔枝香近看兩兩相依燕新乳句止八字千里詞作深澗斗瀉飛泉灑甘乳句凡九字觀柳永吳文英二集此調亦俱作九字句不得謂千里爲誤則此句尚脫一字今並釐正之又據書錄解題有曹杓字季中號一壺居士者曾注清

眞詞二卷今其書不傳云乾隆四十七年九月恭校上

友古詞

臣等謹案友古詞一卷宋蔡伸撰伸字伸道莆田人襄之孫自號友古居士宣和中官彭城倅歷官左中大夫馬端臨經籍考載伸有友古詞一卷此本爲毛晉所刊卷數相合伸嘗與向子諲同官彭城漕屬故屢有贈子諲詞而子諲酒邊詞中所載倡酬人姓氏甚多獨不及伸未詳其故伸詞固遜子諲而材致筆力亦略相伯仲即如南鄉子闋自注云因向詞有憑書續斷腸句而作今考向詞乃南歌子以伸詞相較其婉約未遽相遜也晉刊本頗多疎舛如飛雪滿羣山一詞晉注云又名扁舟尋舊約不知此乃後人從本詞後闋起句改名非有異體亦不應即以名本詞惜奴嬌一調晉注云一作粉蝶兒不知粉蝶兒另有一調與惜奴嬌判然不同至青玉案和賀方回韻前闋處字韻譌作地字賀此調南宋諸人和者不知凡幾晉不能互勘其誤益爲失考矣乾隆四十七年十

月恭校上

和清眞詞

臣等謹案和清眞詞一卷宋方千里撰千里信安人官舒州簽判有題眞源宮一詩見藝圃集此則其和周邦彦清眞詞也邦彦妙解聲律爲詞家之冠所製諸調不獨音之平仄宜遵即仄中上去入三音亦不容相混所謂分析節度深契微芒故千里和詞字字奉爲標準集內調名有稍異者如荔枝香周詞本作荔枝香近吳文英夢窗稿亦同此集獨少近字浪淘沙周詞作浪淘沙慢蓋浪淘沙製調之始皇甫松惟七言絕句李後主始用雙調亦止五十四字周詞至百三十三字之多故加以慢字此去慢字便非此調蓋皆傳刻之訛非千里之舊今互勘其異同以資考證毛晉跋樂安楊澤民亦有和清眞詞或合爲三英集行世然晉所刻六十家之本無澤民詞或其本已佚歟乾隆四十七年十月

恭校上

初寮詞　聖求詞

臣等謹案初寮詞一卷宋王安中撰安中有初寮集二十卷久經散佚今從永樂大典裒輯成編已别著錄陳振孫書錄解題别載初寮詞一卷此本爲毛晉所刻卷帙相合殆即原本古今詞話謂安中始爲東坡門下士紹興初復附蔡京又幼老春秋謂其交結蔡攸進立春帖子並及鄭妃等事則其人似不足道然花菴詞選載其詞如小重山之椽燭垂珠清漏長遲留春箭緩催觴蝶戀花之翠霧縈紆消篆印筝聲恰度秋鴻陣等句皆當世所指稱其才華要不可及也卷内安陽好九闋據能改齋漫錄云韓魏公皇祐初鎮維揚曾作維揚好詞四章其後熙寧中罷相鎮安陽復作安陽好詞十章人多傳之因錄其一首蓋即安中詞内形勝魏西州第一首也安陽爲魏郡地安中未曾鎮彼似此詞宜屬韓琦作不知何以入於此集疑以傳疑姑存之以備考證焉

臣等謹案聖求詞一卷宋呂濱老撰濱老字聖求嘉興人陳振孫書錄解題作

呂渭老考嘉定壬申趙師岩序亦作濱老似陳氏誤也陳氏載其詞一卷則與今本合濱老在北宋末頗以詩名師岩稱其憂國詩二聯痛傷詩二聯釋憤詩一聯皆爲徽欽北狩而作憂國詩有尙喜山河歸帝子可憐麋鹿入王宮語則南渡時尙存矣其詩在師岩時已無完帙詞則至今猶傳楊愼詞品稱其望海潮醉蓬萊撲蝴蝶近惜分釵薄倖選冠子百宜嬌等闋佳處不減少游東風第一枝詠梅不減東坡之綠毛幺鳳今考詠梅詞集中不載僅附見毛晉跋中晉跋亦不言所據未詳其故晉跋又稱其惜分釵一闋尾句用二疊字較陸游釵頭鳳用三疊字更有別韻不知濱老爲徽宗時人游乃寧宗時人釵頭鳳詞實因惜分釵舊調而變平仄相間爲仄韻相間耳晉似謂此調反出於釵頭鳳未免偶不檢也乾隆四十七年九月恭校上

筠谿樂府

臣等謹案筠谿樂府一卷宋李彌遜撰舊本附綴筠谿集末考彌遜家傳稱所

撰奏議三卷外制二卷詩十卷雜文六卷與今本筠谿集合而不及樂府則此集本別行也凡長短調八十一首其長調多學蘇軾與柳周纖穠別爲一派而力稍不足以舉之不及軾之操縱自如短調則不乏秀韻矣中多與李綱富知柔葉夢得張元幹唱和之作又有鵬舉座上歌姬唱夏雲峯一首因考岳飛與湯邦彥皆字鵬舉皆與彌遜同時然飛於南渡初倥偬戈馬不應有聲伎之事或當爲湯邦彥作歟開卷寄張仲宗沁園春一首註蘆川集誤刊字然蝶戀花第五首今亦見蘆川集中又不知誰誤刊也自虞美人以下十二首皆祝壽之詞纇頊通用一無可取宋人詞集往往不加刊削未喻其故今亦姑仍原本以存其舊焉乾隆四十七年九月恭校上

石林詞　丹陽詞

臣等謹案石林詞一卷宋葉夢得撰夢得有建康集別著錄是編乃其詞集陳振孫書錄解題作一卷與今本同卷首有關注序稱其兄聖功元符中爲鎮江

掾夢得爲丹徒尉得其小詞爲多味其詞婉麗有溫李之風晚歲落其華而實之能于簡淡時出雄傑合處不減靖節東坡云云考倚聲一道去古詩頗遠集中亦惟念奴嬌故山漸近一首雜用陶潛之語不得謂之似陶注所擬殊爲不類至于雲峯橫起一首全仿蘇軾大江東去并即參用其韻又鷓鴣天一曲靑山後閡且直用軾詩語足成是以舊刻頗有與東坡詞彼此混入者則注謂夢得近于蘇軾其說不誣夢得本出蔡京之門又其壻章沖乃章惇之孫原屬紹述之黨靖康時幸以胡安國論奏得不廢斥而所著石林詩話猶主持王安石之學而陰抑蘇黃頗乖正論乃其爲詞則又挹蘇氏之餘波所謂是非之心有終不可澌滅者耶

臣等謹案丹陽詞一卷宋葛勝仲撰勝仲有丹陽集八十卷傳本久佚今已於永樂大典中裒輯成帙其詞則馬氏經籍考別載一本此爲毛晉所刻蓋其單行之本也勝仲與葉夢得酬唱頗多而品格亦復相埒惟夢得詞有鷓鴣天次

魯卿韻觀太湖一闋此卷內未見原唱而此卷有定風波燕駱駝橋次少蘊韻二闋葉詞內亦未見非當時有所刊削即傳寫佚脱至浣溪沙三首在夢得詞以爲次魯卿韻在此卷又以爲和少蘊韻則兩者必有一訛不可得而復考矣其江城子後闋押翁字韻亦可證葉詞復押宮字之誤瑞鷓鴣生辰一調獨用仄韻諸家皆無是體據調當改木蘭花至於字句訛缺凡永典大典所載者如鷓鴣天第一首後闋懽華本作懽娛第二首後闋紅囊本作紅裳西江月第二首後闋縈塗本作榮塗蕎山溪第一首前闋裋服本作袨服摸名本作摸石第二首後闋模石本作摸石第三首前闋使登榮本作便登榮隨岸柳本作隋岸柳西江月第三首後闋鱸魚本作鱸蓴瑞鷓鴣後闋還過本作還遇江城子第二首後闋歌鐘下本有捲簾風三字蝶戀花後闋闕二字本係黃紙二字臨江仙前闋儒仙本作臞仙第二首後闋缺十二字本作憑誰都卷入芳樽賦歸歟靖節二句醉花陰前闋凍拚萬林梅句本作凍栟萬株梅浪淘沙第二首後闋

關燕本作開燕皆可證此本校讐之疎又永樂大典本尙有浣溪沙小飲南鄉子九日虞美人題靈山廣瑞禪院三詞爲是刻所無則譌脫又不止字句矣乾隆四十七年九月恭校上

坦菴詞

臣等謹案坦菴詞一卷宋趙師使撰師使字介之燕王德昭七世孫集中有和葉夢得徐俯二詞蓋南宋初人也案陳振孫書錄解題載坦菴長短句一卷稱趙師俠撰陳景沂全芳備祖載梅花五言一絕亦稱師俠與此本互異未詳孰是蓋二字點畫相近猶之田肯田胥史傳亦姑兩存耳毛晉刊本謂師使一名師俠則似其人本有兩名非事實也是集前有其門人尹覺序云坦菴爲文如泉出不擇地詞章乃其餘事其模寫體狀雖極精巧皆本情性之自然今觀其集蕭疎淡遠不肯爲翦紅刻翠之文洵詞中之高格但微傷率易是其所偏師使嘗舉進士其宦遊所及繫以甲子見於各詞註中者尙可指數大約始於丁

亥而終於丁巳其地爲益陽豫章柳州宜春信豐瀟湘衡陽莆中長沙其資階則不可詳考矣乾隆四十七年九月恭校上

酒邊詞

臣等謹案酒邊詞二卷宋向子諲撰子諲字伯恭臨江人欽聖憲肅皇后再從姪元符初以恩澤補官高宗朝歷徽猷閣直學士知平江府事蹟具宋史本傳子諲晚年以忤秦檜致仕卜築於淸江五柳坊楊遵道光祿之別墅號所居曰薌林既作七言絕句以紀其事而復廣其聲爲鷓鴣天一闋樓鑰攻媿集嘗紀其事然鑰僅稱其詩而不及其詞又子諲之號薌林居士據西江月五柳坊中煙綠一闋注當在政和年間鑰亦考之未悉也馬氏經籍考載子諲有酒邊詞一卷樂府紀聞則稱四卷此本爲毛晉所刊分爲二卷上卷曰江南新詞下卷曰江北舊詞新詞所載其自註皆紹興甲子舊詞所載其自註則政和宣和甲子胡寅嘗稱退江北所作於後而進江南所作於前以枯木之心幻出葩華酌

元酒之尊棄置醇味玩其詞意此集似子諲所自定然減字木蘭花斜紅疊翠一闋註紹興壬申春薌林瑞香盛開賦此詞是年三月十六日公下世此詞公之絕筆云云已屬後人綴入而此詞以後所載尙多年月先後又不以甲子爲次殆後人又有所竄亂非原本也其浣溪沙詠巖桂第二闋別樣清芬撲鼻來一首據註云曾端伯和蓋以端伯和詞附錄集內而原目乃併作子諲之詞題爲浣溪沙十二首則非其舊次明矣乾隆四十七年十月恭校上

無住詞

臣等謹案無住詞一卷宋陳與義撰與義有簡齋集別著錄陳振孫書錄解題載其無住詞一卷以所居有無住庵故以名之與義詩師老杜當時稱陳黃之後無逾之者其詞不多且無長調而語意超絕黃昇花菴詞選稱其可摩坡仙之壘至於虞美人之及至桃花開後卻悤悤臨江仙之杏花疎影裏吹笛到天明等句胡仔漁隱叢話亦稱其淸婉奇麗蓋當時亦絕重其詞也此本爲毛晉

所刊僅十八闋而吐言天拔不作柳亸鶯嬌之態亦無蔬筍之氣殆於首首可傳不能以篇帙之少而廢之方回瀛奎律髓稱杜甫爲一祖而以黄庭堅陳師道及與義爲三宗如以詞論則師道爲勉强學步庭堅爲利鈍互陳皆迥非與義之敵矣開卷法駕導引三闋與義已自注其詞爲擬作而諸家題本尚有稱爲赤城韓夫人所製列之仙鬼類中者證以本集亦足訂小說之誣焉乾隆四十七年九月恭校上

竹坡詞

臣等謹案竹坡詞三卷宋周紫芝撰紫芝有太倉稊米集及竹坡詩話皆别著録馬端臨文獻通考載竹坡詞一卷此本作三卷考卷首高郵孫兢序稱離爲三卷則通考一卷爲誤兢序稱共詞一百四十八闋此本乃一百五十闋據其子𣏌乾道九年重刻跋則憶王孫爲絶筆初刻止於是篇其減字木蘭花採桑子二篇乃𣏌續得之佚稿别附於末故與原本數異也集中鷓鴣天凡十三闋

後三闋自註云予少時酷喜小晏詞故其所作時有似其體製者此三篇是也晚年歌之不甚如人意聊載於此云云則紫芝塡詞本從晏幾道入晚乃刊除穠麗自爲一格兢序稱其少師張耒稍長師李之儀者乃是詩文之淵源非詞之淵源也棨跋稱是集先刻於潯陽訛舛甚多乃手自校讐然集中瀟湘夜雨一調實爲滿庭芳兩調相似而實不同其瀟湘夜雨本調有趙彥端一詞可證自是集誤以滿庭芳當之詞匯遂混爲一調至選聲列瀟湘夜雨調反不收趙詞而止收周詞是愈轉愈訛其失實由於此又第三卷定風波今實爲琴調相思引亦有趙彥端詞可證其定風波另有正體與此不同皆爲疎舛殆後人又有所竄亂非棨手勘之舊矣乾隆四十七年五月恭校上

漱玉詞

臣等謹案漱玉詞一卷宋李清照撰清照號易安居士濟南人禮部郎提點京東刑獄格非之女東武趙明誠妻也明誠挺之子終湖州守好古博雅有金石

錄三十卷已別著錄清照工詩文尤以詞擅名胡仔苕溪漁隱叢話稱其再適張汝舟未幾反目有啟事與綦處厚云猥以桑榆之晚景配兹駔儈之下材傳者無不笑之今其啟具載趙彦衛雲麓漫鈔中李心傳建炎以來繫年要錄載其與後夫構訟事尤詳此本爲毛晉汲古閣所刊卷末備載其軼事逸文而不錄此篇蓋諱之也案陳振孫書錄解題載清照漱玉詞一卷又云别本作五卷黄昇花菴詞選則稱漱玉詞三卷今皆不傳此本僅詞十七闋附以金石錄序一篇蓋後人裒輯爲之已非其舊其金石錄序又與刻本所載詳略迥殊蓋從容齋五筆中鈔出亦非完篇也清照以一婦人而詞格乃抗步周柳以上雖篇帙無多固不能不寶而存之矣乾隆四十七年九月恭校上

蘆川詞

臣等謹案蘆川詞一卷宋張元幹撰元幹有蘆川歸來集已著錄宋史藝文志載其詞二卷陳振孫書錄解題則作一卷與此本合案紹興八年十一月待制

胡銓謫新州元幹作賀新郎詞以送坐是除名（考宋史胡銓傳其上書乞斬秦檜在戊午十一月則元幹除名自屬此時毛晉跋以爲辛酉殊爲未審謹附訂於此）又李綱疏諫和議亦在是年十一月綱斯時已提舉洞霄宮元幹又有寄詞一闋今觀此集即以此二闋壓卷蓋有深意其詞慷慨悲涼數百年後尚想其抑塞磊落之氣然其他作則多清麗婉轉與秦觀周邦彥可以肩隨毛晉跋曰人稱其長於悲憤及讀花菴草堂所選又極嫵秀之致可謂知言至稱其洒窗間惟稷雪句引毛詩疏爲證謂用字多有出處則其說似是而實非詞曲以本色爲最難不尚新僻之字亦不尚典重之字稷雪二字拈以入詞究爲別格未可以之立制也又卷內有鶴沖天調本當作喜遷鶯晉乃註云向作喜遷鶯誤今改作鶴沖天不知喜遷鶯之亦稱鶴沖天乃後人因韋莊喜遷鶯詞有爭看鶴沖天句而名調止四十七字元幹正用其體晉乃執後起之新名反以原名爲誤尤爲疎於考證矣乾隆四十七年十月恭校上

東浦詞　孏窟詞

臣等謹案東浦詞一卷舊本題宋韓玉撰考元好問中州集玉字溫甫北平人仕金爲翰林應奉文字後爲鳳翔府判官則當作金人題宋爲誤惟金人著作宋人多不著錄而陳振孫書錄解題乃載有東浦詞一卷考集中有張魏公生旦上辛幼安生日自廣中出過廬陵贈歌姬段雲卿水調歌頭三首廣東與康伯可感皇恩一首蓋初在宋而後入金此卷乃在宋所作先已流傳故宋人著於錄也毛晉既刻其詞入宋人中又詆其雖與康與之辛棄疾倡和相去不止苧蘿無鹽今觀其詞雖慶賀諸篇不免俗濫晉所摘且坐令中二句亦體近北曲誠非佳製然宋人詞内此類至多何獨刻責於玉且集中如感皇恩減字木蘭花賀新郎諸作未嘗不淒清宛轉何擯置不道而獨糾其寃家何處二語蓋明人一代之積習無不重南而輕北内宋而外金晉直以畛域之見曲相排詆非眞出于公論也又鄙薄既深校讐彌略如水調歌頭第二首前闋容飾尙中州句飾字訛爲飭字曲江秋前闋淒涼颺舟句本無遺脫乃於颺字下加一方

空後闋瀟然傷句傷字下當脫一字乃反不以方空記之一翦梅前闋只怨閒縱繡鞍塵句怨字據譜不宜仄上西平調即金人捧露盤前闋暗惜霜雪句惜字據譜亦不宜仄後闋不知早句早字下據譜尚脫一字賀新郎第三首後闋冷字韻複當屬訛字一翦梅一名行香子乃誤作竹香子不知竹香子別有一調與此迥異上辛幼安之水調歌頭誤脫一頭字遂不與水調歌頭並載而別立一水調歌之名排比參錯備極譌舛晉刻宋詞獨此集稱託友人校讐殆亦自知其疎漏歟至賀新郎詠水仙以玉曲與注女並叶卜算子以夜謝與食月互叶則由玉參用土音如林外之以埽叶鎖黄庭堅之以笛叶竹非校讐之過矣

臣等謹案孏窟詞一卷宋侯寘撰案陳振孫書錄解題寘字彦周東武人紹興中以直學士知建康今考集中有戲用賀方回韻餞別朱少章詞則其人當在南宋之初而眼兒媚詞題下注曰效易安體易安爲李清照之號亦紹興初人

眞已稱效殆猶杜牧李商隱集中效沈下賢體之例耶又有爲張敬夫直閣壽詞中秋上劉恭甫舍人詞皆孝宗時人而壬午元旦一詞實爲孝宗改元之前一年則乾道淳熙間其人尙存振孫特舉其爲官之歲耳眞爲晁氏之甥猶有元祐舊家流風遺韻故交游皆勝流其詞亦婉約嫺雅無酒樓歌館簪舄狼籍之態雖名不甚著而在南宋諸家之中要不能不推爲作者文獻通考著錄一卷與今本同毛晉嘗刻之六十家詞中校讐頗爲疎漏其最甚者如秦樓月即憶秦娥因李白詞中有秦娥夢斷秦樓月句後人因改此名本屬雙調晉所刻于前闋之末脫去一笛字與後闋聯屬爲一遂似此調别有此體殊爲舛誤他如水調歌頭之歡傾擁旌旄傾字不應作平靑玉案之咫尺淸明三月暮暮字與前闋韻複又冉冉年元眞暗度句元字文義不可解而遙天奉翠華引一首尤訛誤幾不可讀今無别本可校其可改正者改正之不可考者則姑仍其舊云乾隆四十七年九月恭校上

逃禪詞

臣等謹案逃禪詞一卷宋揚无咎撰无咎字補之自號逃禪老人淸江人諸書揚或作楊按圖繪寶鑑稱无咎祖漢子雲其字從才不從木則作楊誤也高宗時秦檜擅權无咎恥於依附遂屢徵不起其人品甚高所畫墨梅歷代寶重遂以技藝掩其文章然詞格殊工在南宋之初不忝作者陳振孫書錄解題載逃禪詞一卷與今本合毛晉跋稱或誤以爲晁補之詞則晁无咎亦字補之二人名字俱同故傳寫誤也集中明月棹孤舟四首晉注云向誤作夜行船今按譜正之案此調即是夜行船亦即是雨中花諸家詞雖有小異按其音律要非二調无咎此詞實與趙長卿吳文英詞中所載之夜行船無一字不同晉第見詞譜收黃在軒詞名明月棹孤舟不知明月棹即夜行孤舟即船近時萬樹詞律嘗辨之晉蓋未及察也又相見歡本唐腔正名宋人則名爲烏夜啼與錦堂春之亦名烏夜啼者名同實異晉注向作烏夜啼誤尤考之未詳至點絳脣原注

用蘇軾韻其後闋尾韻舊誤作絲成裹晉因改作堁字並詳載堁字義訓於下實則蘇軾末句乃破字韻此句蓋幷成字亦誤不止裹字矣明人刊書好以意竄亂往往如此今姑仍晉本錄之而附證其謬如左乾隆四十七年十月恭校

上

于湖詞

臣等謹案于湖詞三卷宋張孝祥撰孝祥有于湖集別著錄宋史藝文志載其詞一卷陳振孫書錄解題亦載于湖詞一卷黃昇中興詞選則稱紫微雅詞以孝祥曾官中書舍人故也此本爲毛晉所刊第一卷末卽繫以跋稱恨全集未見蓋祇就詞選所載二十四闋更摭四首益之以備一家後二卷則無目錄亦無跋語蓋因已見全集删其重複另編爲兩卷以續之而卷首則未重刊故體例特異耳卷首載乾道辛卯陳應行序稱其詞寓詩人句法繼軌東坡觀其所作氣概亦幾幾近之朝野遺記稱其在建康留守席上賦六州歌頭一闋感憤

淋漓主人爲之罷席則其忠憤慷慨有足動人者矣又耆舊續聞載孝祥十八歲時即有點絳唇流水泠泠一詞爲朱希眞所驚賞或刻孫和仲或即以爲希眞作皆誤今集不載是篇或以少作而佚之歟陳應行序稱于湖集長短句凡數百篇今本乃僅一百八十餘首則原稿散亡僅存其半已非當日之舊矣乾隆四十七年九月恭校上

海野詞　審齋詞

臣等謹案海野詞一卷宋曾覿撰覿字純甫號海野老農汴人紹興中以閤門祗候爲建王內知客孝宗初除權知閤門事淳熙中除開府儀同三司加少保醴泉觀使事蹟具宋史佞倖傳馬端臨經籍考載覿海野詞一卷與此本同覿頗有文藻孝宗潛邸嘗與觴詠唱酬卷首水龍吟後闋有云攜手西園宴罷下瑤臺醉魂初醒即紀承寵游宴之事故用飛蓋西園故實以後嘗侍宴應制如阮郎歸賦燕柳梢青賦柳諸詞亦皆其時所作覿又嘗見東都之盛故奉使過

京作金人捧露盤邯鄲道上作憶秦娥重到臨安作感皇恩等曲黃昇花菴詞選謂其語多感慨淒然有黍離之悲雖與龍大淵朋比作姦爲清流所不齒而衡其才華實屬可觀過而存之亦選唐詩者不遺崔湜宗楚客例也

臣等謹案審齋詞一卷宋王千秋撰千秋字錫老審齋其號也東平人陳振孫書錄解題載審齋詞一卷而不詳其始末據卷內有壽韓南澗生日及席上贈梁次張二詞南澗名元吉隆興中爲吏部尚書次張名安世淳熙中爲桂林轉運使是千秋爲孝宗時人矣惟安世詩稱千秋爲金陵者舊與陳振孫所稱爲東平人不合或流寓於金陵耶毛晉跋稱其詞多酬賀之作然生日嘏詞南宋人集中皆有何獨刻責於千秋況其體本花間而出入於東坡門徑風格秀拔要自不雜庸音南渡之後亦卓然爲一作手黃昇中興詞選不見採錄或偶未見其本耳晉跋遽以絕少綺艷評之亦殊未允集中如憶秦娥清平樂好事近虞美人點絳脣以及詠花諸作短歌微吟興復不淺何必屯田樂章始爲情語

也乾隆四十七年十一月恭校上

介菴詞

臣等謹案介菴詞一卷宋趙彦端撰彦端字德莊號介菴魏王廷美七世孫乾道淳熙間以直寶文閣知建寧府終左司郎官宋史藝文志彦端有介菴集十卷外集三卷又有介庵詞四卷馬端臨經籍考則僅稱介庵詞一卷此本爲毛晉所刻亦止一卷與通考合然據其卷後跋語似又舊刻散佚僅存此一卷者未之詳也彦端嘗賦西湖謁金門有波底斜陽紅濕之句爲高宗所喜有我家裏人也會作此等語之稱其他篇亦多婉約纖穠不愧作者集末鷓鴣天十闋乃爲京口角妓蕭秀蕭瑩歐懿桑雅劉雅歐倩文秀王婉楊蘭吳玉十人而作詞格凡猥皆無足取且連名入之集中殆于北里之志殊乖雅音蓋唐宋以來士大夫不禁狹斜之遊彦端是作蓋亦移于習俗存而不論可矣乾隆四十七年十月恭校上

歸愚詞　克齋詞　龍川詞

臣等謹案歸愚詞一卷宋葛立方撰立方有韻語陽秋已別著錄此歸愚詞一卷與陳振孫書錄解題合宋人之中父子以塡詞名家者惟晏殊晏幾道後則立方與其父勝仲爲最著然詞多平實鋪敘少淸新宛轉之思而大致不失宋人規格流傳既久存之亦可備詞中一家毛晉嘗稱集內雨中花眼兒媚兩調俱不合譜未敢妄爲更定今參考名家詞集其眼兒媚乃朝中措之譌歐陽修平山闌檻倚晴空一闋可以互證至雨中花調立方兩詞疊韻初無舛誤以詞律反復勘之實題中脫一慢字此調京鏜辛棄疾皆有傳作立方詞起三句可依辛詞讀第四第五句京辛兩家皆作上五下四立方則作上六下三雖微有不同而同是九字其餘則不獨字數相符平仄亦毫無相戾其爲雨中花慢實無可疑晉蓋考之未審他如滿庭芳一調連成十闋凡後半換頭二字有用韻者亦有不用韻而直作五字句者考宋人此調此二字本無定式山谷詞用韻

書舟詞不用韻立方兩存其體亦非傳寫有異同也

臣等謹案克齋詞一卷宋沈端節撰端節字約之吳興人是集見陳振孫書錄解題然振孫亦不詳其始末毛晉跋語疑其即詠賈耘老苕上水閣沈會宗之同族亦無確證惟湖州府志及溧陽縣志均載端節寓居溧陽嘗令蕪湖知衡州提舉江東茶鹽淳熙間官至朝散大夫其說必有所據獨載其詞名充齋集則充克二字形近致譌耳其詞僅四十餘闋多有調而無題考花閒諸集往往調即是題如女冠子則詠女道士河瀆神則爲送迎神曲虞美人則詠虞姬之類唐末五代諸詞例原如是後人題詠漸繁題與調兩不相涉若非存其本事則詞意俱不可詳集中如念奴嬌二闋之稱太守青玉案第一闋之稱使君第三闋之稱賢侯竟不知所贈何人至念奴嬌尋幽覽勝一闋似屬端節自道據詞中自笑飄零驚歲晚欲挂衣冠神武及羣玉圖書廣寒宮殿一一經行處云云則端節當時曾官京職以其題已佚遂無所考宋人詞集似此者頗少疑原

本必屬調與題全輾轉傳寫苟趨簡易遂遭删削耳今無可考補姑仍其舊至其吐屬婉約頗具風致固不以花菴草堂諸選不見採錄減價矣

臣等謹案龍川詞一卷補遺一卷宋陳亮撰亮有龍川集別著錄宋史藝文志載其詞四卷今不傳此集凡詞三十首已具載本集然前後不甚詮次其本爲毛晉所刋分調類編後有晉跋稱據家藏舊刻蓋摘出別行之本又補遺七首則從黃昇花菴詞選採入者詞多纖麗與全集迥殊或疑贋作毛晉跋稱黃昇與亮俱南渡後人何至謬誤若此或昇惟選綺艷一種而亮子沈所編全集特表其父磊落骨幹故若出二手云云理或然也乾隆四十七年九月恭校上

稼軒詞

臣等謹案稼軒詞四卷宋辛棄疾撰棄疾有美芹十論諸書別著錄其詞慷慨縱橫有不可一世之概於倚聲家爲變調而異軍特起能於翦紅刻翠之外屹然別立一宗迄今不廢馬端臨經籍考載稼軒詞四卷又陳振孫書錄解題云

信州本十二卷視長沙本爲多此本爲毛晉所刻亦爲四卷而其總目又注原本十二卷殆即就信州本而合併之歟其集舊多訛異如二卷内醜奴兒近一闋前半是本調殘缺不全自飛流萬壑以下則全首係洞仙歌蓋因洞仙歌五闋即在此調之後舊本遂誤割第一首以補前詞之闕而五闋之洞仙歌遂止存其四近時萬樹詞律中辨之甚明此本尚未及訂正其中歎輕衫帽幾許紅塵句據調與文義帽字上尚有一脫字樹亦未經勘及斯足證掃葉之喻矣今並詳爲勘正其必不可通而無別本可證者則姑從闕疑之義焉乾隆四十七年九月恭校上

西樵語業　樵隱詞

臣等謹案西樵語業一卷宋楊炎正撰炎正字濟翁廬江人陳振孫書錄解題載西樵語業一卷楊炎正濟翁撰馬端臨文獻通考引之誤以正字爲止字毛晉刻六十家詞遂誤以楊炎爲姓名以止濟翁爲別號近時所印又改刋楊炎

正姓氏跋中止濟翁字亦追改爲楊濟翁然舊印之本與新印之本並行名字兩岐頗滋疑惑故厲鶚宋詩紀事辨之曰嘗見西樵語業舊鈔本作楊炎正濟翁後考武林舊事載楊炎正錢塘迎酒歌一首全芳備祖亦載此詩稱楊濟翁是炎正其名而濟翁其字云云今觀辛棄疾稼軒詞中屢有與楊濟翁贈答之作其水調歌頭一闋自注云舟次揚州和楊濟翁韻而炎正是調登多景樓一闋其韻正與辛作相同惟尾句一韻互異又棄疾蝶戀花二闋亦注云和楊濟翁韻惟第二闋昨日解酲今夕又句棄疾詞作可惜花殘風又雨蓋皆傳寫之誤其所稱濟翁之字則足證厲鶚所辨爲不誤而毛氏舊印之本爲不足憑矣是集僅三十七首而因辛棄疾作者凡六首當時兩人交好可知其縱横排奡之氣雖不足敵棄疾而屏絶纖穠自抒清俊要非俗艷所可擬一時投契蓋亦有由云

臣等謹案樵隱詞一卷宋毛幵撰幵字平仲信安人舊刻題曰三衢蓋偶從古

名也嘗爲宛陵東陽二州倅所著有樵隱集十五卷尤袤爲之序今已不傳陳
振孫書錄解題載樵隱詞一卷此刻計四十二首據毛晉跋謂得自楊夢羽家
祕藏鈔本不知即振孫所見否也幷他作不甚著而小詞最工卷首王楙題詞
有或病其詩文視樂府頗不逮之語蓋當時已有定論矣集中滿江紅潑火初
收一闋尤爲清麗芊眠故楊慎詞品特爲激賞其江城子一闋注次葉石林韻
後半爭勸紫髯翁句實押翁字而今本石林詞此句乃押宮字於本詞爲複用
可訂石林詞刊本之譌至於瑞鶴仙一調宋人諸本並同此本譌作瑞仙鶴又
燕山亭前闋密映窺亭亭萬枝開徧句止九字考曾覿此調作寒壘宣威紫綬
幾垂金印共十字則窺字上下必尙脫一字尾句愁酒醒緋千片止六字曾覿
此調作長占取朱顏綠鬢共七字則緋字上下又必尙脫一字其餘如滿庭芳
第一首注中東陽之譌東易好事近注中陳天予之譌陳天子魯魚紏紛則毛
本校讐之疎今並爲訂正陳正晦遯齋閒覽載幷爲郡因陳牒婦人立雨中作

清平調一詞事既媟褻且并亦未嘗爲郡此宋人小説之誣晉不收其詞特爲有識今附辨於此亦不復補入云乾隆四十七年八月恭校上

放翁詞

臣等謹案放翁詞一卷宋陸游撰游有南唐書已著録書録解題載放翁詞一卷毛晉所刊放翁全集内附長短句二卷此本亦晉所刊又併爲一卷乃集外别行之本據卷末有晉跋云余家刻放翁全集已載長短句二卷尚逸十二調章次亦錯見因載訂入名家云云則較集本爲精密也游生平精力盡于爲詩塡詞乃其餘力故今所傳者僅及詩集百分之一劉克莊後邨詩話謂其時掉書袋要是一病楊愼詞品則謂其纎麗處似淮海雄快處似東坡平心而論游之本意葢欲驛騎於二家之間故奄有其勝而皆不能造其極要之詩人之言終爲近雅與詞人之冶蕩有殊其短其長故具在是也葉紹翁四朝聞見録載韓侂胄喜游附己至出所愛四夫人號滿頭花者索詞有飛上錦裀紅皺之句

今集內不載蓋游老而墮節失身侂胄爲一時淸議所譏游亦自知其誤棄其稿而不存南園閱古泉記不編於渭南集中亦此意也而終不能禁當代之傳述是亦可爲炯戒者矣乾隆四十七年九月恭校上

知稼翁詞　蒲江詞

臣等謹案知稼翁詞一卷宋黃公度撰公度有知稼翁集別著錄所作詞一卷已見集中此則毛晉所刊別行本也詞僅十調共十三闋據卷末其子沃跋語乃收拾未得其半錄而藏之以傳後裔者每詞之下系以本事並詳及同時倡酬詩文公度之生平本末可以見其大槩較他家詞集特爲詳贍至汪藻點絳脣詞亂鴉啼後歸思濃如酒句吳曾能改齋漫錄改竄作曉鴉啼後歸夢濃如酒兼憑虛撰一事實殊乖本義沃因其父有和詞遂明辨其譌自屬確鑿可據乃朱彝尊選詞綜猶信吳曾曲說改藻原詞且坐草堂以擅改之罪不知草堂惟以歸思作歸興其餘實未嘗改彝尊殆偶誤記歟

臣等謹案蒲江詞一卷宋盧祖皐撰祖皐字申之又字次夔號蒲江永嘉人登慶元五年進士嘉定中爲軍器少監權直學士院祖皐爲樓鑰之甥學有淵源嘗與永嘉四靈以詩相倡和然詩集不傳惟貴耳集載其玉堂有感松江別友二絕句梅磵詩話載其廟山道中一絕句全芳備祖載其荼蘼一絕句僧北磵集附載其讀書種橘二絕句東甌詩集載其雨後得月小飲懷趙天樂五言一律而已其詞集則陳振孫書錄解題著錄一卷其篇帙多寡已不可考此本爲明毛晉所刻凡二十五闋今以黃昇花菴詞選相較則前二十四闋悉詞選之所錄惟最後好事近一闋爲晉所增入疑原集亦佚晉特鈔撮黃昇所錄以備一家耳其中字句與詞選頗有異同如開卷賀新郎荒詞誰繼風流後句詞選作荒祠水龍吟帶酒離恨句帶酒詞選作帶將烏夜啼第三首後闋昨日已秋風句昨日詞選作昨夜並應以詞選爲長晉蓋未及詳校惟賀新郎序首彭傳師字晉注詞選作傳帥然今詞選實作傳師則不知晉所據者何本矣至鷓鴣

天後闋丁寧須滿玉西東句據文應作玉東西而此詞實用東韻則由祖皐偶然誤用如黃庭堅之押秦西巴爲巴西非校者之誤也乾隆四十七年九月恭校上

平齋詞

臣等謹案平齋詞一卷宋洪咨夔撰咨夔有平齋文集已著錄是編爲毛晉所刊晉跋稱未見其集蓋汲古閣偶無其本僅見其詞也咨夔以才藝自負新第後上書衞王自宰相至州縣無不捃摭其短遂爲時相所忌十年不調故其詞淋漓激壯多抑塞磊落之感頗有似稼軒龍洲者晉跋乃徒以王岐公文多富貴氣擬之殊爲未允咨夔父名鉞號谷隱有詩名咨夔出蜀時得書數千卷藏蕭寺父子考論諷誦學益宏肆詞注內所稱老人即其父也其子勳熹熹亦皆能紹其家學鷓鴣天爲老人壽詞後闋云諸孫認取翁翁意插架詩書不負人可想其世業之盛又漢宮春一闋乃慶其父七十作據平齋集有壬辰小雪前

奉親遊道場何山五言古詩一首中有句云老親八十健而集内未載其詞疑其傳稿尚多散佚矣乾隆四十七年十一月恭校上

白石道人歌曲

臣等謹案白石道人歌曲四卷别集一卷宋姜夔撰夔有絳帖平續書譜詩集詩説俱别著録此其樂府詞也夔詩格高秀爲楊萬里等所推詞亦精深華妙尤善自度新腔故音節文采並冠絶一時其詩所謂自製新詞韻最嬌小紅低唱我吹簫者風致尚可想見惟其集久無善本舊有毛晉汲古閣刋本僅三十四闋而題下小序往往不載原文康熙甲午陳撰刻其詩集以詞附後亦僅五十八闋且小序及題下自註多意爲删竄又出毛本之下此本從宋槧翻刻最爲完善其九歌皆註律吕於字旁琴曲亦註指法於字旁皆尚可解惟自製曲一卷及二卷鬲溪梅令杏花天影醉吟商小品玉梅令三卷之霓裳中序第一皆記拍於字旁宋代曲譜今不可見亦無人能歌莫辨其節奏安在然歌詞之

法僅僅留此一線錄而存之安知無懸解之士能尋其分刌者乎魯鼓薛鼓亡
其音而留其譜亦此意也乾隆四十七年十月恭校上

欽定四庫全書提要卷一百十三

欽定四庫全書提要卷一百十四

集部三十六

詞曲類二

夢窗稿

臣等謹案夢窗稿四卷補遺一卷宋吳文英撰文英字君特夢窗其自號也慶元人所著詞有甲乙丙丁四稿毛晉初得其丙丁二稿刻於宋詞第五集中復撫其絶筆一篇佚詞九篇附於卷末續乃得甲乙二稿刻之第六集中晉原跋可考此本即晉所刻而四稿合爲一集則又後人所移併也所錄絶筆鶯啼序一首殘缺過半而乃有全文在乙稿補遺之中絳都春一首亦先載於乙稿今卷末仍未削去是亦刋非一時失於檢校之故矣其分爲四集之由不甚可解晉跋稱文英謝世之後同游集其丙丁兩年稿釐爲二卷案文英卒於淳祐十一年辛亥不應獨丙丁二年有詞且丙稿有乙巳所作永遇樂甲辰所作滿江

紅而丙午歲旦一首乃介於其中丁稿有癸卯所作思佳客壬寅所作六醜甲辰所作鳳栖梧而丙午所作西江月亦在卷内則丙丁二稿不應分屬丙丁二年且甲稿有癸卯作乙稿有端平丙申作淳祐辛亥作亦絶不以編年爲序疑其初不自收拾後裒輯舊作得一卷即爲一集以十干爲之標目原未嘗排比先後耳乾隆四十七年十月恭校上

惜香樂府

臣等謹案惜香樂府十卷宋趙長卿撰長卿自號仙源居士南豐人宗室子也是集分類編次凡春景三卷夏景一卷秋景一卷冬景一卷總詞三卷拾遺一卷據毛晉跋語乃當時鄉貢進士劉澤所定其體例殊屬無謂且夏景中如減字木蘭花詠柳一闋畫堂春輦下遊西湖一闋宜屬之春冬景中永遇樂宜屬之秋是分隸亦未盡愜也其詞往往瑕瑜互見如卷二中水龍吟第四闋以了少峭叶畫秀純用江右鄉音終非正律卷五中一翦梅尾句纔下眉尖恰上心

頭勦襲李淸照此調原句竄易二字殆於點金成鐵卷六中叨叨令一闋純作俳體已成北曲至卷七中一叢花一闋本追和張先作前半第四句張詞三字一句四字一句此乃作七字一句後半末三句張詞四字二句五字一句此乃作三字一句五字二句是併音律亦多不協然長卿恬於仕進觴詠自娛隨意成吟多得淡遠蕭疎之致固不以一眚廢之他如小重山前闋結句用疎雨韻入芭蕉六字亦不合譜殆毛晉刋本誤增雨字又卷六中梅詞一首題曰一翦梅而註曰或刻攤破醜奴兒不知此調非一翦梅當以別本爲是卷五之似娘兒即卷八之青杏兒亦即名醜奴兒晉於似娘兒下註云或作青杏兒於青杏兒下註云舊刋攤破醜奴兒非不知誤在攤破二字醜奴兒實非誤刻是又明人校讐之失其過不在長卿矣乾隆四十七年五月恭校上

龍洲詞

臣等謹案龍洲詞一卷宋劉過撰過有龍洲集別著錄陳振孫書錄解題載劉

改之詞一卷此本爲毛晉所刊題曰龍洲詞從全集之名也黄昇花菴詞選謂改之乃稼軒之客詞多壯語蓋學稼軒然過詞凡贈辛棄疾者則學其體如古豈無人可以似吾稼軒者誰等調是也其餘雖跌宕淋漓實未嘗全作辛體陶九成輟耕錄又謂改之造詞瞻逸有思致沁園春二首尤纖麗可愛今觀集中詠美人指甲美人足二闋刻畫猥褻頗乖大雅九成乃獨加推許亦未爲賞音渚山堂詞話云改之沁園春緑鬢朱顏一闋係代壽韓平原然在當時不知竟代誰作今亦無從詳考觀集中賀新郎第五首註曰平原納寵姬奏方響席上賦則改之且身預南園之宴不止代人祝嘏矣蓋縱横游士志在功名固不能規言而矩行亦不必曲爲之諱也又沁園春第七首註曰寄辛承旨時承旨招不赴又注或作風雪中欲詣稼軒久寓湖上未能一往賦此以解其事甚明中吴紀聞亦稱稼軒帥越聞其名遣介招之不及行因仿辛體作沁園春一詞以寄至樂府紀聞則又謂幼安守京口日改之即敝衣曳履承命賦詩是兩人定

交在幼安未帥越之前而山房隨筆載此詞乃稱稼軒帥越東時改之欲見辛不納藉晦菴南軒二人爲之地始得進見云云小說流傳事多失實證以本集亦可以訂其誣也乾隆四十八年七月恭校上

竹屋癡語

臣等謹案竹屋癡語一卷宋高觀國撰觀國字賓王山陰人陳振孫書錄解題載竹屋詞一卷高觀國撰不詳何許人高郵陳造與史達祖二家爲之序此本爲毛晉所刊末有晉跋僅錄造序中所稱竹屋梅溪語皆不經人道其妙處少游美成不及數語而不載全文然考造江湖長翁集亦不載是序或當時削其稿歟詞自鄱陽姜夔句琢字鍊始歸醇雅而達祖觀國爲之羽翼故張炎謂數家格調不凡句法挺異俱能特立清新之意刪削靡曼之詞乃草堂詩餘於白石梅溪則概未寓目竹屋詞亦止選其玉蝴蝶一闋蓋其時方尚甜熟與風尚相左故也觀國與達祖疊相酬唱旗鼓俱足相當惟梅溪詞中尚有賀新郎一

闋註云湖上與高賓王同賦今集中無此調殆佚之歟乾隆四十七年十月恭

校上

竹齋詩餘

臣等謹案竹齋詩餘一卷宋黄機撰機字幾仲一云字幾叔東陽人其事迹無可考見據詞中所註有時欲之官永興語蓋亦嘗出仕者但不知爲何官耳其遊蹤則多在吴楚之間而與岳總幹以長調唱酬爲尤夥總幹者岳飛之孫珂時爲淮東總領兼制置使岳氏爲忠義之門故機所贈詞亦皆沈鬱蒼涼不復作草媚花香之語其乳燕飛第二闋乃次徐斯遠寄辛棄疾韻者棄疾亦有和詞世所傳本賦字凡複用兩韻今考機詞知前闋所用乃付字足證流俗刊刻之誤又辛詞調名賀新郎此則名乳燕飛者以蘇軾此調中有乳燕飛金屋句後人因改名實一調也卷末毛晉跋惜草堂詩餘不載其一字案草堂詩餘乃南宋坊賈所編漫無鑒别徒以其古而存之故朱彝尊謂草堂選詞可謂無目

其去其取又何足爲機重輕歟乾隆四十七年十一月恭校上

梅溪詞　散花菴詞

臣等謹案梅溪詞一卷宋史達祖撰達祖字邦卿號梅溪汴人田汝成西湖志餘稱韓侂胄堂吏史達祖擅權用事與之姓名皆同今考集中齊天樂第五首註中秋宿眞定驛滿江紅第二首註九月二十一日東京懷古水龍吟第三首註陪節欲行留別社友鷓鴣天第四首註衞縣道中惜黃花一首註九月七日定興道中核其詞意必李壁使金之時侂胄遣之隨行覘國故有諸詞知撰此集者即侂胄所用之史達祖又考周密齊東野語玉津園事張鎡雖預其謀而鎡實侂胄之狎客故於侂胄嬖妾滿頭花生辰得移廚張樂於其邸此書舊有鎡序足證其爲侂胄黨序末稱數路得人恐不特尋美於漢亦足以證其實爲掾史確非兩人惟序作於嘉泰元年辛酉而集中有壬戌立春一首序稱初識達祖出詞一編而集中有與鎡倡和詞二首則此本又後來所編非鎡所序之

本矣

臣等謹案散花菴詞一卷宋黄昇撰昇字叔暘號玉林又號花菴詞客以所居有玉林又有散花菴也毛晉刊本以昇作昃以叔暘作叔陽而諸本實多作黄昇考花菴絶妙詞選舊傳刻本題曰黄㬎叉詩人玉屑前有昇序世所傳翻刻宋本猶鈎摹當日手書亦作黄㬎檢詞選序末尚有當時姓名小印實作[illegible]字蓋許慎說文昇字篆文作[illegible]昇特以篆體署名故作㬎字晉不考六書妄改作昃殊爲舛謬至叔陽乃盧炳之字炳有哄堂詞已別著録晉乃移而爲昇之字益桃僵李代矣昇所選絶妙詞末附以己詞四十首蓋用王逸編楚辭徐陵編玉臺新詠芮挺章編國秀集之例此本全錄之惟旁摭他書增入三首耳昇早棄科舉雅意歌詠曾以詩受知游九功見胡德方所作詞選序其詞亦上逼少游近摹白石九功贈詩所云晴空見冰柱者庶幾似之德方序又謂閩帥樓秋房聞其與魏菊莊相友以泉石清士目之按菊莊名慶之建安人即撰詩人玉

屑者梅磵詩話載慶之過玉林詩絶句云一步離家是出塵幾重山色幾重雲沙溪清淺橋邊路折得梅花又見君則昇必慶之同里隱居是地故獲見稱於閩帥又游九功亦建陽人其答叔暘五言古一首尚載在詩家鼎臠是昇爲閩人可以考見朱彝尊詞綜及近時厲鶚宋詩紀事均未及詳其里籍今附著於此焉乾隆四十七年九月恭校上

石屏詞

臣等謹案石屏詞一卷宋戴復古撰復古有石屏集已著録此詞一卷乃毛晉所刻别行本也復古爲陸游門人以詩鳴江湖間方回瀛奎律髓稱其清新健快自成一家今觀其詞亦音韻天成不費斧鑿其望江南自嘲第一首云賈島形模元自瘦杜陵言語不妨村誰解學西崑復古論詩之宗旨於此具見宜其以詩爲詞時出新意無一語蹈襲也集内大江西上曲即念奴嬌本因蘇軾詞起句故稱大江東去復古乃以己詞首句又改名大江西上曲未免效顰至赤

壁懷古滿江紅一闋則豪情壯采實不減於軾楊慎詞品最賞之宜矣此本卷後載樓鑰所記一則即係石屏集中跋語陶宗儀所記一則見輟耕錄其江右女子一詞不著調名以各調證之當爲祝英臺近但前闋三十七字俱完後闋則逸去起處三句十四字當是流傳殘闕既未經辨及後之作圖譜者因詞中第四語有揉碎花箋四字遂另造一調名殊爲杜撰至於木蘭花慢懷舊詞前闋有重來故人不見云云與江右女子詞君若重來不相忘處語意若相酬答疑即爲其妻而作然不可考矣乾隆四十七年九月恭校上

斷腸詞

臣等謹案斷腸詞一卷宋朱淑眞撰淑眞海寧女子自稱幽棲居士是集前有紀略一篇稱爲文公姪女然朱子自爲新安人流寓閩中考年譜世系亦別無兄弟著籍海寧疑依附盛名之詞未必確也紀略又稱其匹偶非倫弗遂素志賦斷腸集十卷以自解其詞則僅書錄解題載一卷世久無傳此本爲毛晉汲

古閣所刊後有晉跋稱詞僅見二闋於草堂集又見一闋於十大曲中落落如晨星後乃得此一卷爲洪武間鈔本乃與漱玉詞並刊然其詞止二十七闋則亦必非原本矣楊愼升菴詞品載其生查子一闋有月上柳梢頭人約黃昏後語晉跋遂稱爲白璧微瑕然此詞今載歐陽修廬陵集第一百三十一卷中不知何以竄入淑眞集內誣以桑濮之行愼收入詞品既爲不考而晉刻宋名家詞六十一種六一詞卽在其內乃於六一詞漏註互見斷腸詞已自亂其例於此集更不一置辨且證實爲白璧微瑕蓋鹵莽之甚今刊此一篇庶免於厚誣古人貽九泉之憾焉乾隆四十七年九月恭校上

山中白雲詞

臣等謹案山中白雲詞八卷宋張炎撰炎字叔夏號玉田又號樂笑翁循王張俊之五世孫家于臨安宋亡後放誕不仕縱遊浙東西落拓以終平生工爲長短句以春水詞得名人因號曰張春水其後編次詞集者卽以此首壓卷倚聲

家傳誦至今然集中他調似此者尙多殆如賀鑄之稱梅子偶遇品題便爲佳
話耳所長實不止此也炎生于淳祐戊申當宗邦淪覆年已三十有三猶及見
臨安全盛之日故所作往往蒼涼激楚即景抒情借以寫其身世盛衰之感非
徒以翦紅刻翠爲工至其研究聲律尤得神解以之接武姜夔宛然後勁宋元
之間亦可謂江東獨秀矣炎詞世鮮完帙此本乃錢中諧所藏猶明初陶宗儀
手書康熙中錢塘龔翔麟始爲傳寫授梓後上海曹炳曾又爲重刊舊附樂府
指迷一卷今析出別著于錄其仇遠原序鄭思肖原跋及戴表元送炎序則仍
並錄之以存其舊焉乾隆四十七年五月恭校上

竹山詞

臣等謹案竹山詞一卷宋蔣捷撰捷字勝欲自號竹山宜興人德祐中嘗登進
士宋亡之後遁迹不仕以終是編爲毛晉汲古閣所刊卷首載至正乙巳湖濱
散人題詞謂此稿得之唐士牧家雖無詮次已無遺逸當猶元人所傳之舊本

矣其詞練字精深調音諧暢爲倚聲家之榘矱間有故作狡獪者如水龍吟招落梅魂一闋通首住句用些字瑞鶴仙壽東軒一闋通首住句用也字而於虛字之上仍然叶韻蓋偶用詩騷之格非若黄庭堅趙長卿輩之全不用叶竟成散體者比也他如應天長一闋注云次清眞韻前半闋轉翠龍池闊句止五字而考周邦彦詞作正是夜堂無月實六字句後半闋漫有戲龍盤句亦五字而考周詞又見漢宫傳燭實亦六字此必刊本各有脱字唐多令之訛爲糖多尤足嗢噱其喜遷鶯調所載改本一闋視元詞殊減風韻似非捷所自定詞統譏之甚當但指爲史達祖詞則又誤記耳乾隆四十七年十月恭校上

天籟集

臣等謹案天籟集二卷元白樸撰樸字仁甫一字太素號蘭谷眞定人父寓齋失其名仕金爲樞密院判官會世亂父子相失樸嘗鞠於元好問家得其指授金亡後被薦不出徙居金陵放浪詩酒尤精度曲與關鄭齊名識者謂迥出東

籬小山之上是本乃所作詞集世久失傳康熙中六安楊希洛始求得於白氏之裔凡二百篇前有王博文序後有孫作序及曹安贊希洛以示朱彝尊彝尊分爲二卷序而傳之樸詞淸雋婉逸意愜韻諧可與張炎玉田詞相匹雖其學出于元好問而詞則有出藍之目足爲倚聲家正宗惜以製曲掩其詞名故選錄者多未之及彝尊輯詞綜亦以不得樸詞爲憾其實在元初諸家中洵可稱矯矯拔俗者也乾隆四十七年九月恭校上

蛻巖詞

臣等謹案蛻巖詞二卷元張翥撰翥有蛻菴詩集已著錄此編附載詩集之後而自爲卷帙案元史翥本傳稱翥長于詩其近體長短句尤工歿後無子其遺稿不傳傳者有樂府律詩僅三卷則在當日即與詩合爲一編然云三卷與今本不合考詩集前有僧來復序稱至正丙午僧大杼選刻其遺稿又有僧宗泐跋作于洪武丁巳仍稱將刋版以行世是大杼之編次在至正二十六年其刋

版則在洪武十年而宋濂等之修元史則在洪武二年未及見此足本故據其別傳之本與詩共稱三卷也來復序題蛻菴詩集宗泐跋亦稱右潞國張公詩集若干卷均無一字及詞然宗泐稱大杼取其遺稿歸江南選得九百首今詩實七百六十七首合以詞一百三十三首乃足九百之數則其詞亦大杼之所編特傳錄者或附詩集或析出別行耳翥年八十二乃卒上猶及見仇遠傳其詩法下猶及與倪瓚張羽顧阿瑛郯九韶危素諸人與之唱和以一身歷元之盛衰故其詩多憂時傷亂之作其詞乃婉麗風流有南宋舊格其沁園春題下注曰讀白太素天籟詞戲用韻效其體蓋白樸所宗者多東坡稼軒之變調翥所宗者猶白石夢窗之餘音門徑不同故其言如是也又春從天上來題下注曰廣陵冬夜與松雲子論五音二變十二調且品簫以定之清濁高下還相爲宮犂然律呂之均雅俗之正則其于倚聲之學講之深矣乾隆四十七年九月恭校上

珂雪詞

臣等謹案珂雪詞二卷　國朝曹貞吉撰貞吉有珂雪詩已著錄是編則其詩餘也上卷凡一百三十四首下卷凡一百五首其總目所載補遺尚有卜算子浪淘沙木蘭花春草碧滿江紅白字令木蘭花慢臺城路等八調而皆有錄無書殆以附在卷末裝緝者偶佚之歟其詞大抵芊綿清麗寄託遙深古調之中緯以新意不必模周範柳學步邯鄲而自不失爲雅製蓋其天分於是事獨近也陳維崧集有貞吉詠物詞序云吟成十首事足千秋趙明誠金石之錄遜此華文郭弘農山海之篇慚斯雅製雖友朋推挹之詞不無溢量要在近代詞家亦卓然一作手矣舊本每調之末必列王士禎彭孫遹張潮李良年曹勳陳維崧等評語實沿明季文社陋習最可厭憎今悉删除以清耳目且以見文之工與不工原所共見傳與不傳在所自爲名流之序跋批點不過木蘭之櫝日久論定其妍醜不由於此庶假借聲譽者曉然知標榜之無庸焉乾隆四十七年

十月恭校上

花間集

臣等謹案花間集十卷後蜀趙崇祚撰崇祚字宏基事孟昶爲衛尉少卿而不詳其里貫十國春秋亦不爲立傳案蜀有趙崇韜爲中書令廷隱之子崇祚疑即其兄弟行也詩餘變體濫觴於唐而盛行於五代自宋以後家數益繁選錄益衆而溯源星宿當以此集爲最古唐末名家詞曲俱賴以僅存陳振孫謂所錄自温庭筠而下十八人凡五百首今逸其二坊刻妄有增加殊失其舊此爲明毛晉以家藏宋刻重刊之本猶爲精審前有歐陽炯序後有陸游跋炯序作於孟昶廣政三年乃晉高祖之天福五年炯仕蜀官至翰林學士中書舍人工於詩詞其漁父歌尤爲詞家所稱道云乾隆四十七年十月恭校上

尊前集

臣等謹案尊前集二卷原本不著撰人名氏前有萬曆間嘉興顧梧芳序云余

愛花間集欲播傳之而余斯篇第有類焉似即梧芳所輯故毛晉亦謂梧芳採錄名篇釐爲二卷而朱彝尊跋則謂于吳下得吳寬手鈔本取顧本勘之詞人之先後樂章之次第靡有不同因定爲宋初人編輯考宋張炎樂府指迷曰粤自隋唐以來聲詩間爲長短句至唐人則有尊前花間集似乎此書與花間集皆爲五代舊本然陳振孫書錄解題歌詞類以花間集爲首注曰此近世倚聲塡詞之祖而無尊前集之名不應張炎見之而陳振孫不見彝尊定爲宋本亦未可盡憑疑以傳疑無庸强指且就詞而論原不失爲花間之驂乘玩其情采足資沾溉亦不必定求其人以實之也乾隆四十七年十月恭校上

梅苑

臣等謹案梅苑十卷宋黃大輿編大輿字載萬錢曾讀書敏求記引王灼之語云字載方殆書萬爲丏又訛丏爲方如蕭方等之轉爲萬等歟其爵里未詳厲鶚宋詩紀事稱爲蜀人亦以原序自署岷山耦耕及成都文類載其詩以意推

之耳無確證也王灼稱大輿歌詞與唐名輩相角其樂府號廣變風有賦梅花數曲亦自奇特然樂府今不傳惟此集僅存所錄皆詠梅之詞起于唐代止于南北宋間自序稱己酉之冬抱病山陽三徑掃迹所居齋前更植梅一株晦朔未周畧已粲然於是錄唐以來才士之作以爲齋居之玩命之曰梅苑考己酉爲建炎二年正高宗航海之歲山陽又戰伐之衝不知大輿何以獨得蕭閒編輯是集殆己酉字有誤乎昔屈宋徧陳香草獨不及梅六代及唐篇什亦寥寥可數自宋人始絕重此花人人吟詠方回撰瀛奎律髓於著題之外別出梅花一類不使溷於羣芳大輿此集亦是志也雖一題裒至數百闋或不免窠臼相因而刻畫形容亦往往各出新意固倚聲者之所採擇也集中兼采蠟梅蓋二花別種同時義可附見至九卷兼及楊梅則務博之失不自知其泛濫矣乾隆四十七年九月恭校上

樂府雅詞

臣等謹案樂府雅詞五卷宋曾慥撰慥字端伯晉江人官尚書郎直寶文閣奉祠閑居自號至游居士所輯類說已別著錄是編皆輯宋人之詞前有朱彝尊題詞謂陳氏書錄解題載曾端伯樂府雅詞一十二卷拾遺二卷此本鈔自上元焦氏止存三卷及拾遺殆非足本然彝尊曝書亭集又載此書跋云繹其自序稱三十有四家合三卷爲足本無疑蓋此卷首所載當爲彝尊初稿集所載乃詳定之本也慥自序謂涉諧謔則去之當時艷曲謬託歐公者悉删除之則命曰雅詞具有風旨非靡靡之音可比至於道宮薄媚西子詞排徧之後有入破虛催衮徧催拍歇拍煞衮諸名皆他本所罕載猶見宋人舊法不獨九張機詞僅見於此是又足資詞家之考證矣乾隆四十七年十月恭校上

花菴詞選

臣等謹案花菴詞選二十卷宋黃昇撰其書成于淳祐乙酉前十卷曰唐宋諸賢絕妙詞選始于唐李白終於北宋王昴方外閨秀各爲一卷附焉後十卷曰

中興以來絕妙詞始于康與之終于洪瑹昇所自作詞三十八首亦附錄于末前十卷內頗有已入南宋者蓋宣和靖康之舊人過江猶在者也然後十卷內如康與之陳與義葉夢得亦皆北宋舊人又不知其以何斷限矣觀昇自序其意蓋欲以繼趙崇祚花間集曾慥樂府雅詞之後故蒐羅頗廣其中如李後主山花子一首本李璟之作南唐書載馮延己之對可證亦未免小有疎舛然昇本工詞故精于持擇自序稱暇日裒集得數百家而所錄止于此數去取亦特爲謹嚴非草堂詩餘之類參雜俗格者可比又每人名之下各註字號里貫每篇題之下亦間附評語俱足以資考核在宋人詞選要不失爲善本也乾隆四十七年十月恭校上

絕妙好詞箋

臣等謹案絕妙好詞箋七卷宋周密編其箋則國朝查爲仁厲鶚所同撰也密所編南宋歌詞始于張孝祥終於仇遠凡一百三十二家去取謹嚴猶在曾

惜樂府雅詞黄昇花菴詞選之上又宋人詞集今多不傳併作者姓名亦不盡見于世零璣碎玉皆賴此以存于詞選中最爲善本初爲仁採摭諸書以爲之箋各詳其里居出處或因詞而考證其本事或因人而附載其佚聞以及諸家評論之語與其人之名篇秀句不見于此集者咸附錄之會鶚亦方箋此集尚未脱稿適遊天津見爲仁所箋遂舉以附之删複補漏合爲一書今簡端並題二人之名不沒其助成之力也所箋多泛濫旁涉不盡切于本詞未免有嗜博之弊然宋詞多不標題讀者每不詳其事如陸游之瑞鶴仙韓元吉之水龍吟辛棄疾之祝英臺近尹焕之唐多令楊恢之二郎神非參以他書得其源委有不解爲何語者其疏通證明之功亦有不可泯者矣密有癸辛雜識諸書鶚有遼史拾遺諸書皆别著録爲仁字心穀號蓮坡宛平人康熙辛卯舉人是集成于乾隆己巳刻于庚午厲鶚稱其尚有詩餘紀事如干卷今未之見殆未成書歟乾隆四十七年十一月恭校上

草堂詩餘

臣等謹案草堂詩餘四卷不著撰人名氏舊傳南宋人所編考王楙野客叢書作於慶元間已引草堂詩餘張仲宗滿江紅詞證蝶粉蜂黄之語則此書在慶元以前矣詞家小令中調長調之分自此書始後來詞譜依其字數以爲定式未免稍拘故爲萬樹詞律所譏然塡詞家終不廢其名則亦倚聲之格律也朱彝尊作詞綜稱草堂選詞可謂無目其詆之甚至今觀所錄雖未免雜而不純不及花間諸集之精善然利鈍互陳瑕瑜不掩名章俊句亦錯出其間一概詆排亦未爲公論此本爲明上海顧從敬所刊何良俊稱爲從敬家藏宋刻較世所行本多七十餘調其刻乃在汲古閣之前又諸詞之後多附以當時詞話汲古閣本皆無之考所引黄昇花菴詞選周密絶妙好詞均在宋末知爲後來所附入非其原本然採摭尚不猥濫亦頗足以資考證故仍並存焉乾隆四十七年九月恭校上

樂府補題

臣等謹案樂府補題一卷不著編輯者名氏皆宋末遺民倡和之作凡賦龍涎香八首其調爲天香賦白蓮十首其調爲水龍吟賦蓴五首其調爲摸魚兒賦蟬十首其調爲齊天樂賦蟹四首其調爲桂枝香作者爲王沂孫周密王易簡馮應瑞唐藝孫呂同老李彭老練恕可唐珏趙汝鈉李居仁張炎仇遠等十三人又無名氏二人其書諸家皆不著錄前有朱彝尊序稱爲常熟吳氏鈔本休寧汪晉賢購之長興藏書家而蔣景祁鏤板以傳云云則康熙中始傳于世也彝尊序又稱當日倡和之篇必不止此亦必有序以誌歲月惜今皆逸云云其說亦是然疑或墨迹流傳後人錄之成帙未必當時即編次爲集故無序目亦未可知也乾隆四十七年十月恭校上

花草粹編

臣等謹案花草粹編二十四卷明陳耀文編耀文有經典稽疑已著錄是編採

掇唐宋歌詞亦間及於元人而所採殊少自序稱是集因唐花間集宋草堂詩餘而起故以花草粹編爲名然耀文以二書合編各採其一字名書已無義理又綜括兩朝之詞而以花字代唐字以草字代宋字衡以名實尤屬未安第其書捃摭繁富每調有原題者必錄原題或稍僻者每著採自某書其有本事者或列詞話於其後其詞本不佳而所塡實爲孤調如縷縷金之類則注曰備題編次亦頗不苟蓋耀文于明代諸人中猶講考證之學非嘲風弄月者比也雖糾正之詳不及萬樹之詞律選擇之精不及朱彝尊之詞綜而裒輯之功實居二家之前創始難工亦不容以後來掩矣乾隆四十七年十一月恭校上

御定歷代詩餘

臣等謹案歷代詩餘康熙四十六年　御定侍讀學士臣沈辰垣等編纂所收一千五百四十調九千餘首爲一百卷自唐及明詞人姓氏十卷詞話十卷都一百二十卷詩降而詞實始於唐若菩薩蠻憶秦娥憶江南長相思之屬本是

唐人之詩而句有長短遂爲詞家權輿故謂之詩餘爲其上承於詩下沿爲曲而體裁近雅士人多習爲之北宋已極其工南宋尤臻其盛金元逮明作者代有或成專集而藏書家多未見收陳振孫書錄解題馬端臨經籍考論採亦略至向來選本若家宴集謫仙集蘭畹集復雅歌辭類分樂章羣公詩餘後編及草窗周氏選皆佚不傳惟顧從敬所刊草堂詩餘盛行數百年而持擇未當識者病之是選廣搜嚴辨務極精博實爲詞選之大成且自來選家多沿草堂之陋强分小令中調長調之目至謂五十八字以內爲小令五十九字至九十字爲中調九十一字以外爲長調不知宋人編詞長者曰慢短者曰令初無所謂中調長調也是選前後悉以字數多少爲次不復別生區別尤足盡祛沿襲之說云乾隆四十七年三月恭校上

詞綜

臣等謹案詞綜三十六卷 國朝朱彝尊編其同時增定者則休寧汪森也彝

尊有經義考森有粤西詩載並已著錄是編錄唐宋金元詞通五百餘家於專集及諸選本外凡稗官野紀中有片詞足錄者輒爲採掇故多他選未見之作其調名句讀爲他選所淆舛及姓氏爵里之誤皆詳考而訂正之其去取亦具有鑒別蓋彝尊本工於塡詞平日常以姜夔爲詞家正宗而張輯盧祖皐史達祖吳文英蔣捷王沂孫張炎周密爲之羽翼謂自此以後得其門者或寡又謂小令當法汴京以前慢詞則取諸南渡又謂論詞必出於雅正故曾慥錄雅詞鮦陽居士輯復雅又盛稱絕妙好詞甄錄之當其立說大抵精確故其所選能簡擇不苟如此以視花間草堂諸編勝之遠矣乾隆四十七年十月恭校上

十五家詞

臣等謹案十五家詞三十七卷　國朝孫默編默字無言休寧人是編所輯國朝詞共十五家皆一時有詞名者凡吳偉業梅村詞二卷梁清標棠村詞三卷宋琬二鄉亭詞二卷曹爾堪南溪詞二卷王士祿炊聞詞二卷尤侗百末詞

二卷陳世祥含影詞二卷黃永溪南詞二卷陸求可月湄詞四卷鄒祗謨麗農詞二卷彭孫遹延露詞三卷王士禎衍波詞二卷董以寧蓉渡詞三卷陳維崧烏絲詞四卷董俞玉凫詞二卷各家以小令中調長調爲次間載本集原序于前并錄其同時人評點案王士禎居易錄曰新安孫布衣默居廣陵貧而好客四方名士至者必徒步訪之嘗告予欲渡江往海鹽詢以有底急則云欲訪彭十羨門索其新詞與予及鄒程村作合刻爲三家耳陳其年維崧贈以詩曰秦七黃九自佳耳此事何與卿饑寒指此也云云蓋其初刻在康熙甲辰爲鄒祗謨彭孫遹王士禎三家即居易錄所云杜濬爲之序至丁未續以曹爾堪王士祿尤侗三家是爲六家孫金礪爲之序戊申又續以陳世祥陳維崧董以寧董俞四家汪懋麟爲之序此十五家之本定于丁巳鄧漢儀爲之序凡閱十四年始彙成之雖標榜聲氣尚沿明末積習而一時倚聲佳製實可見　國初諸人文釆風流之盛至其每篇之末必附以評語有類選刻時文殊爲惡道今並刪

除不使穢亂簡牘焉乾隆四十七年十月恭校上

碧雞漫志　樂府指迷

臣等謹案碧雞漫志一卷宋王灼撰灼字晦叔遂寧人紹興中嘗官幕僚有糖霜譜別著錄是編詳述曲調源流前七條爲總論述古初至唐宋聲歌遞變之由次列涼州伊州等曲凡二十八條一一溯得名之緣起與其漸變宋詞之沿革蓋三百篇之餘音至漢而變爲樂府至唐而變爲歌詩及其中葉詞亦萌芽至宋而歌詩之法漸絶詞乃大盛其時士大夫多嫻音律往往自製新聲漸增舊譜故一調或至數體或有數名其目幾不可殫舉又非唐及五代之古法灼作是編就其傳授分明可以考見者核其名義正其宮調以著倚聲所自始其間正變之由猶賴以略得其梗概亦考古者所必資也

臣等謹案樂府指迷一卷宋沈義父撰前有自題稱壬寅秋始識靜翁於澤濱癸卯識夢窗暇日相與唱酬案壬寅癸卯爲淳祐二年三年則理宗時人也元

人跋陸輔之詞旨嘗引此書然篇頁寥寥不能成帙故世無單行之本此本附刻陳耀文花草粹編中凡二十八條其論詞以周邦彦爲宗持論多爲中理惟謂兩人名不可對使如庾信愁多江淹恨極之類頗失之拘又論說桃須用紅雨劉郎等字說柳須用章臺灞岸等字說書須用銀鉤等字說淚須用玉筯等字說髮須用綠雲等字說簟須用湘竹等字不可直說破其意欲避鄙俗而不知其轉成塗飾亦非確論至所謂去聲字最要緊及平聲字可用入聲字替上聲字不可用入聲字替一條則剖析微茫最爲精核萬樹詞律實祖其說又謂古曲譜多有異同至一腔有兩三字多少者或句法長短不等蓋被教師改換亦有嘌唱一家多添了字云云乃知宋詞亦不盡協律歌者不免增減萬樹詞律所謂曲有襯字詞無襯字之說尙爲未究其變也乾隆四十七年十月恭校上

臣等謹案渚山堂詞話三卷明陳霆撰霆字聲伯德清人弘治壬戌進士官至山西提學僉事是編與所作詩話並刊而較詩話爲稍勝蓋霆詩格頗纖于詞爲近故論詞轉用所長其中如韋莊雨餘風軟碎鳴禽句本用杜荀鶴春宮怨語南卓羯鼓錄所謂透空碎遠之聲即此碎字當訓細瑣雜亂之義霆乃謂鳴禽曰碎于理不通改爲暖風嬌鳥碎鳴音未免點金成鐵又謂楊孟載雪詞㲶颸颸古無所出欲據黄庭堅詩改爲疎疎密密不知以疎疎密密詠雪黄詩又何所出亦未免涉于膠固然其他持論多確又宋元明佚篇斷句往往而有如宋徐一初九日登高之類其本集不傳於世者亦頗賴以存王昭儀滿江紅詞爲其位下宫人張瓊英作垂楊玉耳墜金環二曲爲唐宋舊譜所無之類亦足資考證猶明人詞話之善本也乾隆四十七年十月恭校上

西河詞話

臣等謹案西河詞話二卷國朝毛奇齡撰奇齡有仲氏易已著錄據西河合

集序目稱此書本四卷佚其二卷不敢贋補故僅以其半刊行王晫今世說稱奇齡善詩歌樂府塡詞所爲大率託之美人香草纏綿綺麗按節而歌使人悽婉又能吹簫度曲是奇齡塡詞之功較深於詩且本爲小技萌於唐而成於宋亦不能援引古書別爲高論故所說轉不支離其論沈去矜詞韻一條尤爲精核論辛棄疾蔣捷爲別調亦深明源委惟其遠溯六朝以鮑照梅花落亦可稱詞則漢代鐃歌何嘗不句有長短亦以爲詞之始乎又西廂記相女配夫本爲相度之相今尙有此方言而引孫復相女不以嫁公侯乃以嫁山谷衰老語以爲宰相之相則牽引附會仍蹈結習至所述詞曲變爲演劇縷陳始末亦極賅悉而云宋末安定郡王趙令畤始作商調鼓子詞譜西廂傳奇考令畤即蘇軾集所稱趙德麟實非宋末之人亦未免少踈然自宋以來撰詩話者多撰詞話者較少奇齡是編雖不及徐釚詞苑叢談之賅博與彭孫遹詞藻之精審而亦足備談資故削其詩話而錄存是編焉乾隆四十七年十月恭校上

詞苑叢談

臣等謹案詞苑叢談十二卷　國朝徐釚撰釚字電發別號虹亭吳江人康熙己未舉博學鴻詞授翰林院檢討工於塡詞所刻菊莊樂府有名於時又撰有南洲草堂詞話亦頗足資談柄已著於錄是書專輯詞家故實分體製音韻品藻紀事辨證諧謔外編七門采摭繁博援據精詳實爲論詞者總滙與李良年詞林紀事足相伯仲惟其間徵引舊文未盡注其所出同時朱彝尊陳維崧等嘗議之釚亦自欲補綴而未盡也至紀事一門半取近事宋人詩話此例甚多蓋清話所資無關褒貶固不必以標榜爲嫌矣乾隆四十七年二月恭校上

御定詞譜

臣等謹案詞譜四十卷　聖祖仁皇帝御定詹事臣王奕清等編纂康熙五十四年　製序頒行凡八百二十餘調二千三百餘體調極其備體極其變自來詞家圖譜未有若此之詳者其間次第一以字數多寡爲先後而革諸家小令

中調長調之陋說亦　御選詩餘例也每調具載其製名緣起及駁正嘯餘譜諸書之舛凡添字減字攤破偸聲捉拍近拍慢詞悉按體分編而於唐大曲如涼州水調歌九張機薄媚之屬復以類輯爲末卷舊譜於詞中句讀叶韻換韻例皆小字分注句下者茲則仍之其字之平仄及本平可仄本仄可平旁注行間者多易舛訛茲則用朱爲圖以圈之虛實分字之平仄逐字標記於旁俾學者一覽瞭然立法尤爲簡易至於考求故實泝流窮源其與旋宮均調之法盡相脗合尤不獨爲塡詞家津逮已也乾隆四十七年十一月恭校上

詞律

臣等謹案詞律二十卷　國朝萬樹撰樹字紅友宜興人是編糾正嘯餘譜及塡詞圖譜之訛以及諸家詞集之舛異如草堂詩餘有小令中調長調之目舊譜遂謂五十八字以內爲小令五十九字至九十字爲中調九十一字以外爲長調樹則謂七娘子有五十八字者有六十字者將爲小令乎中調乎雪獅兒

有八十九字者有九十二字者將爲中調平長調平故但列諸調而不立三等之名又舊譜於一調而長短不同者皆定爲某調第一體某調第二體樹則謂調有異同體無先後所列次第既不以時代爲差何由知孰爲第幾故但以字數多寡爲序而不立名目皆精確不刊其最入微者一爲舊譜不分句讀往往據平仄混填樹則謂七字有上三下四句如唐多令燕辭歸客尙淹留之類五字有上一下四句如桂華明遇廣寒仙女之類四字有橫擔之句如風流子倚欄杆處上琴臺去之類一爲詞字平仄舊譜但據字而填樹則謂上聲入聲有時可以代平而名詞轉折跌蕩處多用去聲一爲舊譜五七字之句所注可平可仄多改爲詩句樹則謂古詞抑揚頓挫多在拗字其論尤前人所未發至於考調名之新舊證傳寫之舛訛辨元人曲詞之分斥明人自度之謬考證尤一一有據雖偶有過拘之處而唐宋以來倚聲度曲之法已十得其九矣乾隆四十七年三月恭校上

顧曲雜言

臣等謹案顧曲雜言一卷明沈德符撰德符有飛鳧語略已著錄此書專論雜劇南曲北曲之別其論元人未滅南宋以前以雜劇試士核以元史選舉志絶無影響乃委巷之鄙談其論遼史樂志有大食調曲譜訛作大石因有小石調配之其意以大食爲國名如龜茲之類不知自宋已有此名故王珪詩號至寶丹秦觀詩號小石調不由曲譜之訛其論五六工尺上四合凡一爲出于宋樂書亦未免附會考南曲無凡一上字有高下之分宋時樂歌未必分南北曲也如此之類雖有小疵然如論北曲以絃索爲主板有定制南曲笙笛不妨長短其聲以就板立說頗爲精確其推原諸劇牌名自金元以至明代縷晰條分徵引亦爲該洽詞曲雖伎藝之流然亦樂中之末派故唐人樂府雜錄之類至今尚傳存此一編以考南北曲之厓略未始非博物之一端也乾隆四十七年九月恭校上

御定曲譜

臣等謹案康熙五十四年王奕清等既奉　勅編次詞譜爰别爲曲譜十四卷相輔以行蓋詞曲並樂府之遺則本原風雅雖體製不同而詠歌唱歎足以抒性靈而感志意其道同也向來曲譜從無善本惟嘯餘譜舊所盛行而中多譌舛其餘若元之太平樂府明之雍熙樂府又皆選擇詞章無關製譜均未足爲依據是編詳列宫調首卷載諸家論説及九宫譜定論一卷至四卷爲北曲五卷至十二卷爲南曲而以失宫犯調諸曲附於末卷譜中分注孰爲句孰爲韻又每字並注四聲於旁其入聲字或宜作平作上作去者亦皆詳注一展卷而可得收聲歸韻之法其所采詞章並於諸家傳奇中擇其語意雅馴者而於舊譜譌字間附考訂於後樂貴人聲是編固審音考律之一端也乾隆四十七年十月恭校上

中原音韻

臣等謹案中原音韻二卷元周德清撰德清字挺齋高安人是書成于泰定甲子原本不分卷帙考其中原音韻起例以下即列諸部字數正語作詞起例以下即列作詞諸法蓋前爲韻書後爲附論畛域顯然今據此釐爲二卷以便省覽其音韻之例以平聲分爲陰陽以入聲分隸三聲分爲十九部蓋全爲北曲而作考齊梁以前平上去無別至唐時如元微之諸人作長律尚有遺風惟入聲則各自爲部不叶三聲詞曲本里巷之樂不可律以正聲其體䎶于唐而唐無詞韻凡詞韻與詩皆同其法密于宋漸有以入代平以上代平諸例而三百年作者如雲亦無詞韻間或參以方音但取歌者順吻聽者悅耳而已矣至元而中原一統北曲盛行既已別立專門自宜各爲一譜此亦理勢之自然德清乃以後來變例據一時以排千古其傎殊甚然德清輕詆古書所見雖謬而所定之譜則至今爲北曲之準繩或以變亂古法詆之是又不知樂府之韻本于韻外別行矣故今錄存其書以備一家之學而併論其源流得失如右乾隆四

十七年十月恭校上

欽定四庫全書提要卷一百十四

欽定四庫全書提要補遺

通鑑綱目續編 史部史評類

臣等謹案通鑑綱目續編二十七卷明商輅等撰始於宋太祖建隆元年庚申訖於元順帝至正二十七年丁未大書分注悉準朱子綱目之例厥後周禮撰發明張明泰撰廣義散系各條之下其持議偏駁記事失實名爲續朱子之書實無能爲役也明陳仁錫刊本取以附於朱子綱目之後用備宋遼金元四朝事實逮我聖祖仁皇帝御批綱目遂因仁錫之舊並是書亦予加批刊布其中紕繆間有駁斥而未嘗改正我皇上稽古示訓一稟大公洞燭是編之非如金禁女眞人學南人衣飾乃敦儉由舊之美也蒙古額嚕布格僭號於和林後自歸上都元世祖以其爲太祖之裔不忍加戮止誅其黨乃敦族含容之度也而是書曲加詆毀又如巴拜以其子入見太子珍戩珍戩諭之以學漢人文字蓋欲其兼通經史也而是書刪改其文曰諭之以毋讀蒙古書則并其事實

失之此其背謬之最甚者其他誣罔是非顚倒黑白不勝枚舉因命諸皇子軍機大臣詳加考訂存其時事之可稽者易其論議之偏謬者更正板刻俾曲直不淆考驗可據卷首冠以　敕諭及　御製題辭於是春秋筆削之旨燦然具在非獨是書之幸亦億萬世讀史論古者之幸也乾隆四十九年九月恭校上

鼎錄　子部譜錄類

臣等謹案鼎錄一卷舊本題梁虞荔撰考陳書列傳荔字山披會稽餘姚人釋褐爲梁西中郞行參軍遷中書舍人侯景亂歸鄉里陳初召爲太子中庶子領大著作東揚揚州二州大中正贈侍中謚曰德是荔當爲陳人稱梁者誤也其書不見於本傳唐志始著錄然檢書中載有陳宣帝於太極殿鑄鼎之文荔卒於陳文帝天嘉二年下距臨海王光大二年宣帝嗣位時首尾七年安得預稱謚號其爲後人所攙入無疑又卷首序文乃紀夏鼎應在黃帝條後亦必無識者以原書無序移掇其文蓋流傳既久屢經竄亂眞僞已不可辨特以其舊帙

存之耳又按晁公武讀書志別出吳協鼎錄一條通考與此書兩收之然其書他無所見疑吳字近虞協字近荔傳寫舛訛因而誤分爲二也乾隆四十七年十月恭校上

蟹畧 子部譜錄類

臣等謹案蟹畧四卷宋高似孫撰似孫有剡錄已著錄是編以傅肱蟹譜徵事太畧因別加裒集卷一曰蟹原蟹象卷二曰蟹鄉蟹具蟹品蟹占卷三曰蟹貢蟹饌蟹牒卷四曰蟹雅蟹志賦詠每門之下分條記載多取蟹字爲目而系以前人詩句俞文豹吹劍錄嘗譏其以林逋草泥行郭索雲木叫鈎輈一聯爲杜甫詩今檢卷首郭索傳內信然殊爲失於詳核又本草圖經蟹生伊洛池澤中一語澤蟹洛蟹條下兩引之亦爲複出又白居易詩亥日饒蝦蟹句爲傅肱譜中所原引而此書蝦蟹條下乃反遺之其於編次亦小有殊漏特其採摭繁富究爲博雅遺篇佚句所載尤多視傳譜終爲勝之云乾隆四十七年九月恭校

上

因話錄 子部小說家類

臣等謹案因話錄六卷唐趙璘撰璘字澤章據唐書宰相此系表乃出自南陽趙氏後徙平原璘即德宗時宰相宗儒之從孫而昭應尉伉之子也開成三年進士及第大中七年爲左補闕後爲衢州刺史並見本書及唐書藝文志明商濬刻此書入稗海題爲員外郎未詳何據其書凡分五部一卷宮部爲君記帝王二卷三卷商部爲臣記公卿百僚四卷角部爲人凡不仕者咸隸之五卷徵部爲事多記典故而附以諧戲六卷羽部爲物而一時見聞雜事無所附麗者亦並載焉璘家世顯貴又爲西眷柳氏之外孫能多識朝廷典故其書雖體近小說而往往足與史傳相參其間如記劉禹錫徙播州刺史一條稱宗元請以柳易播上不許宰相裴度爲言之始改刺連州司馬光通鑑考異以爲宗元墓誌乃將拜疏而未上非已上而不許又禹錫除播州時裴度未嘗入相所記皆

失事實又記大中七年詔來年正月一日御含元殿以太陽當虧罷之今考通鑑是年文宗實以風疾不視朝日食在二月朔不應預罷朝賀所載亦不免於緣飾然其他實皆可資考證爲通鑑所取者亦多終出唐人諸小說之上非張固李濬所能及也乾隆四十七年四月恭校上

終